サプライチェーンにおける
グローバル間接税プランニング

コスト削減の視点と対応

デロイト トーマツ税理士法人
デロイト トーマツ コンサルティング合同会社 [編]

中央経済社

は じ め に

　本書で取り扱うサプライチェーンタックスはサプライチェーンの設計と機能に影響を与える税金という意味で，特にこれといった定義があるものではありません。

　税金には直接税・間接税という税負担者と徴収義務者に着目した分類や，収益税と消費税といった課税客体による分類などがありますが，本書は，そういった旧来の分類ではなく，モノが生産されて顧客に販売されるまでのいわゆるサプライチェーンという一連の企業活動を基軸に，そこで発生する税金を鳥瞰図的に眺めることを意図しています。

　近年，高度経済成長を経て失われた20年に突入してもなお，日本で企業が支払う税金といえば，すぐに法人税が語られる時代でした。税金をマネジメントするということは，すなわち法人税をマネジメントすることであるかのような認識が企業，税理士の間に広く流布していることは否めません。

　しかしながら，この間に世界経済は大きく変貌を遂げています。コモディティ化が一層進み，家電製品の価格が暴落，生産拠点は生産コスト削減のために次々と海外へと移っていきました。通信コストの削減とロジスティクス効率の向上により，企業活動は待ったなしのグローバル化にさらされ，より有利な環境を求めてその機能を世界に分散させ，海外企業と競争することを強いられることとなりました。このような世界情勢において，地産池消が評価される一方，大半の製品のサプライチェーンはより国際化・高度化して不透明なものとなり，日本企業は世界の各地で課税される新たな税金に立ち向かうノウハウを求められるようになっています。

　本書でサプライチェーンタックスとして取り扱う，商品が国境を越える際に課税される関税，最終消費に対して課税される多段階一般消費税である付加価値税，国境を越えた機能のリスクの分配に対して適正な利益水準を求めようとする移転価格税制（法人税）は，サプライチェーンの設計と機能に影響を与える代表的な税金であるといえます。あくまでも例示であり，また，どの税目1つをとっても立派な基本書が1冊書けるような複雑な制度です。

　したがって，本書ではその個別制度を詳説することは意図せず，これらの税

II

金をサプライチェーンの設計上どのように考慮すべきか，これらの税金が考慮されなかったときにサプライチェーンの機能不全がどのような形で起こるか，これらの税金がいかに相互に影響を及ぼしているかという相関関係をわかりやすく描き出すことを目的としています。

　本書の第2章では，自由貿易協定の現状と制度について詳しく述べています。現在は，第二次世界大戦以降，世界の自由貿易推進者であった米国が，TPP離脱，NAFTA見直し，アメリカ第一主義（America first）を唱えるなど，その方向性を大きく転換しています。このような歴史的転換に遭遇し，その他の国々は自由貿易協定ネットワークの強化でこれまでの自由貿易主義路線を維持しようと努めています。日本企業のグローバルサプライチェーンもこのような歴史的転換の影響を受けないものではありません。

　本書の第6章では，税金の話を離れて，サプライチェーンマネジメントの専門家によるサプライチェーンマネジメントの潮流を紹介しています。サプライチェーンのあり方は，日々刻々と変化をしています。税金は，企業の経済活動，ひいては社会全体と無縁で存在するものではありません。顧客の経済的需要を満たし，より多くの利潤を上げようとする企業の活動に沿った形で，税制はデザインされていく宿命をもっています。サプライチェーンの最新トレンドに，サプライチェーンタックスの与えるインパクトを反映させてみるとどのような結果が導き出されるのか。サプライチェーンタックスという各種税金の間の相互作用に加えて，世界経済，政治，企業の経済活動と税金の相互作用を幾分分析することができれば，本書の目的は達成されたことになると考えます。

　本書の執筆にあたり，経験とインスピレーションを与えて下さったクライアントの方々，編集をお手伝いいただいた山崎祥平氏，企画段階から精力的にコメント，ご支援をいただいた中央経済社の末永芳奈氏に感謝いたします。

　2018年6月

溝口　史子

i

目　　次

はじめに

第1章　サプライチェーンを取り巻く税金　*1*

1　サプライチェーンタックス ……………………………………………………………… *1*

2　サプライチェーンタックスを取り巻く国際的環境 ……………………… *6*

3　関税，付加価値税，移転価格の相互作用 ……………………………… *8*

第2章　モノ動くところに関税あり　*11*
——国際通商環境を踏まえた関税マネジメント

1　サプライチェーンにおいて関税が関わる場面 ───────── *11*

2　関税マネジメントの前に知っておこう——関税の基礎 ─────── *16*

　1　課税価格の決定方法 ………………………………………………………………… *18*

　　(1)　関税の4つの種類　*18*

　　(2)　課税価格の決定方法　*19*

　　(3)　原則的な方法で決定できない場合　*20*

　2　関税分類 …………………………………………………………………………………… *21*

　3　原産地規則——物品の「国籍」を決めるためのルール ……………… *23*

　　(1)　実体的要件　*24*

　　(2)　手続的要件　*34*

3　関税と移転価格税制の関係 ──────────────── *36*

　1　独立第三者間価格（arm's length price）の決定方法 ……………… *36*

　2　実務上の問題点 ………………………………………………………………………… *37*

　3　遡及的移転価格調整 ………………………………………………………………… *39*

4 機能移転と原産性 42

5 移転価格税制と関税の関係に影響を与える今後の動き 42

4 国際通商環境の動向と企業への影響
——「逆風」を「追風」に変えるマネジメント 43

1 激動する国際通商環境 44

(1) GATTから通商協定へ 44

(2) 包括的および先進的な環太平洋パートナーシップ（CPTPP）協定 45

(3) メガFTAの進展 47

(4) 北米自由貿易協定（NAFTA） 48

(5) 公正な貿易のための措置 49

2 「逆風」を「追風」に変える関税マネジメント——今すぐできる5つの対策 51

(1) 自社の関税コストの現状を把握する 51

(2) 既存のFTAを最大限利用する——「FTAの使い漏れ」の事例 52

(3) 関税評価額を下げる 56

(4) 原産国のサプライヤーとの関係性を強化する 58

(5) アンチダンピング関税調査やFTAの検認に向けた社内体制を整備する 59

5 昨今の通商環境から紐解くコンプライアンスの重要性 62

1 FTAにおける検認の意義とリスク 62

2 コンプライアンスリスク増加の背景 64

(1) FTAの増加による関税収入の減少 64

(2) 原産地規則の多様化 65

(3) 自己証明方式を採用するFTAの増加 65

3 コンプライアンス強化に向けた対応 66

(1) 業務フローを整理する 67

(2) 関連部門の役割と権限を明確にする 68

(3) 対象物品の原産性を維持するためのモニタリングを実施する 71

(4) 原産性の判定に使用した書類を必要な期間，保管する 72

(5)　(1)~(4)の内容を文書化し，社内ルールとして関係者で共有する
　　73

　(6)　ITシステムを利用する　*74*

第3章　付加価値税（VAT/GST）　*79*

① 付加価値税マネジメントの必要性 ──────── *79*
　(1)　付加価値税のグローバルトレンド　*79*
　(2)　国際取引では付加価値税はコストとなる税金　*83*
　(3)　付加価値税のコンプライアンスコスト　*86*
　(4)　付加価値税マネジメントの目標設定　*87*
　(5)　付加価値税マネジメントは効率的に　*90*

② タックスプランニングの前に知っておこう──付加価値税制度の基礎 ──── *94*
　1　付加価値税登録（VAT登録）──────────── *94*
　2　どのような取引に課税されるのか ─────────── *95*
　3　どこの国で課税されるのか（課税地）────────── *97*
　　(1)　資産の譲渡の課税地は資産の所在地　*97*
　　(2)　役務の提供の課税地は仕向地　*98*
　　(3)　B2B取引とB2C取引の課税地　*99*
　4　リバースチャージ制度 ──────────────── *103*
　5　インボイス制度 ────────────────── *104*
　6　輸出免税取引 ─────────────────── *106*
　7　仕入税額控除 ─────────────────── *107*

③ タックスプランニングに影響の大きい「預託在庫」─── *111*
　(1)　預託在庫の譲渡は現地課税　*111*
　(2)　解決策はリバースチャージかコンサインメント・ストック特別
　　　ルールだが　*111*

4 商流変更とVAT——————————————————————113

- (1) 商流変更が付加価値税に及ぼす影響 *113*
- (2) まずは商流・物流分析からスタート *114*
- (3) 商流変更がVATインパクトをもつ典型例 *116*

5 タックスプランニングの重要着眼点① インコタームズと付加価値税——————————————————————117

- (1) Dグループは要注意 *117*
- (2) 登録基準額,リバースチャージの規定を確認 *119*
- (3) 所有権の移転時期を契約書で規定 *119*

6 タックスプランニングの重要着眼点② 関税法と付加価値税の関係——————————————————————120

- (1) 関税と輸入付加価値税の関係 *120*
- (2) 関税法上の輸入と付加価値税法上の輸入の差異 *121*
- (3) 関税法上の保税と付加価値税法上の保税の差異 *122*
- (4) 関税法上の保税加工(Inward Processing Relief)と付加価値税 *125*

7 タックスプランニングの重要着眼点③ 付加価値税と恒久的施設 (Permanent Establishment)——————————————127

- (1) 資産の譲渡に課税される付加価値税と恒久的施設の関係 *127*
- (2) 役務の提供に課税される付加価値税と恒久的施設の関係 *129*
- (3) 付加価値税法上の固定的施設(fixed establishment)とは *131*
- (4) BEPS行動7による恒久的施設の定義の変更が与える影響 *132*

8 タックスプランニングの重要着眼点④ 付加価値税と移転価格税制の深い関係——————————————————134

- (1) 付加価値税と移転価格税制の最適ストラクチャーは相反する *134*
- (2) 付加価値税制の改正と販売価格 *135*
- (3) BEPSと付加価値税 *138*

9 タックスプランニングの重要着眼点⑤ クロスボーダー電子商取引の課税——————————————————————139

- (1) 拡大する電子商取引 *139*
- (2) 電子的役務(electronically supplied services)の提供の定義 *140*

　　　　　　　　　　　　　　　　　　　　　　　　　　目　次　v

　　⑶　最終消費者の居住地の判定　*141*

　　⑷　電子商取引の課税と付加価値税コンプライアンス　*144*

　　⑸　少額輸入小包の免税制度は廃止　*145*

10　サプライチェーンマネジメントと付加価値税―――――― *146*

　　⑴　付加価値税がサプライチェーンに与える影響　*146*

　　⑵　付加価値税が抱えるサプライチェーンリスク　*147*

　　⑶　リスクの可視化と体制整備　*148*

第4章　消費税の基本とタックスマネジメント　*151*

1　サプライチェーンで消費税が関わる場面――――――――― *152*

　　⑴　本章の目的　*152*

　　⑵　消費税のタックスプランニングを行うケース　*152*

　　⑶　消費税とキャッシュ・フロー　*153*

2　消費税制度の基礎――――――――――――――――――― *153*

　1　基本的な仕組み――――――――――――――――――― *153*

　2　どのような取引に課税されるのか――――――――――― *154*

　　⑴　概　　要　*154*

　　⑵　具体的な課税対象の内容　*155*

　　⑶　資産の譲渡の範囲　*156*

　　⑷　内外判定基準　*157*

　3　非課税取引とは――――――――――――――――――― *158*

　4　輸出免税取引とは―――――――――――――――――― *159*

　　⑴　輸出免税取引　*159*

　　⑵　非課税資産の輸出取引　*159*

　　⑶　みなし輸出取引　*160*

　5　納税義務者は誰か―――――――――――――――――― *160*

　　⑴　課税事業者　*160*

　　⑵　免税事業者　*161*

6　課税期間とは……………………………………………………………162

7　課税標準……………………………………………………………………162

8　仕入税額控除の計算方法………………………………………………162

　⑴　概　　要　*162*

　⑵　個別対応方式　*163*

　⑶　一括比例配分方式　*164*

　⑷　簡易課税制度　*164*

　⑸　帳簿および請求書等の保存要件　*165*

9　消費税の税率……………………………………………………………166

10　申告納付手続…………………………………………………………166

　⑴　国内取引　*166*

　⑵　輸入取引　*167*

11　納　税　地………………………………………………………………167

　⑴　国内取引の納税地　*167*

　⑵　輸入取引の納税地　*167*

③ バイ・セルモデル（輸入販売）とエージェントモデル（委託販売）

--*167*

1　バイ・セルモデル（輸入販売）…………………………………………*167*

2　エージェントモデル（委託販売）………………………………………*169*

④ 関税法と消費税法の関係／輸入取引 ─────────── *171*

1　輸入取引の課税対象と納税義務者………………………………………*171*

　⑴　輸入取引の課税対象と納税義務者　*171*

　⑵　輸入取引の非課税　*171*

2　輸入取引の課税標準の計算方法…………………………………………*171*

　⑴　CIF価格　*172*

　⑵　消費税以外の消費税等　*172*

　⑶　関　　税　*172*

3　輸入消費税の仕入税額控除………………………………………………*173*

　⑴　輸入消費税の輸入申告と仕入税額控除の時期　*173*

　⑵　帳簿書類の保存の義務　*175*

⑤ 移転価格調整と消費税 ───────────────── *175*

目　次　*vii*

1　輸入事後調査と移転価格調整を原因とする輸入消費税の追徴 175

2　価格調整金に係る法人税，関税および消費税の取扱い 176

　⑴　価格調整金に係る法人税法上の取扱い　*176*

　⑵　価格調整金に係る関税および輸入消費税の取扱い　*177*

　⑶　税関の事後調査による追徴税額　*177*

⑥　輸出免税取引の落とし穴 178

　⑴　役務提供先の外国法人に日本支店がある場合　*178*

　⑵　外国法人が日本において直接便益を享受するもの　*179*

　⑶　輸出物品の下請加工等　*179*

⑦　非居住者が日本国内で行う課税取引/免税事業者制度 179

⑧　クロスボーダー電子商取引の課税 180

　⑴　制度導入の背景　*180*

　⑵　電気通信利用役務の提供の内容　*181*

　⑶　電気通信利用役務の提供に係る内外判定基準　*182*

　⑷　電気通信利用役務の課税方式（リバースチャージ方式）　*182*

　⑸　リバースチャージ方式による処理方法　*184*

　⑹　国外事業者が行う消費者向け電気通信利用役務の提供に係る仕入税額控除の制限　*186*

　⑺　登録国外事業者制度の創設　*186*

第5章

グローバルバリューチェーン (Global Value Chain)

189

1　経済のグローバル化 189

2　生産段階の細分化とグローバルバリューチェーン（GVC）の台頭 191

3　グローバルバリューチェーンの構造 192

4　ロジスティクスの効率の重要性 194

5　グローバルバリューチェーンの深化が税務に与える影響 197

viii

第6章 サプライチェーンマネジメントの潮流 *201*

1 機能別のサプライチェーンマネジメントの潮流 ── *202*
- 1 情報通信技術の進歩 *202*
- 2 企業が抱える課題と先進技術活用による解決の方向性 *203*
- 3 デジタル化がサプライチェーン上の各機能へ与える影響 *208*
  - (1) R&D *209*
  - (2) 調達（在庫管理を含む） *209*
  - (3) 生　産 *210*
  - (4) 物流（在庫管理を含む） *210*
  - (5) 営業・販売 *211*
  - (6) アフターサービス *212*

2 業界別のサプライチェーンマネジメントの潮流 ── *212*
- 1 化学品・プロセス系製造業界 *212*
- 2 自動車業界 *215*
- 3 ライフサイエンス業界 *218*
- 4 ハイテク業界（テクノロジー，メディア，通信業界） *221*

3 "全体最適化" に向けたサプライチェーン設計のアプローチ

225

- 1 サプライチェーンを設計する上での各企業の課題 *225*
- 2 サプライチェーンモデル設計において考慮すべき要素 *226*
  - (1) 基本的な考え方 *226*
  - (2) 前提となる事業戦略/ビジネスモデル *228*
  - (3) 事業戦略/ビジネスモデルに適合したサプライチェーンモデル *230*
  - (4) サプライチェーントータルコスト *233*
  - (5) サプライチェーンリスクマネジメント *235*
  - (6) サスティナビリティ *237*
- 3 あるべきサプライチェーン設計のアプローチ *238*

第7章 総括事例集　*243*

ケース1 販売・製造子会社の機能の見直し①
機能・リスク限定型子会社であるLRD（リミテッドリスクディストリビューター）の導入　*244*

ケース2 販売・製造子会社の機能の見直し②
機能・リスクの集中を行うコミッショネアモデルの導入　*246*

ケース3 移転価格文書の関税法上の課税価格の証明における有用性　*248*

ケース4 海外商流への日本本社の介入　*250*

ケース5 部品調達地の変更を伴うサプライチェーンの見直し　*252*

ケース6 現地法人設立と使用料の支払い　*254*

ケース7 地域統括倉庫の設立　*256*

ケース8 商社任せの調達・販売　*258*

1

第1章

サプライチェーンを取り巻く税金

> **まとめ**
> - サプライチェーンタックスは，サプライチェーンの設計（design）と機能（functionality）に影響を与える税金です。本書では，関税，付加価値税/消費税，移転価格税制に焦点を当てて解説します。
> - 関税は，所得源泉税とは異なるサプライチェーンの段階で課税されます。
> - 多段階一般消費税である付加価値税は，サプライチェーンのすべての段階で課税され，サービスも課税対象とする比較的新しい税金です。
> - サプライチェーンの設計段階で，サプライチェーンに内在する機能とリスクをグループ内のどの組織に割り当てるかにより移転価格が決まります。

1 サプライチェーンタックス

　サプライチェーンタックスは特に確立した定義のある税の分類ではなく，サプライチェーンの設計（design）と機能（functionality）に影響を与える税金であると考えています。サプライチェーンは企画/開発，調達，生産，輸送，販売，アフターマーケットという段階から成り立ち，そこには，ある企業が利潤を生み出すための経済活動が凝縮されています。経済活動は取引の流れ（商流と財の移動，すなわち物流）に表されます。サプライチェーンに表される一連の企業活動の主体は企業であり，企業の総体としての収益には，法人税が課されます。本書では，企業の活動の結果として表される利益に至る前で，企画/開発，調達，生産，輸送，販売，アフターマーケットという利益を生み出すプロセスに，税金がどのような影響を及ぼすかを考えることを目的としています。

サプライチェーンの各段階には図表1－1のような税金が関係します。サプライチェーンのパターンは無限に存在するため，ある程度，サプライチェーンを定型化して整理する必要があります。また，企業が納付する税金は予想以上に多く，例えば印紙税のような，企業が契約という行為をすれば課税される税金があります。また，特定業界にのみ関連する石油石炭税のような税金もあります。これらすべてを取り扱うことは不可能なため，以下では業界を問わず典型的なサプライチェーンに発生する税金を取り扱います。

図表1－1 サプライチェーンの各段階で関係する税金

	所得源泉税*	関税	物品税	生産税	付加価値税/消費税	移転価格
企画/開発	課税	課税なし	課税なし	課税なし	課税	特殊関連者間のみ
調達	課税なし	課税なし	課税なし	課税なし	課税	特殊関連者間のみ
生産	課税	課税なし	課税なし	課税	課税	特殊関連者間のみ
輸送	課税なし	課税	課税なし	課税なし	課税	特殊関連者間のみ
販売	課税	課税なし	課税なし	課税なし	課税	特殊関連者間のみ
アフターマーケット	課税なし	課税なし	課税なし	課税なし	課税	特殊関連者間のみ

＊配当源泉税，利子源泉税，使用料源泉税

■ 課税　　■ 特殊関連者間のみ　　□ 課税なし

①　所得源泉税

海外で何らかの事業を行うと発生するのが，いわゆる所得源泉税です。所得源泉税には代表的なものとして，配当に係る所得源泉税，利子に係る源泉税，使用料に係る源泉税があり，これらが一般的には租税条約の対象となっています。

これらの所得源泉税は，企画/開発の段階でいうと，例えば海外に研究開発機能を移管した場合で現地法人に開発したIP（Intangible Property，著作権，技術，ノウハウなど）が帰属するストラクチャーを採用すると，IP使用料の日本からの支払いについて使用料源泉税が発生します。生産段階で他人が持っている何らかの技術が必要となると，その他人に対して技術使用料を支払い，そこに使用料源泉税が発生します。最後に，販売の段階まで至ると，今度はお店に掲げるブランドマーク（いわゆる商標権）の使用料などが発生し，また源泉

税が課税されます。

② 関　税

　関税は，資産が国境を越える際に課税される税金であり，IPや配当などというコンセプトが生まれるずっと前からある，いわば世界最古の税金です。関税の語源はギリシア語で境界，支払いなどを意味する「telos」，後期ラテン語で税関を意味する「teloneum」，税官吏「teloniarius」にあり，すでに紀元前3世紀の古代エジプトとオリエント世界で徴収されていました[1]。最低でも2300年の歴史をもつ関税は，現代においては調達と輸送の段階で課税されます。関税は所得源泉税のように「どこに所得の源泉性を求めるか」といった議論が全く存在しないところでしか課税されないため，明確にすみ分けていることがわかります。また，調達と輸送という2つのロジスティックの局面で課税されるため，それらロジスティックに近い部署で処理される傾向にあります。第二次世界大戦以降，戦勝国である米国を中心として自由貿易が推進されてきたなかで，GATTや自由貿易協定によって関税は低減する方向性にありましたが，地域経済に与えるネガティブな影響はともかく，この制度的な明瞭さは人間の本能に合致するところがあります。

③　付加価値税・消費税

　さて，これらのパッチワーク模様に対して，サプライチェーンの全段階で課税されるのが付加価値税（VAT[2]）です。プトレマイオス王朝（紀元前306年から紀元前30年）の売上税「centesima rerum venalium」に起源を求めなければ，付加価値税は1954年にフランスで誕生し[3]，その後60年の間で瞬く間に全世界へと広がった新しい税金です。関税とは非常に対照的な歴史をもつ税金といえます。

　さて，付加価値税が世界中に広まった原因ですが，そのスマートさにあります。付加価値税が誕生する以前，最近では2017年7月1日にインド全土でGSTが導入される前の状態を見れば，付加価値税の優れた性質がわかります。付加価値税が誕生する以前は，さまざまな間接税がサプライチェーンの各段階で課税されていました。生産活動に対しては生産税，個別品目の消費に対しては物品税，ぜいたく品の消費にはluxury tax，といった具合に税の種類はいくらでも増えます。つまり課税客体をn，サプライチェーンの段階数をmとすると，n

×m通りの税金が生まれ，それぞれにいつ，だれが，どこで納税するかが異なるというカオスが生じます。

　これに対して，付加価値税は，供給（supply）という概念を導入し，サプライチェーンのすべての段階で行われる資産の譲渡とそれ以外（一般的にはサービスと呼ばれる）を，1つの税金で課税することを可能にしました。付加価値税の特徴は多段階一般消費税と表現され，この「多段階」の意味はまさにサプライチェーンのすべての段階で課税される，という意味です。数多くの税金が付加価値税という1つの制度にまとめられることにより，税務当局による税の執行と納税義務者のコンプライアンスの両方が容易になる，という素晴らしい性質を有しているのです。また，関税は物にしか課税されませんが，付加価値税はサービスも課税対象とすることができます。インターネットが普及し，経済活動の大半がサイバースペースに移動しつつある世界の経済環境において，付加価値税がなければ多くの経済活動に対して課税できなかったであろうことは明らかです。

　サプライチェーンの中で繰り返される，蜘蛛の巣のように張りめぐらされた数々の取引のすべてに課税されるのが付加価値税です。付加価値税を考慮せずにサプライチェーンを設計することは，事後のコスト計算に大きな狂いを生じさせることとなります。

④　移転価格税制

　移転価格税制は多国籍企業（Multi National Enterprises, MNEs）のグループ内における資産，サービス等の取引の価格を管理しなければ各国の法人の利益水準が適正なものとはならないことから，あるべき取引価格を規定しようという税制です。

　あるべき取引価格の水準は独立第三者間価格（arm's length price）であるとされていますが，独立第三者間価格を比較可能な独立第三者間での取引価格（Comparable Uncontrolled Price Method, CUP法）を用いて決定することが，比較可能な取引がないなどの理由で困難な場合には，再販売価格から逆算する方法（Resale Price Method, RP法），製造原価から積算する方法（Cost Plus Method, CP法），取引単位営業利益法（Transactional Net Margin Method, TNMM法），取引単位利益分割法（Transactional Profit Split Method, PS法）などで決定することとされています。

適正な移転価格を決定するための要素となるのが，関連者の機能とリスク分析です。より多くの機能とリスクを負担する関連者が，より多くの利益を享受し，損失を負担するべきであると考えられます。また，比較可能取引を探す際にもこの機能とリスクが同種または類似でないと，比較可能取引とはなりえません。サプライチェーンは，企画開発からアフターマーケットまでの段階で成り立っていると仮定すると，このサプライチェーンの各段階にそれぞれ機能とリスクが存在します。

　グローバル化したサプライチェーンでは，企画は日本で，生産は中国の製造工場で，販売は世界中で，という具合に，この機能とリスクが世界中に分散します。分散した機能とリスクの受け皿となるのが，各地に設立される現地法人です。現地法人を設立せずに日本の親会社が海外のオペレーションを直接行うことは，ビジネス上の理由（例：カスタマーサービス，営業は顧客に近い場所に配置することが基本）と規制上の理由（例：現地資本参加要件や，化学品の輸入規制など）からできないか，困難な場合もあります。この機能とリスクはある程度，企業の側でどこに配置するかを決定することができます。

　一概に販売会社といっても，販売会社が負っている機能とリスクは親会社と子会社が締結するディストリビューションアグリーメントや社内の規程によって異なっています。つまり，サプライチェーンの設計段階で，サプライチェーンに内在する機能とリスクをグループ内のどの組織に割り当てるかが移転価格を決めてしまうという関係にあります。

　逆に，タックスプランニングと呼ばれる取り組みの多くは，既存のサプライチェーンを税の観点から操作し，機能とリスクの配分を変えることによって税負担の軽減を図るという試みなのです。このような税負担の軽減を目的とする経済活動の操作は，BEPS（「Base Erosion and Profit Shifting」税源浸食と利益移転に対処する措置を検討するOECDによる一連の取り組み）以来，非常に難しくなっています。それならば，サプライチェーンの設計段階ですでに税の観点を取り入れて，機能とリスクの配置を考えることが重要であるということです。

　これらの税金の中でも，関税，付加価値税（消費税）は，商流と物流という2つの要素に対して大きく影響を与え，そして大きく影響を受けます。なぜなら，関税は国境を越えた財の移動に対して課税され，付加価値税は取引に対す

6

る課税であるからです。そして，経済活動が国境を越えてグローバルに展開された際に，商流と物流のオペレーションの主体となるのが，グループ会社です。グループ会社間の利益を適正な水準に律しようとする税制が移転価格税制であるといえます。サプライチェーンを最適化しようとした際，この3つの税目は真っ向から影響を受け，またこれらの税金は最適なサプライチェーンモデルに対してコスト，リスクという側面で影響を及ぼします。第2章以下で，個別にこれらの税目とサプライチェーンに与える影響を述べることとします。

2　サプライチェーンタックスを取り巻く国際的環境

　第二次世界大戦後，世界経済のグローバル化の進展を受けて関税領域での国際条約の締結が次々と行われました。国際基準を策定している機関はWTO（World Trade Organization，世界貿易機関）であり，WTOはスイス・ジュネーブに本拠地を置き，1986年から1994年にかけて行われたウルグアイラウンドの成果として自由貿易の促進，加盟国の紛争解決，協議，ルール作りを目的として1995年にGATT（関税及び貿易に関する一般協定）として発足しました。関税評価および関税分類は，次のような国際条約と国際条約に準拠した国内法令により規定されています。WTOには，2016年7月29日にアフガニスタンが加盟したことにより，加盟国は164カ国となっています。関税評価に関する国際的フレームワークは，WTOが定めた1994年の「関税及び貿易に関する一般協定第7条の実施に関する協定」（通称，WTO関税評価協定）により規定されています。また，200以上の国と地域で商品の分類に適用される，「商品の名称及び分類についての統一システムに関する一般条約[4]」は，WCO（世界税関機構）において協議，採択され，1988年1月1日に発効しています。

　これに対して，付加価値税領域での国際的フレームワークの策定は大きく後れを取っています。付加価値税の国際条約はEU（EU加盟国28加盟国に適用），中東（VAT条約の対象となるサウジアラビア，UAE，オマーン，カタール，バーレーン，クウェート）にしか存在せず，一部の国と地域に限られています。また，付加価値税は原則として租税条約の対象とされていません。したがって，異なる国で両方の国の付加価値税が課税される二重課税，いずれの国でも課税されない不課税の調整はなされません。二重課税，不課税の一方的調整を国内法で行う規定を有しているケース（例：EUで存在する実際の便益の享受地課税（「Place of effective use and enjoyment」規定）があります。

第1章　サプライチェーンを取り巻く税金　7

図表1－2　関税，VATの国際的フレームワーク

	関税評価	関税分類	VAT
国際条約	WTO(世界貿易機関)「1994年の関税及び貿易に関する一般協定第7条の実施に関する協定」(通称"WTO関税評価協定")	「商品の名称及び分類についての統一システムに関する国際条約」(通称"HS条約")および同条約第1条に定める「統一システムの解釈に関する一般的規則」(通称"分類規則")	なし（EU，中東6カ国を除く）
国内法令	・関税定率法（4条から4条の9） ・関税定率法施行令（1条の4から1条の13） ・関税定率法施行規則（1条）	関税定率法第3条に基づく実行関税率表	各国法に準拠
その他	関税定率法基本通達（4～4の4－1から4の8－1）	関税率表解説	ＯＥＣＤのＶＡＴ/ＧＳＴガイドラインのみ
国・地域	164（平成30年4月30日現在）	154（HS条約非批准国だがHS適用国・地域は200以上）	165

　付加価値税は，原則として国際条約が存在していない領域のため，各国法が独自の制度を定めていますが，第3章で詳述するように，近年，その国際的調和の必要性が認識されるところとなっており，OECDは付加価値税分野での共通の制度基盤としてinternational VAT/GST guidelines（以下，VAT/GSTガイドライン）[5]を2016年10月に公表しています。VAT/GSTガイドラインはOECD加盟国に対して拘束力をもつものではなく，多くの記述において加盟国の判断に委ねています。国際的フレームワークづくりに立ち遅れた付加価値税ですが，幸い，付加価値税はEU型付加価値税をモデルとして60年という短い歴史で拡散した税金であるため，各国法の仕組みは非常に似通っています。

　移転価格税制はOECDがモデル租税条約，移転価格ガイドラインを策定し，これを反映させる形で各国の租税条約，国内法に導入されています。経済がグローバル化することによって制度全体が国際化への対応を迫られている付加価値税と比べると，移転価格税制は非常に国際的に検討が進んだ法人課税の一領

8

域を構成しています。

3 関税，付加価値税，移転価格の相互作用

① 国の税収の5分の1を占める付加価値税

　現在では，多国籍企業にとっての移転価格税制の重要性は広く認識されるところとなっています。世界経済がグローバル化するなかで，グループ内企業間での国際的取引はその重要性を増しており，グループ内企業間取引は国際貿易の60％を占めるといわれています。グローバル化は企業に新たな生産性の拡大と利潤の源泉を与える反面，各国政府は，税源浸食と利益移転に対抗するため企業間の移転価格を厳格にコントロールするようになりました。

　企業の側も，国際税務の中の移転価格マネジメントの主眼を直接税に置いてきました。ところが，近年，直間比率の変動により付加価値税の政府税収に占める割合が世界的に高まるにつれ，政府は特に国際取引に絡む間接税制度の精緻化とコントロールを強めてきています。OECD Revenue Statistics 2017によれば，OECD全加盟国平均のVATがGDPに占める割合は6.7％，税収に占める割合は20.0％となっており（2015年），2012年の6.6％，19.8％から上昇しています。つまり，実に国の税収の5分の1をVATが占める時代となっていることがわかります。これに対して，法人税が税収に占める割合はOECD平均で7.9％（所得税を含めた場合は34.1％。2015年）にすぎず，リーマンショック以前の2007年度の数値である11.2％から下落しています。OECDは，全世界的な課税の潮流は労働と消費に対する課税に引き続きシフトしている，と分析しています。

② 移転価格に対する関税と付加価値税の影響

　これに伴い，関税と付加価値税に起因するコストが企業側で認識されるようになり「移転価格（transfer price）」に対する関税と付加価値税の影響が多くの企業の懸念として取り上げられるようになりました。OECDとWCO（世界税関機構）は共同で移転価格，関税，付加価値税法上の関連者間取引の評価方法について検討を進めています。

　移転価格は，間接税と直接税の両方に影響を与えます。移転価格は売手側で売上げとなり，買手側で法人税法上の費用を構成するため，輸出国と輸入国の間で法人税の課税ベースの配分の基礎となります。関税法上は，移転価格は課

税価格の決定に用いられます。移転価格が低ければ課税価格が下がり，税収が減少します。輸入付加価値税や個別消費税も一般的には関税法上の課税価格を課税標準とするため，この動きに連動します。輸入国の移転価格を管理する税務当局と，関税を管理する税関の利害は，両者が税収の増加を目指した場合，移転価格を管理する税務当局は適正な移転価格をなるべく低く認定して費用を低減させようとするのに対して，税関は移転価格をなるべく高く認定し，課税価格を引き上げようとすることにより相反します。そうなると，客観的なはずの独立企業間価格がこれに関わる政府機関によって異なることが白日にさらされ，政府機関としての信用性にダメージを与えるだけでなく，そもそも移転価格と関税が異なるルールに依拠することが必要なのか，両者を統一することができないのかといったことが問題になります。付加価値税も，輸入付加価値税が関税法上の課税価格を基礎として計算される以上，この問題を共有しています。

③　３つの税をめぐる問題点

　問題は，関税法上の課税価格の決定方法に関するルールと，移転価格税制上の独立第三者間価格を定めるためのルールが一致していないということです。両者は制度的な目的を異にしており，また，移転価格税制は税務署，関税は税関という異なる政府機関が管轄しているため，運用上も不整合が生じ，企業に余計なコンプライアンスコストとリスクを負担させる結果となっています。国際的な枠組みとして，OECDは移転価格ガイドラインにより，WTO（世界貿易機構）はWTO関税評価条約によりそれぞれ独立企業間価格を定義していますが，評価方法，評価時点，記録文書，係争の解決方法，実際の運用に大きな差異が生じています。

　また，付加価値税の領域にも，関連者間取引の場合に取引価格を市場取引価格に修正する規定があります。脱税または租税回避行為を防止するため，EU加盟国は，家族または個人的に深い関係にある者，経営支配関係，資本関係，組織構成員，各加盟国が定める財務上または法律上の関係を基準として判断する関連者間取引に該当する取引の課税標準を，公正な市場取引価格と一致させるための措置を導入することが認められています（EUVAT指令80条）。

　例えば，市場取引価格が100の製品を，仕入税額控除が全額受けられる法人Aが購入したとします。法人Aは自らの金融子会社である法人Bに対して，こ

の製品を市場取引価格の3割の値段である30で販売します。法人Bは金融売上げが売上げの大半を占めるため，仕入税額控除を受けることができません。このため，市場から100の値段で同じ製品を直接購入してしまうと，そこにかかる付加価値税額は仕入税額控除を受けられず，全額がコストとなります。親会社の法人Aが不当に低い価格で法人Bに製品を転売することにより，法人Bはこの控除不能仕入税額を抑えることができます。このような場合に，取引の課税標準を実際に支払われた対価ではなく，市場取引価格に修正することが必要となります。このような制度は明らかに必要ですが，独立企業間価格を定めるための第三のルールが登場することとなってしまう可能性があります。

④ 3つの税はセットで検討する

この評価の側面以外にも，移転価格税制，関税，付加価値税は密接な関連をもっていますが，そのことはあまり一般的に意識されていないという問題があります。サプライチェーンの変化に起因して，税コストへの影響を分析する場合，移転価格リスクのみに着目したタックスマネジメントは関税・付加価値税リスクの増大をもたらすことがあり，3つの税は必ず同時に検討されるべきであるという性質をもっています。以下の章では，関税，付加価値税，消費税の順に，移転価格税制との関連も含めて，制度の概要と，グローバルサプライチェーンの機能とデザインにどのような影響を与えるかを個別に検討します。

■注

1　Die Geschichte des Zolls（Zoll & Fachzentrale Rhein-Mein）.

2　本書では，Value Added Tax およびVATという用語は，最終消費に課税される多段階一般消費税であり企業を徴収義務者とするという付加価値税の特徴を有する税金をその名称にかかわらず（例えばGoods and Services Tax，GST）含むものとする。我が国の消費税も付加価値税に含まれる。

3　フランスで付加価値税を創設する1954年4月10日の法律が成立した年をもって，1954年としているが，実際は生産税の枠内での投資財の取得に課せられる税の半額を控除する制度（1953年）からスタートし，付加価値税が小売段階および役務提供にも拡大され，官吏モリスローレの提案の主要点が実現するまで（1968年），段階的な発展を遂げている（ジョルジュ・エグレ，荒木和夫訳『付加価値税』（白水社，1985年）より）。

4　International Convention on the Harmonized Commodity Description and Coding System.

5　OECD（2017），International VAT/GST Guidelines，OECD Publishing，Paris.

第2章

モノ動くところに関税あり
——国際通商環境を踏まえた
　関税マネジメント

まとめ

- 関税はサプライチェーンと密接な関係をもつ税であり，サプライチェーンの検討を行う際に関税コストの削減やリスク回避も併せて考慮に入れることが重要です。
- 国際取引に係る税という観点から，関税は移転価格税制とも密接な関係をもちます。しかし，両者は政策目的や管轄機関が異なることから，移転価格税制と関税の双方の観点を踏まえたプランニングを行うことが求められます。
- トランプ政権の発足やBrexit等，近年の国際通商動向の変化により，関税に関する法的安定性や透明性が著しく低下しています。企業にとっては大きな「向かい風」が吹いているといえますが，通商・関税に注目が集まる，この機会に適正なプランニングや社内体制の強化を図ることにより，逆に関税コストの削減やリスク回避等の「追い風」につなげることが可能です。
- 特に日本−EU EPAやCPTPPの発効を控える状況では，FTAの漏れのない活用と検認リスクに備えたコンプライアンスを実現させるための社内体制の拡充が急務といえます。

1 サプライチェーンにおいて関税が関わる場面

　関税は国境を通過する貨物に対して主に輸入国当局により課される税です。つまり，モノの移動に伴う税であり，サプライチェーンを検討するに際しての重要な要素となります。まずは具体的なイメージを持っていただくために，サプライチェーンにおいて関税が懸案となったいくつかの事例を紹介したいと思

12

います。

事例1 ロイヤルティへの課税

　最初は関税額を決定する課税価格（関税評価額）の事例です。近年，各国で多く取り上げられている「ロイヤルティを課税価格に含めるべきか？」という問題点に関した事例になります。

　A社は日本の化学品メーカーB社の在スペイン販売会社です。これまでは日本のB社が製造した完成品を輸入し，それをEU域内において販売していましたが，人件費と輸送費を下げること，また，スペインにおける部材の安定調達が見込めるようになったことから，A社の製造子会社としてC社を設立し，C社で完成品を製造することになりました。なお，C社は完成品の製造にあたり一部の部材を日本から輸入していました。また，A社は，B社との間に取り交わす製造委託契約に基づき，B社にロイヤルティを支払うことになりました。

　当初，C社はこのロイヤルティを関税評価上の加算要素（[2]1参照）としてC社が輸入する部材に含める予定でしたが，製造委託契約において，上記ロイヤルティはスペイン国内で完成品を製造・販売する権利を受けるためのものであり，輸入品である部材に関するロイヤルティではない旨を明確にし，またその点を事前に税関にも十分に説明して了解を得ていたことから，申告価格への加算は不要であることが認められ，部材の輸入申告価格を抑えることに成功しました。

　上記はロイヤルティを課税価格から外し，課税価格を下げて関税コストを抑えることに成功した事例ですが，逆に，上記のような手を事前に打たなかった会社に対して税関当局が調査に入った結果，「輸入品に関するロイヤルティではない」点を十分に税関に反論できず，追徴課税を支払うこととなった事例がいくつかの国で見受けられます。

事例2 ファーストセールの活用

　次も課税価格に関する事例です。ファーストセールという，主に米国で認められているスキームをうまく活用した事例となります。

第2章　モノ動くところに関税あり──国際通商環境を踏まえた関税マネジメント　*13*

　A社は業務用機械を扱う日本のB社の在米製造子会社です。機械製造用のユニットの1つはB社の製造子会社であるC社が製造しており，これまで，A社はC社から直接ユニットを調達（輸入）していましたが，調達戦略の変更に伴い，当該メインユニットを日本国内の第三者サプライヤーであるD社からB社が購入し，A社はB社から購入（輸入）することになりました。

　A社はユニットの取引価格が高くなる結果として関税コストが上がることを回避するために，ファーストセールの適用を検討しました。ファーストセールとは，輸入国へ貨物が到着する前に複数の取引が行われた場合に，輸入国への輸入に先行して行われた最初の取引における取引価格を，課税価格（プラス「加算要素」）として使用することが認められる課税価格の決定方法です（④2参照）。本件においては，A社からB社が購入する際の取引価格ではなく，D社からB社が購入する際の取引価格が課税価格として認められることになります。検証の結果，ファーストセール適用要件を満たすことを確認したA社は，無事，関税コストを削減することができました。

事例3 ｜「商社任せ」の調達からの切り替えに伴う自由貿易協定（FTA）の使い漏れ

　ここから先は，FTAの事例をいくつかご紹介します。まずは，FTA使い漏れの事例です（FTAの使い漏れについては④2にて詳述）。

　食品卸売業のA社は，扱う食品の調達を商社に任せていましたが，2年前に自社調達に切り替えました。その際，ASEAN各国から調達する食品につき，2年間，FTAを使わずに高い通常関税率を払い続けていました。自社に関税をマネジメントする組織が存在せず，FTAの利用については商社に「お任せ」の状態でした（そもそも，FTAを使うという意識が社内にありませんでした）。また，関税は原価の一部となってしまっていたために，FTAの使い漏れが起きていることに気がつかなかったのです。

　これは単純な使い漏れの事例ですが，単純なだけに大変もったいないといえます。

14

事例4 将来的なサプライチェーン戦略を見据えたFTAの活用

　事例3とは逆に，FTAを非常に計画的に活用している事例です。

　家電メーカーのA社は，中長期的なサプライチェーン戦略として現在，インドネシアで製造しているエアコンの製造拠点の変更とそのタイミングを検討していました。現在は，日本から調達しているエアコン部品について日本－インドネシアEPAを利用することで，6％の通常関税率を0％で輸入し，多額の関税コストのセーブに成功していましたが，新たな製造拠点の候補として挙がったのは中国とインドでした。上記の部品の通常関税率は中国，インドでともに10％と決して低くないのが課題でした。しかし，この部品は日本－インドEPA（日印EPA）を利用する場合に段階的に適用関税率が引き下がり，2021年には0％になることを確認しました。この結果，検討にあたっての大きな課題であった部品調達時の関税コストも織り込む形で検討を進めることができました。

　後ほど詳述しますが，FTAはWTO（世界貿易機構）における最恵国待遇原則の例外として認められています。GATT第24条は，「関税その他の制限的通商規則（中略）を構成地域間の実質上すべての貿易について廃止する」と規定しており，また，「妥当な期間内に地域・同盟を完成させるための計画及び日程を含まなければならない」としています。また，「妥当な期間」の解説として，GATT第24条の明確化のための解釈了解等（UNDERSTANDING ON THE INTERPRETATION OF ARTICLE XXIV OF THE GENERAL AGREEMENT ON TARIFFS AND TRADE 1994）に，上記の「妥当な期間」は，原則10年以内とする旨の記載があります。

　つまり，FTAの締約国は，原則10年以内に関税を撤廃することが求められるわけです。品目によっては発効後即時に撤廃，というものも当然ありますが，自国産業を保護したい品目等については段階的な関税引下げスケジュールを設定する等して，関税の撤廃を引き延ばすものもあります。中には，関税引下げスケジュールが綺麗な階段状ではなく，「発効後×年目までは段階的に引き下げるが×年目からはいきなり0％とする」といった協定・品目もあります。現在はFTA関税率が高くても数年後に下がってくることもあるため，将来的な関税引下げスケジュールも踏まえたFTAの利用を検討することが，より効果

第2章　モノ動くところに関税あり——国際通商環境を踏まえた関税マネジメント　*15*

的なプランニングにつながることになるのです。

事例5　累積規定を使ったFTAの活用

　累積とは，FTA締約相手国の原産材料を使って生産をする場合に，自国の原産材料とみなして原産性の判断に算入することを認める規定です（累積については②3で詳述します。）。

　自動車メーカーA社は，タイで製造した完成車をASEAN向けに輸出していました。その際にASEAN域内のFTAであるATIGA[1]を使い，関税コストをセーブしていましたが，新モデルについては高額な基幹部品を日本から調達することになり，その結果，ATIGAの利用条件である原産地基準（付加価値基準）を満たせなくなってしまいました。そこでA社は，利用するFTAをATIGAから日本－ASEAN包括的経済連携（AJCEP）に切り替え，日本から調達した基幹部品を，いわば「Made in AJCEP」としてタイにおける原産割合に累積することで，引き続き，莫大な関税コストの支払いを回避することができました。ATIGAからAJCEPへの切り替えにあたっては，日本にある基幹部品のサプライヤーから，当該部品がAJCEPの原産地基準を満たす旨の証明書を取得する必要がありましたが，調達部門の協力を得てサプライヤーへの説明を行い，無事，原産性の確認を実施したサプライヤーから証明書を受け取ることができました。

事例6　第三国貿易におけるBack to Back Certificate of Originを使ったFTAの活用

　最後に，一部のFTAで認められているBack to Back Certificate Origin（Back to Back CO[2]）を使った事例をご紹介します。

　FTAの利用条件の1つに，「原産国から輸入国までモノが物理的に直送されること（積層基準）」というものがありますが，Back to Back COは，モノが直送されずに第三国を経由する場合でもFTAの利用が認められる，いわば積層基準の例外的な救済措置となります（Back to Back COについては②3でも解説します）。

　機械メーカーのA社は，中国で製造した製品をASEAN向けに輸出していま

した。ASEANでは比較的高い関税率が適用されていたため，中国から
ASEAN各国に製品を直送し，ASEAN−中国FTAを利用してきました。しか
し，顧客からリードタイムを短縮してほしいとのリクエストを受けることが多
かったこと，当該顧客からのリクエストに応えられないことが機会損失につな
がる可能性があったことから，シンガポールに地域統括倉庫を設置し，リード
タイムの短縮を図りました。

地域統括倉庫を経由するサプライチェーンを検討するにあたり課題の１つに
なったのが，FTAの継続的な活用です。上述のとおり，ASEANでは高関税率
が適用されていたため，A社としてはFTAが活用できなくなることは絶対に
避けるべき事態でした。Back to Back COを利用するにあたっては，モノと書
類（通関書類や原産地証明書等）を適切に紐付けることが求められますが，予
定していた地域統括倉庫の管理工数では難しいことが懸念されたため，事前に
必要な工数を割り出し，FTAの利用により工数増加による追加コストが十分
にペイできることを確認し，さらに想定輸入国で試験出荷等を実施することで，
Back to Back COを使ったハブ倉庫経由のオペレーションに切り替えることに
成功しました。この結果，リードタイムの短縮とFTAによる関税の減免の双
方のメリットを得ることができるようになりました。

上記で紹介した事例は，調達先の切り替え，製造場所の変更，地域統括倉庫
の設置等，いずれもサプライチェーンの変更や，新たなサプライチェーンの検
討から発生したものであり，サプライチェーンと関税が切っても切れない関係
であることをおわかりいただけたと思います。

「モノ動くところに関税あり」

自社の関税支払状況を把握することで，新たなサプライチェーンの検討をす
る際にも関税コストの削減手法やリスク回避も併せて考慮に入れる等して，よ
り緻密な関税マネジメント（プランニング）が可能になるといえます。

2 関税マネジメントの前に知っておこう ——関税の基礎

関税は国境を通過する貨物に対して主に輸入国当局により課される税です。
つまり，モノの移動に伴う税であり，[1]の事例からもおわかりのとおりサプラ

イチェーンを検討するに際しての重要な要素となります。関税は，主に以下の3つの要素により，その課税額が決まります。

① 輸入されるモノの価格はいくらか？ ➡ 課税標準に関税率を掛けた額が課税額となります
② 輸入されるモノは何か？ ➡ モノの種類により関税率が決まります
③ どこからどこへの輸入か？ ➡ 輸出国と輸入国の組み合わせで関税率が異なり得ます

【計算方法】

関税額＝課税価格×関税率

③は賦課される関税の種類を決定する要素となります。関税の種類には，輸出国と輸入国がともにWTO加盟国（あるいは最恵国待遇付与国）である場合に通常適用される関税率（日本においては協定税率が該当）のほか，措置の対象となる特定の国が輸出国である場合に通常より高い関税率が適用されるアンチダンピング税等の特殊関税[3]，開発途上国等が輸出国になる場合に適用される一般特恵関税，そしてFTA（Free Trade Agreement）/EPA（Economic Partnership Agreement）等の通商協定を締約している相手国からの輸出である場合に享受できる通商協定上の関税等があります（以下，本書では具体的な協定名を指す場合を除き「FTA」と呼称します）。輸出国と輸入国の組み合わせ，すなわちサプライチェーンにより関税率（ひいては課税額）が決まることも，関税がサプライチェーンと密接な関係をもつ所以となるのです。

本節では，これらの3つのポイントについて，その制度の概要を解説します。1で，輸入されるモノの価格はいくらかという課税価格の決定方法（関税評価）について簡潔に述べます。関税評価は，この後，輸入消費税，移転価格税制との相関性を理解するために，基礎的な理解が必要です。2で，輸入されるモノは何かを決める関税分類の原則的なルールを説明します。3では適用される関税の種類に影響を及ぼすFTAの物品貿易に関するルールに焦点を絞って説明します。FTAについては，3以降で，さらにその国際的環境や積極的活用のための方策，そしてコンプライアンスリスクについて詳述します。

図表2－1	関税率の種類と適用国（日本の場合）		
税率	税率の種類	概要	日本の主な適用国 （2016年4月現在）
高	基本税率	すべての品目に対して，協定や別途法律で定めのない限り適用する原則的な税率設定 （なお，基本税率では不都合な事情がある場合，一時的に基本税率に代えて適用される「暫定税率」が約500品目に対して設定されている）	北朝鮮，アンドラ，南スーダン，東ティモール，レバノン，赤道ギニア，エリトリア
	WTO協定（MFN）税率	WTO全加盟国・地域および二国間条約で最恵国待遇を約束している国からの産品に対しそれ以上の関税を課さないことを約束（譲許）している税率	WTO加盟国（161カ国・地域）
	一般特恵（GSP）税率	開発途上国で，特恵関税の供与を希望する国のうち，先進国が当該供与を適当と認めた国（特恵受益国）を原産地とする輸入貨物に対して適用される税率	ベトナム，パキスタン，インド，インドネシア，マレーシア，フィリピン，中国（香港・マカオ除く）他（138カ国・5地域）
	特別特恵（GSP-LDC）税率	特恵受益国（一般特恵税率適用国）のうち，後発開発途上国（LDC）を原産地とする輸入貨物に対して適用される税率	アフガニスタン，ラオス，サモア，バングラデシュ，カンボジア，ミャンマー，ブータン 他（47カ国）
低	FTA特恵税率	経済連携協定（EPA）に基づき，EPA締結相手国からの産品に関して，特定の条件を満たす場合に適用される税率	シンガポール，メキシコ，マレーシア，チリ，タイ，インドネシア，ブルネイ，ASEAN，フィリピン，スイス，ベトナム，インド，ペルー，オーストラリア

1 課税価格の決定方法

(1) 関税の4つの種類

　関税には，従価税（ad valorem duty），従量税（non-ad valorem duty），従価・従量選択税（いわゆる選択税，「mixed custom duty」），従価・従量併用税（いわゆる複合税，「compound customs duty」）があります。

従価税は，後述する課税価格に一定の税率を乗じて計算します。従量税は，重さ，長さ，面積，容積，数量を基準とする単位に対して一定の金額を課税します。選択税は，同一の物品について従価税と従量税の両方を定め，そのうちいずれか税額の高いほう（一部の品目については低いほう）を課すものです。複合税は，従価税と従量税を同時にかけるものです。

従価税は従量税に比べると，インフレーションなどによる価格の経済的変動に税収が連動するため，物価水準に連動して税収水準を自動的に変動させる機能があり，また，輸入国での市場価格をある程度反映することから保護関税としても有用であり，最終価格に原価として反映される金額が明確であるため，透明性が高いという長所があります。従量税には，加えて，同じ性質のものを同じ量輸入した際に効率的に生産したことによって価格が下がっていても効率が悪く生産されたことにより高額となっている製品と同額の関税が課されてしまい，生産性を高めたことによるベネフィットを減殺してしまうという短所があります。以上から，従価税の対象となる品目が圧倒的に多いのですが，特に農産物を中心に従量税や複合税の対象となるケースが多くみられます。

> 課税価格＝現実支払価格＋加算要素

従価税としての関税で行われるのが関税評価です。輸入取引の状況等を確認し，課税価格を決定することを関税評価といいます。納付すべき関税額は，この「課税価格×関税率」で計算されます。関税評価額の決定方法はWTO関税評価協定等の国際基準に基づき，各国が法令化しています（日本においては，関税定率法で規定されています）。

(2) 課税価格の決定方法

原則的な課税価格は，現実支払価格に加算要素を加えた価格です。「現実支払価格」とは，輸入取引において現実に支払われた，または支払われるべき価格で，通常は取引価格をいいます。「加算要素」とは，輸入貨物の生産等に係る取引価格以外の費用で，仲介料および手数料（買付手数料は除く），無償または値引き提供された物品および役務の費用，特許権・意匠権・商標権等の使用に伴う対価（ロイヤルティ，ライセンス料等），国際運賃および保険（輸入国によっては非加算）等が挙げられます。1の事例1で紹介したのは，この加算要素の中でもロイヤルティをめぐるものです。

図表2－2 課税価格の決定方法

■現実支払価格（輸入取引において現実に支払われた，または支払われるべき価格で，通常は取引価格）
■加算要素（現実支払価格に含まれていない限度において加算）
 • 仲介料および手数料（買付手数料は除く）
 • 容器（貨物の一体とみなされるもの）および包装費用
 • 無償または値引き提供された原材料，部品，工具，金型，設備および役務に要した費用
 • 知的財産使用に伴う対価（ロイヤルティ，ライセンス料）
 • 売手帰属利益
 • 国際運賃および保険
■非加算要素（以下の金額が明らかにされている場合，現実支払価格には含まない）
 • 輸入後の据付け，組立て，整備または技術指導に要する役務の費用
 • 輸入港到着後の運賃，保険料その他の運送関連費用
 • 本邦で課される関税その他の公課
 • 輸入取引が延払条件付取引である場合の延払金利

(3) 原則的な方法で決定できない場合

　後述のように売手・買手間の特殊関係が取引価格に影響を与えている場合や修理品，無償貨物，委託販売貨物など，原則的な方法により課税価格の決定ができない場合は，以下の方法を順次適用して決定します。

① 同種または類似貨物の取引価格に基づく決定方法
② 輸入国内販売価格からの逆算方法（※）
③ 製造原価への積算方法（※）
④ その他の方法

（※）輸入者が希望する場合には「製造原価への積算方法」を「国内販売価格からの逆算方法」に先立って適用することが可能です。

　なお，グローバルサプライチェーンを展開している企業にとっては，取引が関係会社間で行われているケースも多いと思います。このような場合，取引価格は，資本関係のない第三者と取引する場合と同等に，売手と買手が交渉を行った結果として決定された価格であることが条件となります。税関が関係会

第2章　モノ動くところに関税あり——国際通商環境を踏まえた関税マネジメント　*21*

社との取引価格が特殊な関係に影響されている（独立企業間価格ではない）と判断した場合，取引価格が関税評価額として認められないリスクが発生します。

　関連会社間取引における課税価格は，移転価格税制とも密接な関係があります。関税と移転価格税制の関係については次の③で詳しく述べます。

2　関税分類

　関税分類（品目分類）とは，国際取引における共通理解としてあらゆる品目に対して定めた関税分類番号を用いて分類を行うことです。関税分類番号は，HSコード，（統計）品目番号，税番等とも呼ばれます。HS条約の「品目表」においてHSコードの上6桁が規定され，7桁目以降の細分は批准国ごとに設定されており，日本は輸出入とも9桁を使用しています。

【HSコードの構造】

```
上2桁：類 ┐
上4桁：項 ├ HS条約批准国共通
上6桁：号 ┘
下3桁：統計細分…………日本独自

1～97類（77類は欠番）で構成
```

　例えば，ごく一般的な革製のビジネスシューズの関税分類を考えてみましょう。必要な情報としては，甲の材質，底の材質，用途，くるぶしを覆うか覆わないか，中底が19センチを超えるか否か，男性用か女性用か，関税割当を取得しているか，であり，これらの情報をもとに，例えば，甲および底が牛革で，男性用，26センチのくるぶしを覆わない革靴，関税割当[4]取得なし，であるとすれば，HSコードは6403.59-104，すなわち64類，6403項，6403.59号であることが確定できます。

図表2−3　日本の関税率表（実行関税率表）2015年4月版の靴の該当箇所の抜粋

番号	統計細分	品　　　名
64.03		履物（本底がゴム製，プラスチック製，革製又はコンポジションレザー製で，甲が革製のものに限る。）
		スポーツ用の履物

6403.12		スキー靴（クロスカントリー用のものを含む。）及びスノーボードブーツ
6403.40		その他の履物（保護用の金属製トーキャップを有するものに限る。）
		その他の履物（本底が革製のものに限る。）
6403.51		くるぶしを覆うもの
6403.59		その他のもの
		1 スリッパその他の室内用履物
	011	(1)スリッパ
		(2)その他のもの
	012	－共通の限度数量以内のもの
	019	－その他のもの
		2 その他のもの
	020	(1)体操用，競技用その他これらに類する用途に供する履物
		(2)その他のもの
		－共通の限度数量以内のもの
		－－中底が19cmを超えるもの
	044	－－－紳士用のもの
	045	－－－婦人用のもの
	049	－－その他のもの
		－その他のもの
		－－中底が19cmを超えるもの
	104	－－－紳士用のもの
	105	－－－婦人用のもの
		－－その他のもの
	111	－－－ベース又はプラットホームが木製のもの（中敷き又は保護用の金属製トーキャップを有するものを除く。）
	119	－－－その他のもの

　このように，関税分類番号は輸入される製品の仕様によって細かく定められています。このため，その製品がどの関税分類番号に該当するかが製品の微細な違いによって変わることが多くあり，適用される税率に大きな影響を及ぼします。正しい関税分類番号の確定には，製品に対する正確な知識が必要ですが，

そのような知識を持ち合わせていない関税当局によって製品が恣意的な関税分類により課税されたり，事後調査において争われたりすることが多くあります。

この関税分類は必ずしも輸出国と輸入国で一致する必要はありません。HS条約の批准国共通である最初の6桁以降は各国で異なっています。

3　原産地規則──物品の「国籍」を決めるためのルール

原産地規則とは貨物の原産地，いわば物品の「国籍」を決定するためのルールです。原産地規則は，非特恵原産地規則と特恵原産地規則の2つに大きく分けられます。非特恵原産地規則は通常関税率（最恵国待遇税率，協定税率）やセーフガード措置等の特殊関税制度の適用の可否の確認のほか，輸入貿易管理や原産地表示（Made in ○○○），貿易統計等を目的として用いられます。一方，非特恵原産地規則はFTA税率や一般特恵関税（General System of Preference，GSP）を適用するための規則となります。

第1章で述べたように，世界経済のグローバル化により，多くの産品のグローバルバリューチェーンは細分化され，最終製品に至るまでの生産過程は複数国に寸断され，それぞれの領域で付加価値が生み出されることが常態化しています。このため，我々の日常でも被服に好んでつけられる「made in Italy」のタグが本当のところ何を意味しているのかは，具体的にサプライチェーンを分析しない限り，わかりません。関税率は先に述べたように課税される関税の種類により決定しますが，FTAで定められる内容は，関税の削減に関するもの以外に，サービスや投資，さらに包括的な協定（EPA等）では人的交流や知的財産に関する規定も含まれています。本項では，関税減免のためのルールである非特恵原産地規則（以下，「原産地規則」），および当該規則を満たすことを証明し関税の減免を享受するための手続にフォーカスします。

2011年に日本とインドの間でEPAが発効した際，「これからは，日本からインドにモノを送れば関税が下がりますね」というコメントを耳にした記憶があります。インドは総じて関税が高い国であるため，大きなプラスのインパクトになると期待していたようです。しかし，残念ながら関税を下げるのはそんなに簡単ではありません。FTAを利用し，関税減免のメリットを受けられるのは，FTAが定めるルール（利用条件）を満たした輸入者のみとなります。FTAの

24

利用効果は大きい一方で，ルールを正しく把握し，FTAを利用し尽くすことは，企業によってはハードルが高いようです。

　FTAは特定の国と国の間で，通常適用する関税率よりも減免した関税率を適用することを約束するものです。締約国の間のみで認められた優遇措置といえます。そのため，FTAが定める減免された関税率を享受できるのは，当該FTAの締約国の原産品のみとなります。締約国以外の産品による迂回措置（いわば"タダ乗り"）を防ぐためには，一定のルールを定める必要があります。輸入される物品がFTA締約国の原産品であり，関税減免を享受するに足る適性を有するか否かを確認するために存在するのが，FTAの利用条件である原産地規則となります。輸入者は，輸入物品が原産地規則を満たし（＝実体的要件），原産地規則を満たすことを輸入時に当局に証明することで（＝手続的条件），初めて関税の減免が享受できるのです。

図表２−４　FTA/EPA適用のための基本要件

原産地規則の３大構成要素

FTA/EPA優遇税率適用のためには原産地規則の充足が必要。原産地規則は各協定により異なるが，いずれも原産地基準，積送基準，手続的規定の３大要素から構成

実体的要件	
1．原産地基準	相手国において，特恵待遇を受けるための必要な生産が行われていること
2．積送基準	運送途上で原産品としての資格（原産地基準を満たしているという資格）が失われていないこと

手続的要件	
3．手続的規定	上記の実体的要件を満たしていることを現地税関に対して証明すること

　以下，実体的要件である「原産地基準」，「積送基準」と，手続的要件のそれぞれについて説明します。

(1)　実体的要件

　実体的要件としての原産地規則は，さらに①原産地基準と②積送基準の２つ

第2章　モノ動くところに関税あり──国際通商環境を踏まえた関税マネジメント　**25**

に大別されます。以下，双方について簡単に解説します。

①　原産地基準

　原産地基準は，物品の原産地（いわば国籍）を特定するためのルールです。

　その内容はFTAごとに異なり，さらに多くのFTAが品目（HSコード）ごとに子細なルールを設けていますが，原産品の主な種類として，以下が挙げられます。なお，実際にFTAを使う際には英語での略称を用いるケースが多いため，併せて記載します。

ⓐ　完全生産品（WO）

　生産が1つの国で完結する物品をいいます。

　例としては，その国で生まれて育成された動物，その国で採れた鉱物等が挙げられます。英語ではWholly Obtained（WO）といいます。

ⓑ　原産材料のみから生産される物品（PE）

　一次材料が原産材料のみである物品をいいます。一見，完全生産品と同様に生産が1つの国で完結しているように見えますが，二次材料（あるいは三次材料，四次材料）の中にFTA締約国以外の物品（非原産品）が混じっている可能性があります。英語ではProduced Entirely（PE）といいます。

ⓒ　実質的変更基準を満たす物品

　実質的変更基準とは，非原産材料を使用して生産される物品につき，最後に実質的な変更を加える加工または製造を実施した国を当該物品の原産地とする，という考え方です。

　3種類の原産品のうち，その国で育ったものである完全生産品やその国の原産の材料のみから生産されるものは，原産品として理解しやすいのですが，3つめの実質的変更基準を満たす物品とは何でしょうか。どのような品目にどのような実質的変更基準が適用されるかは，上述のとおりFTAにより異なりますが，代表的な基準としては以下の3つになります。

（ⅰ）　関税分類番号変更基準（CTC）

（ⅱ） 付加価値基準（VA）

（ⅲ） 加工工程基準（SP）

（ⅰ） 関税分類番号変更基準（CTC）

非原産材料の関税分類番号（HSコード）と物品自体の関税分類番号とが異なる場合に実質的な変更が起こったとみなし，当該関税分類番号の変更が起こった国を原産地とする考え方です。つまり，関税分類番号の変更が起こるだけの「実質的な変更」が加えられた，とみなすわけです。英語ではChange in Tariff Classification（CTC）といいます。さらに，HSコードの何桁の変更を要求するかにより，CC（Change in Chapter：HSコード上2桁変更），CTH（Change in Tariff Heading：HSコード上4桁変更），CTSH（Change in Tariff Subheading：HSコード上6桁変更）等の略称が存在します。

これだけでは少しわかりにくいため，事例を紹介します。

例えば，台湾で製造されたLCDパネルを日本に輸入し，日本でLCDパネルに電源や画像処理基盤等を付けて完成品のカラービデオモニターとし，それをタイに輸出する，というオペレーションがあるとします。タイにおけるカラービデオモニターの関税率は20％ですが，日本－ASEAN EPAを使うと関税率

図表2－5　原産品の種類と実質的変更基準

原産地基準	・完全生産品 ・原産材料のみから生産される産品 ・実質的変更基準を満たす産品

実質的変更基準	
①	・関税分類番号変更基準（CTC） 産品のHSコードと使用されたすべての非原産材料のHSコードが異なる場合に完成品製造国の原産品となる
②	・加工工程基準（SP） 特定の加工工程が施された場合に完成品製造国の原産品となる
③	・付加価値基準（VA） 産品に付加された価値が協定の条件を満たした場合に完成品製造国の原産品となる

は０％になります。つまり，20％の関税率削減が可能になります。日本－ASEAN EPAにおけるカラービデオモニターの原産地基準は実質的変更基準のうちのCTHであり，HSコード上４桁の変更が日本で行われていることが求められます。台湾から調達したLCDパネルのHSコードはHS9013.80であり[5]，カラービデオモニターのHSコードはHS8528.59となりますので，日本でHSコード上４桁の変更が起こっています。そのため，このカラービデオモニターは日本－ASEAN EPAの原産地基準を満たし，後述の手続的規定を満たすことにより，20％の関税削減が可能になるのです。

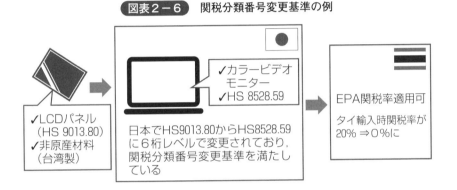

図表２－６　関税分類番号変更基準の例

(ii) 付加価値基準（VA）

加工または製造により価値が付加され，この付加された価値がFTAが定める要求を満たす場合に実質的な変更が起こったとみなし，当該価値が付加された国を原産地とする考え方です。英語ではValue Added（VA）といいます。

例えば，タイで乗用車を製造してフィリピンに輸入する場合，フィリピンにおける乗用車の関税率は30％ですが，ATIGAを使うと関税率は０％になります。ATIGAにおける乗用車の原産地基準は「対象物品のFOB価格の40％以上の現地付加価値があること」となっているため[6]，タイおよびASEAN加盟国における現地付加価値が自動車のFOB価格の40％以上である必要があります（タイ以外のASEAN加盟国における現地付加価値も加えてよい理由は，(d)(i)「累積」に関する部分で説明します）。

図表２－７の例では，非締約国であるA国の部品（非原産材料，総額3,000ド

ル）を使っていても，原産材料，製造費用，利益等の付加価値の合計（10,000
ドル）が，本体FOB価格である15,000ドルの40%以上となるため，この乗用車
はATIGAの原産地基準を満たし，後述の手続的規定を満たすことにより，
30%の関税削減が可能になるのです。

図表2-7 付加価値基準の例

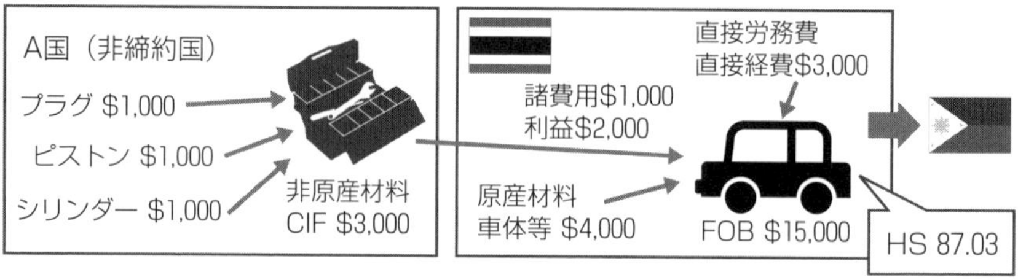

現地付加価値の計算方法としては，締約国であるタイにおける付加価値をプ
ラスする方法と，非原産材料を輸入する物品の価格からマイナスする方法の双
方が存在します。前者を積上方式，後者を控除方式等とも呼び，上述の事例に
おけるそれぞれの計算式は図表2-8のとおりとなります。

図表2-8 現地付加価値の代表的な計算方法

・積上方式

$$\frac{原産材料総額\$4,000＋直接労務費等\$3,000＋諸費用\$1,000＋利益\$2,000}{FOB価格\$15,000}\times100＝67\%$$

・控除方式

$$\frac{FOB価格\$15,000－非原産材料総額\$3,000}{FOB価格\$15,000}\times100＝80\%$$

現地付加価値の計算においていずれの方式を使うか（あるいは，双方利用可
能か）については，FTAごと，あるいは品目ごとに異なります。また，積上
方式においてどの費目を付加価値として積算することが認められるか，という
点についてもFTAにより異なるため，確認が必要です。さらに分母となる価
格がFOBとなるかCIFとなるか，もしくは工場出荷額（Ex-works Price）とな
るか，という点もFTAにより異なります。

なお、当然のことながら、分母となる価格が変更になったり、分子を構成する個々の要素（部品や経費、利益等）が当初の算定時から変更になったりする場合には、当初超えていたはずの閾値を超えなくなる、といった事態が起こる可能性があります。さらに、為替の変動により現地付加価値も変わる可能性があります。付加価値基準を用いて原産性の判定を行う場合には、後述の定期的なモニタリングが特に重要になります。

(iii) 加工工程基準（SP）

協定が定める一定の加工が行われる場合に実質的な変更が起こったとみなし、当該加工が行われた国を原産地とする考え方です。英語ではSpecific Process（SP）といいます。

例えば、日本でシャツを製造してベトナムに輸入する場合、ベトナムにおけるシャツの関税率は20％ですが、日本－ベトナム EPAを使うと関税率は4％になります。日本－ベトナム EPAにおけるシャツの原産地規則はHSコード2桁変更ですが、非原産材料の生地を使用する場合の紡織・縫製の工程は日本ないしはASEAN加盟国に限定されます。つまり、紡織、縫製のいずれかを日本ないしはASEAN加盟国以外で行っている場合、このEPAは使えなくなるのです。

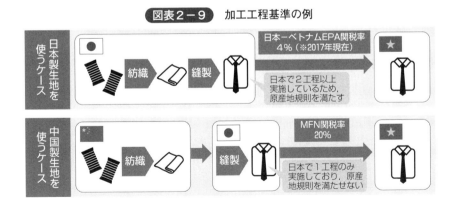

図表2－9　加工工程基準の例

以上が代表的な原産地基準になりますが、冒頭に述べたとおり、原産地基準はFTAごとに仔細なルールを設けており、実際の基準の内容はFTAごとに異

なります。例えば，同じ付加価値基準でも，上述の積上方式，控除方式の計算式は代表的なものにすぎず，それ以外の計算方法を採用しているFTAもあります。

また，積上げ・控除であっても詳細な計算式や，積上方式の際に積み上げられる費目は異なります。そのため，詳細な基準および自社の運用が当該基準に当てはめて適切か，という点の確認を行った上でFTAの利用を開始することが大変重要です。協定によっては仔細な規定がないケースもあり，その場合には政府当局の解釈に委ねられることになりますので，適宜，専門家や政府当局等に相談をすることが望ましいといえるでしょう。

(d) 原産地基準に関する代表的救済規定

最後に，原産地基準に関する代表的な救済規定をいくつかご紹介します。これらの救済規定も仔細な内容はFTAごとに異なりますが，FTA利用を検討する際に覚えておくべき内容です。

(i) 累 積

FTA締約相手国の原産材料を使って生産をする場合に，自国の原産材料とみなして原産性の判断に算入することを認める規定です。累積をする場合には，原産材料自体がFTAの原産地基準を満たし，それを証明できることが前提となります。材料に加えて，生産行為の累積を認めるFTAもあります。

図表2－10はタイで製造される産品を，FTAを用いてベトナムに輸入したい場合の事例です（当該産品のASEAN域内FTA（ATIGA），およびAJCEPにおける適用原産地基準は，ともに現地付加価値40％以上とします）。

当該産品をタイで製造する際には，日本製の部品と中国製の部品が使われており，タイ国内の付加価値のみではATIGAの原産地基準が満たせません。しかしながら，利用するFTAをAJCEPにする場合，価格が高い日本製の部品Aを"原産部品"として累積できます（上述のとおり，部品AがAJCEPにおける原産地基準を満たし，それを証明できることが前提となります）。部品Aを累積した結果，AJCEPの原産地基準を満たすことができるようになります。

もちろん，関税率の面でAJCEPの利用メリットがATIGAの利用メリットと

第2章　モノ動くところに関税あり——国際通商環境を踏まえた関税マネジメント　*31*

変わらない（あるいは，AJCEPの適用関税率がATIGAより高かったとしても累積を利用してAJCEPの適用を受けるだけのメリットがある）ことが前提となりますが，関税率および原産地規則を比較検討し，このような救済規定も使って最もメリットがあるFTAを選択することが重要です。

図表2−10　累積規定の例

最終製品の適用原産地基準：ATIGA，AJCEP，ともに現地付加価値40%以上

タイ

日本部品A
$6,000

直接製造費
労務費
$2,000

利益
$2,000

最終製品

部品B $3
1,000

FOB $15,000

ベトナム

部品C

中国（AJCEP非締約国）
部品B $4,000

ATIGAの利用により日本の原産部品を累積できない場合	$\dfrac{FOB15,000−(6,000+4,000)（非原産部品）}{FOB15,000} ×100 =33%>40%$	ATIGA適用不可
AJCEPにより日本の原産部品を累積する場合	$\dfrac{FOB15,000−4,000（非原産部品）}{FOB15,000} ×100 =73%>40%$	AJCEP適用可

(ii)　デミニマス

関税分類番号変更基準（CTC）の適用にあたり使うことができる救済規定です。協定が定める関税分類番号の変更が起きない非原産材料の総額または総重量が特定の割合以下の場合，当該非原産材料については，その産品が原産品であるか否かを決定する際に考慮しないこととする，というものです。対象HSコードと割合はFTAごとに異なるため，この規定の利用にあたっては事前に確認をする必要があります。

(iii)　ロールアップ/トレーシング

双方とも，付加価値基準（VA）の適用にあたり使うことができる救済規定です。

ロールアップは，FTAを利用する物品の生産に使用される一次材料の中に非原産である二次材料が含まれる場合でも，一次材料が原産地基準に照らして原産品と判断される場合には，これを100%原産として扱う，という考え方で

す。この結果，非原産の二次材料は非原産部品としてカウントしなくてもよい
ことになります。

　一方，トレーシングは一次材料が非原産材料と判断される場合でも，この非
原産材料の中に原産地基準に照らして原産品と判断される二次材料が含まれる
場合，当該二次材料のみを取り出して原産材料としてカウントできる，という
考え方です。

　ロールアップ，トレーシングともに，利用が可能か否かについて，さらに詳
細な利用条件については，FTAごとに確認をする必要があります。特に，自
社内で一次材料（中間製品）を製造し，それを用いて最終製品を製造する場合
には，本来の製造には不要な工程を経て一次材料の原産比率を高めた形でロー
ルアップを行う等，自社でコントロールが可能になることから，輸入国当局も
不適当なロールアップが実施されていないか，という点につき厳しく確認をす
ることが考えられます。これらの救済規定の検討にあたっては検認を意識し，
税関当局から不信感を抱かれない形での利用を心掛けることが重要です。

　以上が主な救済規定になります。いずれも，効果的に利用することで，
FTAの利用を諦めていた物品についても利用が可能になる可能性があります。
ただし，これまでに述べてきたとおり，FTAの内容を正確に理解した上で利
用することが大前提となります。必ず検認を意識しながらプランニングを行う
ようにしましょう。

③　積送基準

　前述の原産地基準にてFTA適用のための原産性を確認した物品については，
輸入申告が行われるまでにその原産性が保持される必要があります。原産国か
ら輸入国に輸送される過程で，仮に，非締約国である第三国を経由し，さらに
そこで加工等が施される場合には，せっかく確認した原産性が損なわれてしま
う可能性が出てきます。こうした事態を防ぐため，FTAにおいては，原産国
から輸入国まで，モノは基本的に直送される必要があります。これが，原産地
基準を構成するもう1つの基準である積送基準です。

積送基準の基本的な考え方は，「原産国から輸入国までモノが物理的に直送されること」というものですが，商流が物流と異なる場合のいわゆるリインボイス時の取扱いや，一時的に物流が第三国を経由する場合の取扱いは，FTAによって異なります。

前者のリインボイスについては，商流が第三国を経由していても物流が原産国から輸入国に直送されていれば原産性は損なわれないとみなす，という考え方が一般的ですが，例えば，ASEANと中国の間のFTAでは，2011年に第二議定書[7]が発効するまでは，第三国リインボイスに関する明記がなく，そのため，リインボイスされた場合のFTAの適用を認めない，といったトラブルが発生するケースが存在しました。

また，後者については，物流が第三国を経由しても，当該第三国において税関当局の積替えや一次蔵置等の協定上で許容された作業（物品の原産性を損ねていないと認められる作業）のみが行われる場合には積送基準を満たすとみなされますが，この場合に許容される作業や手続は協定や生産国・経由国・輸入国のそれぞれで異なります。

グローバルにサプライチェーンを展開する企業においては，地域統括会社やハブ倉庫を構え，複雑な商流，物流を設定しているケースが多く存在するでしょう。そのような場合には，輸入物品が積送基準を満たすか否かにつき，注意深く協定内容を確認する必要があります。

なお，積送基準の例外的な救済措置として，多数国間で締結されているいくつかのFTAにおいてBack to Back COが認められていることは本章の冒頭で述べたとおりです。これは，あるFTAにおいて原産性の資格を得た物品が，当該FTAの締約国である第三国を経由する場合に，生産国で取得した原産性が損なわれていないことを条件に，第三国の当局が新たな原産地証明書（下記(2)を参照）を発給し，その原産性を保証する，というものです。

事例でご紹介したように，輸出国，輸入国以外の第三国に設置されているハブ倉庫を経由するサプライチェーンにおいてFTAを活用する場合等に非常に有用な手段となります。ただし，当該第三国はFTA締約国である必要があることに留意が必要です。また，Back to Back COの発給要件は，FTAごとおよび国ごとに異なりますので，当該措置を利用する場合には，生産国，第三国，

34

輸入国ごとに事前に詳細を確認することが望ましいといえます。

(2)　手続的要件

本項の冒頭で述べたとおり，輸入者は，輸入物品が実体的要件である原産地規則を満たすことを，輸入時に税関当局に証明することで，初めて関税の減免が享受できることになります。

この証明の方法はFTAごとに異なりますが，生産国の当局（あるいは当局が指定する発給機関）が発給する原産地証明書を用いて証明を行う「第三者証明方式」と，生産者，輸出者，あるいは輸入者が自ら証明を行う「自己証明方式」に大別できます。さらに，「自己証明方式」は，下記のとおり，輸出国政府による認定輸出者からの申告によって証明する方式（認定輸出者方式），輸出者が作成する原産地証明書によって証明する方式，輸入者が証明する方式に大別できます。認定輸出者方式以外の自己証明方式は，完全自己証明方式とも呼称されます。

図表2－11　手続的要件の類型

第三者証明方式	輸出国政府または指定機関が発給する原産地証明書により証明する方式。日本の既存FTAのすべて，およびASEAN各国が締結する協定等で採用
自己証明方式	［認定輸出者による自己証明］ 輸出国政府による認定輸出者からの申告によって証明する方式。ATIGA，日本－スイスEPA，日本－メキシコEPA，EU－韓国FTA等で採用。 ［輸出者による自己証明］ 輸出者が作成する原産地証明書によって証明する方式。NAFTA，TPP等で採用。 ［輸入者による自己証明］ 輸出者，製造者，または輸入者作成の原産地証明書，または輸入者が有する知識により輸入者が証明する方式。米国－韓国FTA，TPP等で採用。

輸出のつど，発給機関に対して原産地証明書の発給申請を行わなくてはならない第三者証明方式は，工数の点で輸出者の負担となります。原産地証明書の

発給手数料を求める国もあり，この場合はコストの点でも負担となります。さらに，当局の発給を待つ必要があるため，リードタイムの長期化にもつながります。輸出者から原産地証明書が届く前に貨物が輸入国に到着してしまう，という事例も見受けられます。自己証明方式は，これらの工数，費用，リードタイムのいずれも削減できる点で，利用者にとっては大きなメリットになるといえるでしょう。ただし，輸出国当局のいわば「お墨付き」を受けることができず，FTA対象物品の原産性について，すべて輸出者/輸入者が自己責任で証明を行うことになることから，協定内容に基づいたFTAの利用を，より慎重に進める必要があります。完全自己証明方式を採用しているFTAにおいては，輸入国税関当局による直接検認も併せて採用しているケースが非常に多いため，後述する直接検認のリスクも念頭に置く必要があります。

　日本では，経済産業省から委託を受けた指定発給機関である日本商工会議所が，原産地証明書（特定原産地証明書）の発給を行う第三者証明方式が主流でしたが，2015年1月に発効した日本－オーストラリアEPAにおいて，初めて完全自己証明方式が導入されました。ATIGAにおいては，現在，パイロットプロジェクト1，2という2つの自己証明方式が導入されており，今後，これらを1つの自己証明方式としてまとめることを目標としています。また，2017年12月に交渉妥結に至った日本－EU EPAや2018年3月に署名が行われた包括的および先進的な環太平洋パートナーシップ（CPTPP）協定においても自己証明方式が採用され，後述するとおり，今後は自己証明方式が国際的な主流となっていくものと考えます。

　上述のとおり，自己証明方式は工数，コスト，リードタイムの削減という大きなメリットを利用者にもたらしますが，同時に，利用者の自己責任が増すことにもなります。企業にとっては，これまで以上にFTA利用のためのコンプライアンス体制を強化し，原産地規則を守った適正な利用を行っていくことが非常に重要になります。

3 関税と移転価格税制の関係

1 独立第三者間価格（arm's length price）の決定方法

　移転価格と関税評価は，図表2－12に掲げるように国際的にも異なる国際機関が原則やポリシーを定めており，これらの原則やポリシーを国内でも異なる課税庁が管轄しています。現在，その橋渡しをするような法令はないことから，関税について疑義が持たれた場合，特殊関係が取引価格に影響を与えていないことについて移転価格ポリシー等と矛盾が生じないよう慎重に税関と議論を行う必要があります。特殊関係が取引価格に影響を与えていると認定された場合，取引価格による申告が認められず，その他の方法により課税価格を決定することとなります。

図表2－12　関税と移転価格の国際的フレームワーク

	関税評価	移転価格
原則	Arm's length principle	
国際基準	WTO Customs Valuation Agreement	OECD Model Tax Convention (Article 9) OECD Transfer Pricing Guidelines for Multinational Enterprises and Tax Administrations (OECD Guidelines)

　関税法上の独立企業間価格はどのように定められるのでしょうか。WTO関税評価条約の規定を見てみましょう。

　関税評価条約の第1条は，「課税価格は輸入国への輸出のために資産が販売された際に実際に支払われたか支払われるべき対価としての取引価格に第8条の規定による調整を加えたものである[8]」と定めています。関連者間取引でないか，関連者間取引である場合には第2項により関税法上認めうる価格であることを前提条件としています[9]（1条1項d）。この第2項は，売主と買主が第15条に定義する関連者である場合，「販売状況を検証し，特殊関係が価格に

影響を及ぼしていなければ取引価格は認められなければならない[10]」と定めています（いわゆる販売状況基準，「circumstances of sale test」）。また，関連者間取引である場合，輸入者が，取引価格が取引時または同時期に計算した検証価格に近しいことを証明した場合，取引価格を妥当と認めなければなりません（いわゆる検証価格基準，「test value test」）。検証価格とは，同じ輸入国への輸出で支払われる独立第三者間での同種または類似貨物の取引価格，第5条の規定に基づき輸入国内販売価格から逆算した価格，第6条の規定に基づき製造原価から積算した価格のいずれかです。検証価格基準が用いられることは少なく，販売状況基準の適用が主流となっています。

　関連者の基準についても，WTO関税評価条約は独自の規定を第15条第4項により定めています。その基準とは，2つの事業の役員が兼務であること，ある事業の法的に認められたパートナーであること，従業員と雇用主，5％以上の議決権または株式を直接または間接に保有する共通の株主がいる場合，間接または直接に被支配関係にある者，共通の第三者により直接または間接に支配される者，共同で直接または間接に第三者を支配する関係にある者，同じ家族に属する者であるとされています。また，一方が他方の従属代理人（sole agent），従属販売会社（sole distributor），従属問屋（sole concessionaire）である場合，第15条第4項に列挙された基準に当てはまる限りにおいて，関連者であると推定されます。

2　実務上の問題点

　関税制度と移転価格税制で移転価格が統一されていないことに起因する実務上の問題点としては，次のような項目が挙げられます。

- TPスタディまたはAPAがあれば，必ず現実支払価格が認められるか。
- 移転価格文書のほかに，関税評価の観点から取引価格の妥当性を疎明する資料を税関に提出することが必要とされるか。
- 税関と税務署が関税評価と移転価格の整合性について合意することができるか。
- 遡及的移転価格調整が行われた結果，支払う対価が増加する場合，輸入申告価格の修正が必要か。
- 遡及的移転価格調整が行われた結果，支払う対価が減少する場合，輸入申告価格の修正が必要か。関税の還付を受けることが可能か。

- 遡及的移転価格調整が行われた結果，輸入申告価格の修正が必要となる場合における，関税の支払い/還付に関する時効と移転価格調整に関する時効のミスマッチ
- 遡及的移転価格調整の結果，輸入申告価格の修正を行った場合，延滞税，罰則等が科されるか。
- 遡及的移転価格調整の結果，輸入申告価格の修正を行った場合における，輸入申告価格の修正の単位の問題（原則として，取引単位）
- 四半期または期末に移転価格調整金を支払う場合における，移転価格調整金を輸入申告価格の修正に反映させるための簡易的な方法の適用の可否
- 移転価格調整または関税評価の修正により輸入申告価格が増加または減少した場合，輸入VAT額の修正のためVAT申告の修正が必要となるか。輸入VAT額の修正に対して延滞税，罰則等が科されるか。
- 将来にわたる移転価格調整が行われた場合，税関の精査の対象となるか。

　これらの問題点に対しては全世界で統一的なアプローチがなされているわけではなく，各国で制度が異なっています[11]。WCOは，2015年6月に「WCO Guide to Customs Valuation and Transfer Pricing」を策定し，WCO加盟国に対して関税法と移転価格の算定方法の統一のための指針を示しました。にもかかわらず，53カ国において関連者間取引における取引価格の適正性を判断する上で採用する資料には統一的なアプローチはありません。

　2017年にデロイトが行った調査によれば，上記の問題点に対する各国の対応の概略は次のとおりです。

- 53カ国のうち13カ国[12]が，関連者間取引の移転価格および移転価格調整の取扱いに関するガイダンスを公表しています。日本はこのような指針は公表していません。
- 29カ国が，関連者間取引が近年，特に関税当局の注目を集めていると回答しています。
- 24カ国において，移転価格の遡及的調整が行われた場合に申告済みの輸出価格の関税評価の修正が必要です。
- 16カ国が，移転価格を原因とする将来にわたる調整が行われた場合には税関の精査の対象となりうるとしています。
- インドでは，2017年7月1日からGST制度がこれまでの複雑な間接税制に代わって導入されました。関税制度の改正はないのですが，これをきっかけとして輸入GSTの課税標準でもある関連者間取引の取引価格がより精査の対象となるかもしれません。

第2章 モノ動くところに関税あり——国際通商環境を踏まえた関税マネジメント *39*

- EUでは，2016年5月1日から欧州連合関税法典（Union Customs Code，以下「UCC」）の主要規定が導入されています。UCCの導入は，関税関連規則および手続の合理化，事業者に対する法的な予測可能性および画一性の提供，関税当局に対する透明性の向上，手続の簡素化およびペーパーレスの電子手続環境への移行等を目標としたもので，UCCが要求する電子手続環境への移行は，2020年12月31日までに行われる予定です。この電子化，そして保税倉庫等の特別措置を適用する事業者に対する保証金（guarantee）の義務化等，さまざまな項目を含む改正の中でも，ファーストセールの廃止，ロイヤルティおよびライセンス料の課税要件拡大など，移転価格調整が関連者間取引の関税上の取引価格に影響を及ぼす範囲が拡大しており，今後対応が異なってくる可能性が生じています。

次に，関税と移転価格の接点としての遡及的移転価格調整について解説します。

3 遡及的移転価格調整

　すでに述べたように基準を異にしている関税と移転価格税制ですが，関連者間取引において，期末後に遡及的移転価格調整が行われた場合，税関は原価の調整が行われたものとみなします。特に日本の買手から送金が行われた場合には，輸入申告価格の修正が必要となります。

- 移転価格の上方修正（日本の買手からの送金）　➡ 修正申告
- 移転価格の下方修正（海外の売手からの返金）　➡ 更正の請求

　関税上も，現実支払価格＋加算要素という原則的な課税価格の決定方法により課税価格を決定できない場合として，売手・買手間の特殊関係が取引価格に影響を与えている場合が挙げられています。この場合，移転価格算定方法と類似した決定方法が順次適用されます。関税実務上は，特殊関係者間取引であることのみをもって取引価格を否定されることはありませんが，税関から関税評価の観点から取引価格の妥当性を疎明する資料（移転価格ポリシー等）の提出を求められる場合があります。しかし，すでに述べたように，関連者間取引における取引価格の適正性を判断する上で採用する資料には国際的に統一的なアプローチはありません。このため，移転価格税制への対応として準備した，カントリーファイル，マスターファイル，APA合意文書などは参考資料としては有効ですが，必ずしもそれで十分というわけではありません。特に，関税で

40

は取引単位の価格の妥当性の検証が可能となる資料の提出が必要である点から，企業単位の利益水準に着目した移転価格文書はほとんど意味をなさないことがわかります。

図表2－13 関税評価，輸入VATの課税標準，移転価格の算定方法の関係

■関税
　・現実支払価格＋加算要素（原則）。
　・売手・買手間の特殊関係が取引価格に影響を与えている場合：
　　同種または類似貨物の取引価格に基づく決定方法（4条の2）
　　輸入国内販売価格からの逆算方法（4条の3第1項）
　　製造原価への積算方法（4条の3第2項）
　　その他の方法（4条の4）
■輸入消費税
　　納付すべき輸入消費税額は，「（関税課税価格＋関税額）×8％」で計算。
■移転価格
　・独立第三者間価格
　・CUP, RP, CP, TNMM, PSM（transactional profit split method）

このように，関税上も売手・買手間の特殊関係が取引価格に影響を与えている場合には調整が求められますが，その方法はWTO Customs Valuation Agreementに規定されており，我が国の関税評価法も概ねWTOの規定に沿ったものとなっています。これらの決定方法は，一見，取引価格を基準とするCUP法，RM法，CP法などの移転価格算定方法と一対一の対応関係にあるように思われます。

しかし，両者は政策目的（関税は輸入時の貨物の評価を行うこと，移転価格は関連者間の利益を適正に配分すること）と基準を策定している機関（関税はWTO，移転価格はOECD）を異にしており，基準の詳細は異なっています。さらに，関税の場合，課税価格が高ければ関税の税収は上昇し，逆に課税価格が低くなれば過去の課税価格の正当性につき税関から疑義を持たれるリスクが発生します。これに対して，移転価格では，価格が高い場合，商品を購入した企業の費用が増大し，利益が減少することから法人税額は減少します。このように，関税と移転価格税制上の税務当局の関心は異なります。関税法上の課税価格の算定方法と，移転価格の算定方法を対比するとおおよそ図表2－14のような対応関係があります。

第2章　モノ動くところに関税あり──国際通商環境を踏まえた関税マネジメント　*41*

図表２−14　関税法上の課税価格の算定方法と移転価格の算定方法の対比

	関税評価	移転価格
同種又は類似の貨物に係る取引価格による課税価格の決定（WTO Customs Valuation Agreement Article 2 and 3）	（前略），当該輸入貨物と同種又は類似の貨物（当該輸入貨物の本邦への輸出の日又はこれに近接する日に本邦へ輸出されたもので，当該輸入貨物の生産国で生産されたものに限る。以下この条において「同種又は類似の貨物」という。）に係る取引価格（中略）があるときは，当該輸入貨物の課税価格は，当該同種又は類似の貨物に係る取引価格（中略）とする。この場合において，同種又は類似の貨物に係る取引価格は，当該輸入貨物の取引段階と同一の取引段階及び当該輸入貨物の取引数量と実質的に同一の取引数量により輸入取引がされた同種又は類似の貨物（中略）に係る取引価格とし，当該輸入貨物と当該同一の取引段階及び同一の取引数量による同種又は類似の貨物との間に運送距離又は運送形態が異なることにより輸入港までの運賃等に相当の差異があるときは，その差異により生じた価格差につき，政令で定めるところにより，必要な調整を行った後の取引価格とする。 2　前項に規定する同一の取引段階及び同一の取引数量による同種又は類似の貨物に係る取引価格がない場合には，同項に規定する同種又は類似の貨物に係る取引価格は，取引段階又は取引数量の差異及び輸入港までの運賃等の差異による当該輸入貨物と当該同種又は類似の貨物との間の価格差につき，政令で定めるところにより，必要な調整を行った後の同種又は類似の貨物に係る取引価格とする。	CUP法
国内販売価格に基づく課税価格の決定(WTO Customs Valuation Agreement Article 5 (1))	前二条の規定により輸入貨物の課税価格を計算することができない場合において，当該輸入貨物の国内販売価格（中略）又は当該輸入貨物と同種若しくは類似の貨物（当該輸入貨物の生産国で生産されたものに限る。以下この項において同じ。）に係る国内販売価格があるときは，当該輸入貨物の課税価格は，次の各号に掲げる国内販売価格の区分に応じ，当該各号に定める価格とする。 一　その輸入申告の時（中略）における性質及び形状により，当該輸入貨物の課税物件確定の時の属する日又はこれに近接する期間内に国内における売手と特殊関係のない買手に対し国内において販売された当該輸入貨物又はこれと同種若しくは類似の貨物に係る国内販売価格。当該国内販売価格から次に掲げる手数料等の額を控除して得られる価格 　イ　当該輸入貨物と同類の貨物（同一の産業部門において生産された当該輸入貨物と同一の範疇に属する貨物をいう。次項において同じ。）で輸入されたものの国内における販売に係る通常の手数料又は利潤及び一般経費（ロに掲げる費用を除く。） 　ロ　当該国内において販売された輸入貨物又はこれと同種若しくは類似の貨物に係る輸入港到着後国内において販売するまでの運送に要する通常の運賃，保険料その他当該運送に関連する費用 　ハ　当該国内において販売された輸入貨物又はこれと同種若しくは類似の貨物に係る本邦において課された関税その他の公課	RM法

	二 課税物件確定の時の属する日後加工の上，国内における売手と特殊関係のない買手に対し国内において販売された当該輸入貨物の国内販売価格 当該国内販売価格から当該加工により付加された価額及び前号イからハまでに掲げる手数料等の額を控除して得られる価格	
製造原価に基づく課税価格の決定（WTO Customs Valuation Agreement Article 6)	前項の規定により当該輸入貨物の課税価格を計算することができない場合において，当該輸入貨物の製造原価を確認することができるとき（当該輸入貨物を輸入しようとする者と当該輸入貨物の生産者との間の当該輸入貨物に係る取引に基づき当該輸入貨物が本邦に到着することとなる場合に限る。次項において同じ。）は，当該輸入貨物の課税価格は，当該輸入貨物の製造原価に当該輸入貨物の生産国で生産された当該輸入貨物と同類の貨物の本邦への輸出のための販売に係る通常の利潤及び一般経費並びに当該輸入貨物の輸入港までの運賃等の額を加えた価格とする。	CP法

4 機能移転と原産性

　企業は，ある法人の機能とリスクを国外関連者に移した際に，移転価格税制上の影響だけでなく，特定の産品の原産性が失われ，これまで利用していたFTAによる恩典が受けられなくなる可能性があることに留意を要します。先に述べたように，FTAの利用のための実体的要件の1つである原産地基準には，代表的なものとして関税分類番号変更基準，付加価値基準，加工工程基準の3つがあります。

　例えば，①3のシャツの生産の事例で，日本でこれまで紡績から縫製まで行っていたシャツの紡績を中国に移転し，日本の工場ではある時期から縫製以降の加工工程のみを行うようなサプライチェーンの変更があった場合，日本－ベトナムEPAにおける加工工程基準を満たさなくなってしまうため，FTA利用時の4％ではなく通常関税率の20％が適用されてしまいます。自社製品に適用している自FTAにおける原産地規則を把握し，関連者間での機能移転を検討する際には，移転価格税制だけでなく，関税法上の影響も検討することが必要です。

5 移転価格税制と関税の関係に影響を与える今後の動き

　BEPS（Base Erosion and Profit Shifting，税源浸食と利益移転）プロジェクトにおける移転価格税制に関連するさまざまな動きが関税にどのような影響を与えるのかが注目されます。行動計画13の移転価格文書化の流れにより各国

が作成を義務づけているカントリーファイル，マスターファイルが関税評価の正当性を検討する際にどの程度の有効性をもつのか，また，BEPSに端を発する企業のサプライチェーンの変更が関税に与える影響などが懸念されます。また，個別の取引と関連して行われるAPAにより移転価格税制上適正と認められる取引価格を，関税法上も適正と認める方向でのフレームワークづくりが今後WCOを中心に進められていくことが予想されます。

4　国際通商環境の動向と企業への影響 —— 「逆風」を「追風」に変えるマネジメント

　ここまで，関税の基本，および関税と移転価格税制の関係について述べてきました。上述のとおり，関税は国境を通過する貨物に対して課される税であり，国をまたぐサプライチェーンに付いて回ります。そのため，国と国との貿易に関する国際的な取り決め——通商環境が関税，取り分け，関税率の決定に大きな影響を及ぼします。

　昨今の通商環境は，経済発展のために自由貿易を推進しようとするベクトル，自国の産業保護・雇用創出のために自由貿易にブレーキをかけようとするベクトル，特定の国を排除する意図で経済ブロックを固めようとするベクトル，あるいは純粋に高関税率を賦課して課税収入を増やそうとするベクトル，といったようにさまざまなベクトルが複雑に絡み合って混在している状況です。

　特に直近2年ほどの間には2016年2月の環太平洋パートナーシップ協定（オリジナルTPP）への署名以降，トランプ政権の発足，英国のEU離脱（Brexit），日本−EU EPAの交渉妥結，TPPからの米国の離脱と残11カ国によるCPTPPの交渉妥結など，通商の世界に大きな影響を及ぼす事態が発生しました。中でも，トランプ政権の動きは第二次大戦以降，世界の自由貿易を推進してきた米国の一大方向転換を意味し，世界経済にとって大きな逆風となる可能性があります。

　本節では，日本企業にとって特に影響が大きいと思われる国際通商環境の動向について触れ，そうした環境において，なぜ企業による関税マネジメントが求められるのか，また，いかにして適切な関税マネジメントを行うか，という点について述べていきます。

1 激動する国際通商環境

(1) GATTから通商協定へ

　WTOで「ラウンド」と呼ばれる多国間交渉を通じた関税の引下げが頓挫して以来，自由貿易を推進しようとする各国は，FTAを締結することにより，関税障壁の低減を実施してきました。我が国においても2002年11月に発効した日本－シンガポール EPAを皮切りに，これまでアジア各国を中心に15のFTAが発効しています（図表2－15参照)[13]。

図表2－15　日本のFTA/EPA締結状況

・締結済み（14カ国，1地域）

シンガポール（2002）	タイ（2007）	フィリピン（2008）	ペルー（2012）
メキシコ（2005）	インドネシア（2008）	スイス（2009）	オーストラリア（2015）
マレーシア（2006）	ブルネイ（2008）	ベトナム（2009）	モンゴル（2016）
チリ（2007）	ASEAN（2008）	インド（2011）	

・合意済み：EU，CPTPP＊
・交渉中

カナダ	日中韓	RCEP＊＊	トルコ
コロンビア			

交渉参加国
＊CPTPP（環太平洋パートナーシップ協定）：日本，シンガポール，ニュージーランド，チリ，ブルネイ，オーストラリア，ペルー，ベトナム，マレーシア，カナダおよびメキシコ
＊＊RCEP（東アジア地域包括的経済連携）：日本，ASEAN10カ国，中国，韓国，オーストラリア，ニュージーランドおよびインド

　特に，2007年11月の日本－タイ EPA（日泰EPA）および2008年7月の日本－インドネシア EPA（日尼EPA）の発効以降，原産地証明書の発給件数は年々着実に増加し，2016年度には実に24万件超の原産地証明書が発給されました。発給件数の増加は，FTAがいかに急速に日本企業にも浸透してきたかを表しているといえます。

図表2−16　日本商工会議所による原産地証明書発給件数

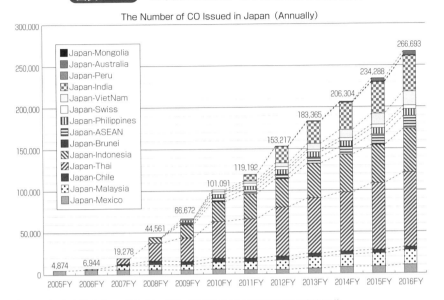

(出典：経済産業省ウェブサイト「第一種特定原産地証明書の発給状況」)

(2) 包括的および先進的な環太平洋パートナーシップ（CPTPP）協定

　TPPは約6年間に及ぶ交渉[14]の結果，2016年2月に署名に至りました。日本にとって16番目の，そして米国と初めて締結するFTAとして，さらには太平洋をまたがりアジアと米州を結ぶ広域FTAとして，その発効が待たれてきました。しかしながら，TPP発効のためには，署名12カ国のGDPの85％以上を占める，少なくとも6カ国以上が国内手続を終える必要があるとしていたため，TPP参加国全体のGDPのおよそ60％を占める米国がトランプ政権発足後にTPPからの離脱（permanently withdraw）を宣言したことで，発効のめどが立たなくなりました。

　2017年11月11日，米国を除く署名11カ国は，11カ国で発効を目指す新協定（TPP11）についての大筋合意の詳細内容を発表しました。著作権の保護期間など知的財産権や投資の規定を中心に，米国が復帰するまでの間，20項目の実

施を一時的に見送る「凍結項目」について合意されましたが，輸入関税の撤廃・削減に関する内容は変更されませんでした。

　新協定の正式名称は「包括的および先進的な環太平洋パートナーシップ協定，CPTPP（Comprehensive and Progressive Trans-Pacific Partnership Agreement)」とされ，新協定は，11カ国が新協定に署名後，過半数の6カ国による国内承認手続が終わった時点から60日後に発効します（当初の発効条件が，上述のとおり，「署名国のGDPの85％以上を占める，少なくとも6カ国以上」であったことを鑑みると，より「発効しやすい」協定となっています）。CPTPPの経済規模は1,147兆円（米国2,098兆円，中国1,265兆円）であり，世界経済に対して13％を占める巨大経済圏です。人口規模では約5億人（中国約13.8億人，米国3.2億人）を擁しています。

　このCPTPPは広域FTAとしてのメリットは残りますが，11カ国のうち日本がTPPの枠組みの外でFTAを締結していない国はカナダとニュージーランドのみとなります[15]。TPPに参加する予定であった日本にとってのFTA未締結国であり最大のマーケットである米国の離脱により，TPPの影響は当初の想定よりも限定的になるでしょう（図表2-17を参照）。

図表2-17　アジア太平洋地域における経済連携の枠組み

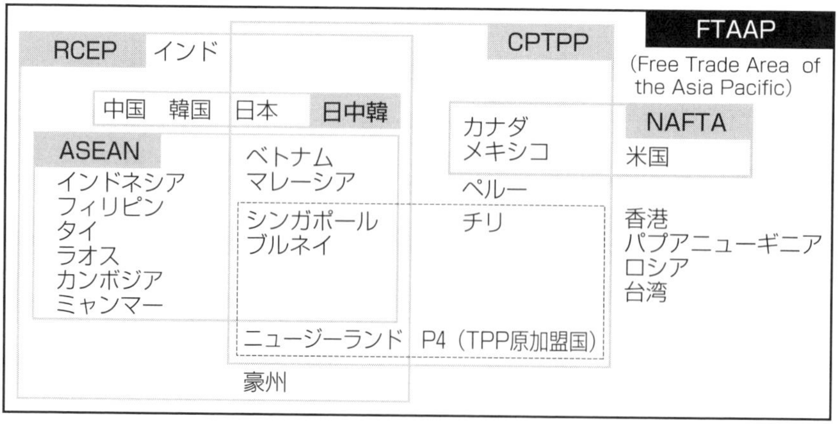

（出典：経済産業省，JETRO資料）

なお，トランプ大統領は2018年1月に開催されたダボス会議において，TPPについて「すべての国の利益になるなら，個別かグループでの交渉を検討する」と発言しており，また，会議後のインタビューでも「以前よりずっと良い協定が得られれば，TPPをやる」と話してTPP復帰の可能性を示唆しています。一方で，上述のTPP離脱宣言後は，「米国の産業に雇用をもたらす公平な二国間貿易協定の交渉をする」とも発言しており，TPP交渉国との二国間FTAの交渉が開始される可能性もあります。仮に二国間FTAの交渉が行われる場合にはTPPの協定文がそのベースとなることも考えられますが，広域FTAであるTPPの大きなメリットであった「完全累積[16]」は使えず，3カ国以上にまたがるグローバルサプライチェーンを展開している日本企業にとっては，TPPに比べて関税面において使い勝手が悪いFTAになるといわざるを得ません。

⑶　メガFTAの進展

一方で，米国のTPP離脱の（いわば派生的な）影響として注目すべき点は，いわゆるメガFTAといわれる他のFTAの交渉が進展していることです。その筆頭が，2017年12月に実に4年以上に及ぶ交渉期間を経て遂に交渉妥結に至った日本−EU EPA，そして「ASEANプラス1」FTAを統合し，人口・経済規模・貿易総額で世界最大級の広域経済圏を出現させ得る東アジア地域包括的経済連携（Regional Comprehensive Economic Partnership，以下「RCEP」）といえます。

なお，EUに関しては，カナダとの経済連携協定[17]が2017年9月に暫定発効することが決まり，さらに，ベトナムとのFTAもすでに交渉が終了し，発効が待たれているところです。しばらく中断していた他のASEANの国々（タイ，マレーシア等）とのFTA交渉再開，早期妥結も期待されています。ベトナム，タイ，マレーシア等に製造拠点を置く日本企業にとっては，EUという巨大マーケットにおける関税障壁の低下につながるFTAの発効は，大きなポテンシャルを秘めているといえるでしょう。特に，EUのGSP[18]からすでに卒業してしまっているタイ，マレーシアにとっては，EUとのFTAは大きな意義をもちます。

いずれにせよ，「米国のTPP離脱」は，TPPの発効を見据えて米国シフトを進めてきた日本企業に大きな影響を及ぼします。TPPをめぐる米国の動きはま

だまだ不透明であり，引き続き注視する必要があるでしょう。

⑷　北米自由貿易協定（NAFTA）

北米自由貿易協定（North American Free Trade Agreement,「NAFTA」）は，1994年に発効して以降，高いレベルでの関税障壁の撤廃に成功し，北米3カ国間における貿易の促進に大きく貢献してきました。しかし，トランプ大統領は選挙期間中より，NAFTAを「史上最悪の貿易協定（the worst trade deal）」と呼び，脱退ないしは再交渉を公約していました。政権発足後，TPP離脱の大統領令に署名した2017年1月23日にはNAFTAの再交渉を表明，5月18日には米通商代表部（USTR）のライトハイザー代表が書簡で再交渉の意向を議会に通知し，議会との90日の協議期間を経て，8月16日から再交渉が開始されました。

USTRが2017年7月17日に公表した「NAFTA再交渉の目的（Objectives for the NAFTA Renegotiation）」においては，22にわたる項目の1項目，Trade in Goodsの冒頭で「米国の貿易収支の改善，および対NAFTA締約国の貿易赤字の削減（improve the U.S. trade balance and reduce the trade deficit with the NAFTA）」を掲げています。

5月の再交渉の通知時にはデジタル貿易等の近代化（modernazation）が掲げられていたことを踏まえると，より貿易不均衡を是正しようとするトランプ大統領の意向が強く反映されています。具体的な方策としては，NAFTAにおける関税譲許（関税率）に関する議論ではなく，専ら，原産地規則の見直しに関する議論が焦点となっています。

日系企業はNAFTA域内における関税が撤廃されて以降，そのメリットを大いに享受してきました。その筆頭が自動車産業です。NAFTAとメキシコの低賃金が米国から雇用を奪った，という考えのもと，自動車についてはNAFTAを「使えない/使い難い」FTAに生まれ変わらせることを画策する可能性が懸念されています。具体的には，現在のFTAにおいては，15人乗り以下の乗用車については，NAFTA3カ国において創造された付加価値（域内原産割合[19]）が62.5％以上あれば関税0％が適用されますが，米国は，域内原産割合の閾値を現行の62.5％から85％に引き上げ，かつ米国製部材の50％以上の使用を義務づけることを提案しています。

この結果，メキシコから米国に自動車を輸出する企業は，製造戦略，サプライチェーンの見直しを余儀なくされる可能性が出てきます。また，上述の乗用車の域内原産割合の算定には，「トレーシング（Tracing）」というルールが採用されていますが，米国は，このルールの見直しも提案しています。トレーシングにおいては，NAFTA Annex403.1に規定されたトレーシングリスト（Tracing List）において対象となっている部材がNAFTA締約国以外の国から調達されている場合にのみ非原産部材（当該部材の輸入時点に遡って，純費用から控除される）とみなされます。つまり，トレーシングリストに記載されていない部材は，トレーシング対象ではなく，非締約国から調達した場合でも非原産部材としてみなされません。米国は，このAnnex 403.1のトレーシングリストの適用を全部品に拡大することを提案しています。

　現在，日系企業をはじめとする自動車産業は，このトレーシングによってNAFTAのメリットを享受していますが，トレーシングリストの見直しは，調達戦略の見直しに直結する可能性が出てきます。

　トランプ政権発足後はとかく「関税率の引上げ」に着目されてきましたが，現在は，この原産地規則の見直しが交渉の焦点になっているわけです。

⑸　公正な貿易のための措置

　2017年3月31日，トランプ大統領は「公正な貿易」を図るための具体的な手段として，2つの大統領令に署名しました。1つは「重大な貿易赤字の包括的報告に関する大統領令（Presidential Executive Order Regarding the Omnibus Report on Significant Trade Deficits）」であり，もう1つは「アンチダンピング（不当廉売）関税（Antidumping Duty），相殺関税（Countervailing Duty）の徴収と執行の強化および通商関税法違反に関する大統領令（Presidential Executive Order on Establishing Enhanced Collection and Enforcement of Antidumping and Countervailing Duties and Violations of Trade and Customs Laws）」です。

　重大な貿易赤字についての大統領令では，WTOへの参加や米国がこれまでに締結したFTAの発効以降，米国は十分な利益を得ていないと述べられています。その上で，米国が抱える貿易赤字を解消し，一部の国との貿易において

発生している不公正で差別的な貿易に対抗するためには，貿易相手国における不公正な措置や貿易赤字の要因に関する調査が必要であるとしています。具体的な対策として，貿易赤字の原因となる国の特定，ならびに関税等の原因の分析を商務長官およびUSTRに命じています。

一方，アンチダンピング関税，相殺関税の徴収と執行の強化に関する大統領令では，アンチダンピング関税や相殺関税の未払状態に起因する徴収漏れを指摘し，これらの関税を支払わないリスクがあると判断された輸入者に対して納税額に相当する担保を求める等の対応を検討するよう求めています。また，通商関税法違反に関しては，法令に違反して輸入される物品を取り締まり，処置するための対応を実施すること等が述べられています。

アンチダンピング関税，相殺関税の賦課のための調査件数も大きく増加しており，トランプ大統領就任後の2017年1月20日から2017年末まで，実に79件のアンチダンピング関税および相殺関税調査が開始されています。これは，2016年の52件に比べて50%以上の増加となります[20]。

さらに，公正な貿易を図るための措置として現在，NAFTA，米韓FTA等の発効済みFTAや，GSPを利用する企業に対する検認リスクが高まる可能性も大いに警戒すべきと考えます。FTAの利用による関税の減免を享受するためには，FTAごとに規定する原産地基準等の諸要件を満たし，当該要件を満たすことを証明する必要がありますが，輸入国税関当局がこの証明内容に疑義を持った場合には，その内容を確認することができます。これが検認であり，輸入国税関当局による事後調査といえます。検認についての詳細は後述しますが，近年のFTAの増加やそれに伴う関税収入の減少，原産地基準の複雑化に伴い，検認件数は増加しています。「公正な貿易」を掲げるトランプ政権下で，この検認のリスクがさらに高まることも十分に考えられます。

2018年に入ってからは，1962年通商拡大法第232条に基づき，一部除外国を除く，すべての国が原産となる鉄鋼，アルミニウムの関税率を引き上げられたことに端を発し，米国通商法第301条に基づく対中制裁としての関税引上げ，さらにはそれに対する中国側の対抗措置の発動等，企業活動に影響を及ぼす措

第2章 モノ動くところに関税あり——国際通商環境を踏まえた関税マネジメント *51*

置が次々に実施されています。これまでWTOにより守られてきた通商環境の透明性，安定性が，米国の保護主義への傾倒により大きく揺らいでいるのです。

2 「逆風」を「追風」に変える関税マネジメント
——今すぐできる5つの対策

　上記に挙げた通商動向のうち，トランプ大統領の就任に伴うTPP離脱，NAFTA再交渉，「公正な貿易」のための措置は，いずれも，グローバルサプライチェーンを構築し，その中で米国を大きなマーケットの1つとして位置づける日本企業にとっては，「逆風」といわざるを得ない状況といえるでしょう。そのようななかで，日本企業はどのような対応を取っていくべきでしょうか。いずれも，今後の先行きが不透明な要素が多い状況です。「もう少し様子を見ないと何もできない」という企業も多いのではないでしょうか。しかしながら，企業が今からでも取れる対策はあるのです。

　企業が今すぐにでも取り得る対策として，以下の5つを挙げたいと思います。

---

(1) 自社の関税コストの現状を把握する
(2) 既存のFTAを最大限利用する
(3) 関税評価額を下げる
(4) 原産国のサプライヤーとの関係性を強化する
(5) アンチダンピング関税調査やFTAの検認に向けた社内体制を整備する

---

(1) 自社の関税コストの現状を把握する

　米国のTPP離脱，NAFTA再交渉，といった通商関連のキーワードがとかく注目されているなか，自社がそれらにより受ける影響が果たしてどれくらいなのかを把握しているでしょうか。TPP交渉中，あるいはトランプ政権発足後，「TPP」という言葉は毎日メディアを騒がせていましたが，そのわりに，現在，米国向け輸出でどの程度関税を支払っており，あるいはNAFTAによりどの程度関税を節減できており，米国がTPPから離脱していなければどの程度関税が節減できるはずだったのか，もしくは業界としてのインパクトはどの程度だったのか，という点を正確に把握している日本企業は少ないのが現状です。そもそも，関税をみている部署が明確に決まっていない，という企業も多く存在し

ます。

　しかし，自社の関税コスト，あるいはTPPやNAFTAを含めたFTAの影響額を正確に把握していれば，今後，CPTPPや日本－EU EPAの発効状況，その他のメガFTAやNAFTAの交渉（再交渉）状況に応じたサプライチェーンを検討することができます。NAFTAについては原産地規則の見直しに応じた調達戦略の検討も可能になるでしょう。まずは自社，あるいは業界が日々変化する通商動向により受ける影響を正確に把握することが重要と考えます。

⑵　既存のFTAを最大限利用する──「FTAの使い漏れ」の事例

　[2]で述べたように，FTAの利用数は近年，急激に伸びています。しかしながら，それでも多くの企業が既存のFTAを十分に使いこなしているとは言い難い状況です。実際，自社のFTAの利用状況や関税の支払状況を把握した上で，既存のFTAを100％使いこなしている，という企業に出会えたことは残念ながらありません。いずれの企業も，何かしらの「FTAの使い漏れ」が発生しているのです。

　例えば，以下のような典型的な理由が考えられます。

---

　①　自社にとって最適なFTAを把握できていない
　②　商物流の変更によりFTAが使えないと思い込んでいた
　③　日本発のFTAは使っているが，海外取引分については使えていない（もしくは把握していない）
　④　そもそもの利用方法，ルールがわからない
　⑤　そもそも，自社で関税の支払いを管轄している部署が決まっていない

---

　①から⑤へいくにつれ，基本的なところでつまずいているといえるでしょう。これらのパターンを念頭に置き，既存のFTAの使い漏れの有無を確認することで，FTAを最大限利用することが可能になるといえます。結果，米国のTPP離脱やNAFTA再交渉による，いわばマイナスのインパクトを吸収し，さらには，プラスのインパクトを発生させることもできるかもしれません。

　以下，それぞれについて詳しく述べたいと思います。いずれも，企業で実際

に生じていた事例になります。

① 自社にとって最適なFTAを把握できていない

基本的にはFTAをきちんと使いこなせている企業に見受けられるパターンです。しかしながら，2017年現在，発効済みのFTAは300近くにも上り，それぞれで関税引下げ状況や利用条件である原産地規則が異なります。特に留意が必要なのは，同じ国同士でいくつかのFTAが発効している場合です。

例えば，図表2-18のとおり，日本とベトナムの間では，現在，日本－ベトナム二国間FTA（日越EPA）と，AJCEPの2つのFTAが存在します（さらに，CPTPPが発効する場合には3つのFTAが併存することになります）。下記は，ある企業（A社とします）が日本で製造し，ベトナムに輸出する綿織物につい

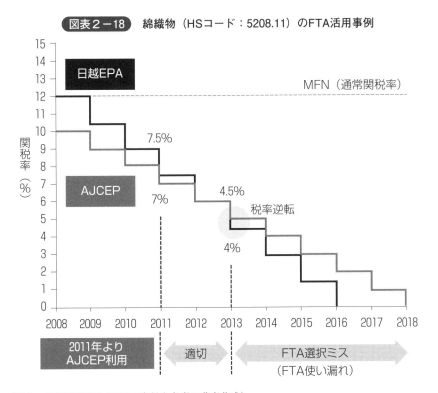

図表2-18　綿織物（HSコード：5208.11）のFTA活用事例

（出典：経済産業省とJETRO資料を参考に著者作成）

てFTAを利用していた事例です。ベトナム向けには，先にAJCEPが発効して
いたため，A社は2011年よりAJCEPを利用してベトナム輸出時の関税コスト
を抑えていました。しかし，当該綿織物については，2013年より，後から発行
した日越EPAのほうがFTA利用時の関税率が低くなっていたのです。この結
果，A社では，せっかくFTAを使っていながらも，FTAの選択ミスにより得
られるはずであった関税引下げのメリットを十分に得られていなかったことが
判明しました。ある二国間で複数のFTAが存在する場合，こうした事象（逆
転現象）はよくあることであり（特に，AJCEPのような多国間FTAよりも日
越EPAのような二国間FTAのほうが，関税の引下げ速度が速い場合が多くあ
ります），輸出国・輸入国・対象品目の組み合わせにおける，その年ごとの最
適なFTAを見極めないと，結果としてFTAの使い漏れを招いてしまうことに
なります。

② 商物流の変更によりFTAが使えないと思い込んでいた

FTAの基本的な利用条件として「原産地基準」と「積送基準」が挙げられ
ます。後者は対象品目を輸出国から輸入国に直送すること，というものです。
このルールを知っていたある会社（B社）は，それまで日本からタイへ直送し
ていた物流を変更して，シンガポールの倉庫経由でタイに輸出するようになっ
たことにより，従来利用していた日泰EPAを使うことを諦めてしまっていま
した。しかしながら，日本とタイの間にはAJCEPも存在し，AJCEP上ではあ
る条件を満たした場合，同じくAJCEPの締約国であるシンガポールを経由し
ても，FTAが利用できるのです。B社はこのルールを十分に把握できなかった
ため，FTAを数年間使わず，FTAの利用メリットを取り漏らすことになって
しまいました。

③ 日本発のFTAは使っているが，海外取引分については使えていな
い（もしくは把握していない）

日本が原産地あるいは輸入国となる製品についてはFTAの利用状況を把握
している一方，海外拠点で製造され，海外の販売会社に輸出される製品につい
てはFTAを利用していない，あるいは拠点に任せっきりでFTAの利用状況を
全く把握できていない企業が多く存在する印象を受けます。この場合，FTA
の使い漏れリスクに加えて，コンプライアンスリスクが発生してしまっている

第2章　モノ動くところに関税あり──国際通商環境を踏まえた関税マネジメント　*55*

可能性も考えられます。FTAの利用は，製造国における調達，設計，物流，経理等の各部門に加え，輸入国や中継国の担当者等，国，部門をまたがった担当者が連携して進める必要があります。そのため，海外拠点間の取引といえども，本社がFTAの利用状況を把握し，適切なコンプライアンス体制が取られているか，という点についても確認をすることが望ましいといえます。

④　そもそもの利用方法，ルールがわからない

　上述のとおり，現在発効済みのFTAは300近くにも上り，FTAごと，品目ごとに，関税引下げ状況，利用条件が異なります。さらに，利用開始後もHSコードの確認や原産性の担保，書類管理等を適正に行い，コンプライアンス体制を維持する必要があります。各関連部署が連携をして，最適な利用ができるよう，事前に社内体制を適切に整備することが，FTA利用を成功させるカギといえます。

⑤　そもそも，自社で関税の支払いを管轄している部署が決まっていない

　残念ながら，日本にはまだこうした企業が多く存在します。関税は法人税等と異なり，財務諸表上は売上原価の中に組み込まれてしまいます。そのため，経理担当部署が横串で管轄をする企業が少なく，事業部ごとに対応が異なる，あるいは誰も関税を管轄していない，といった事象が生まれているのが実情です。法人税に比べて，関税は比較的税率が低い国，品目が多いためインパクトが少ないと考える企業も存在します。

　しかしながら，法人税は税引前利益に対してかかる税であるのに対し，関税は原価に対してかかる税です。図表2－19にあるとおり，仮に，原価が税引前利益の10倍であった場合，3％分の関税は30％分の法人税に相当するビジネスインパクトを有することになります。関税がビジネスに与えるインパクトは，決して看過できるものではありません。

　関税は出荷ごと（輸入通関ごと）に発生する税です。したがって，輸入関税が削減できれば，当期利益にそのメリットをすぐに反映させることも可能です。実際に，「使い漏れ」を解消した結果，営業利益が2桁レベルで改善した事例も存在します。マーケティング・オペレーション努力では対応できないレベル

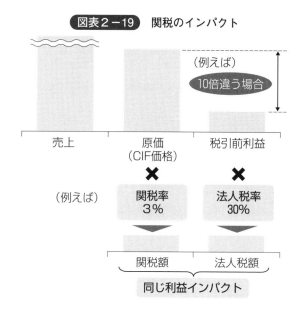

の大きなインパクトといえるでしょう。「使い漏れ」解消のメリットの大きさがおわかりいただけると思います。自社が上記のいずれかのパターンに当てはまるかを，一度，検証してみてもよいかもしれません。

(3) 関税評価額を下げる

　関税支払額は，「物品の価格」に「関税率」を乗じて計算されます。米国のTPP離脱やNAFTA再交渉は，享受できるはずだった/できていた関税率の低減が保証されなくなり，結果として関税支払額の上昇を招くリスクがありますが，関税の課税標準となるべき価格（関税評価額）が低くなれば，逆風により上昇する関税支払額の増加リスクを，金額的に吸収できることになります。

　課税価格を低くするための方法はいくつかありますが，ここでは代表的なものとして，アンバンドリングとファーストセールを紹介します。

① アンバンドリング

　アンバンドリングとは，関税評価の基礎となる取引価格を分析し，その取引価格から関税の課税対象とならない非課税要素を取り除き，関税評価の適正化

を行うことをいいます。これらの非課税要素には，例えば，輸入国における頒布権への対価やマーケティング関連無形資産への対価，買付手数料，検査費用等が該当し得ます。つまり，これらの費用が課税価格に含まれている場合には，当該費用を取り除くことで課税価格を減じ，結果として関税納付額も減じることができます。

アンバンドリングによる関税評価の適正化を図るにあたっては，非課税要素を主張する根拠となるエビデンスが必要であることには注意が必要です。エビデンスとしては，契約書等の形式的なものに加え，契約の実体や非課税要素とした個々の項目に対応する取引価格の合理性に関するものも求められるため，この点も考慮に入れたプランニングを心がけることが重要です。

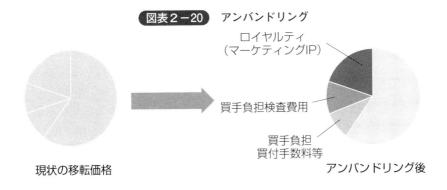

図表2－20　アンバンドリング

②　ファーストセール

ファーストセールとは，輸入国へ貨物が到着する前に複数の取引が行われた場合に，輸入国への輸入に先行して行われた最初の取引における取引価格を，課税価格（プラス「加算要素」）として使用することが認められる課税価格の決定方法です。現在，主に米国向けの貨物について利用が認められています（2016年5月1日の欧州連合関税法典（UCC）実施に伴い，EU向けのファーストセールの適用はできなくなりました[21]）。

図表2－21を例にすれば，ファーストセールが適用される場合，B国での関税評価額は販売1における80ドルとなり，課税価格を低くすることによってB国で発生する関税を削減することができます。

ただし、ファーストセール価格を関税評価額とするためには、満たすべき条件があります。主なものとして以下が挙げられます。
① 当該取引が実際に行われているもの（Bona Fide Sale）であること
② 当該取引が米国向け輸出販売（Sale for Exportation to the United States）であること
③ 関連者間取引の場合、当該取引における価格が独立企業間価格（Arm's Length Price）であること

ファーストセールの適用にあたっては、上記の条件を満たすことを示すエビデンスが必要になるため、取引に関わる関連会社間の協力が重要となります。また、実務上事前に考慮すべき点がいくつかあるため、それらを踏まえて慎重に検討をすることが重要です。

(4) 原産国のサプライヤーとの関係性を強化する

上述のとおり、トランプ大統領はTPPの代わりに二国間FTAの交渉を開始する意図を示しています。TPPの大きな特徴の1つに、高度なレベルでの原産地規則（いわゆる完全累積）が認められていました。完全累積の導入により、TPP域内での調達先、サプライチェーンの自由度が高まることが大きく期待されていましたが、二国間FTAでは、このような自由度は期待できず、製造国のみで原産地規則を満たす必要が出てきます。また、NAFTAにおいても、原産地規則の見直しが再交渉の主要な議題の1つになるとの見方があり、その場合、米国は原産地規則の厳格化を求める可能性が高いと考えられます。例えば、現在は、15人以下の車両については「現地付加価値が62.5％であること」という原産地規則が設定されていますが、この現地付加価値率が引き上げられる可能性もあります。

二国間FTAが妥結する場合においても，現地付加価値率の引上げが起こる場合においても，ともに重要となるのが原産国のサプライヤーとの連携です。詳細は後述しますが，FTAの利用条件である原産地規則にはいくつかの典型的なパターンがあり，その1つに「付加価値基準」というものがあります。これは，締約国内における生産・加工等に伴い形成された付加価値を価額換算し，当該付加価値が一定の基準値（閾値）を超えた場合に，産品に原産資格を付与する方法です。

多国間で締約されたFTAの場合には，原産国以外の締約国の付加価値も累積することが認められることが多いですが（累積規定），二国間FTAの場合には，原産国と輸入国のみで現地付加価値率が閾値を超えている必要があります。そのため，原産国のサプライヤーとの連携を強化し，必要な証明書の提供を受け，原産国で調達部品の価額を確実に現地付加価値に組み込むことが重要になります。原産国サプライヤーとの関係の強化は，コンプライアンス対応にもつながります。

(5) アンチダンピング関税調査やFTAの検認に向けた社内体制を整備する

前述のとおり，2017年3月31日，トランプ大統領は対米貿易赤字が大きい国・地域につき，その要因を調査することを指示した大統領令に署名しました。最大の貿易赤字相手国である中国をはじめ日本等16カ国・地域[22]が対象とされています。この調査の結果として懸念されるのがアンチダンピング関税調査の乱発であることは，すでに述べたとおりです。さらに，FTAを利用することで関税の減免を享受してきた輸入品につき，"不公平"を是正することを目的として，これまで以上に検認を多く行うことも懸念されます。以下，アンチダンピング関税調査と検認，それぞれについてもう少し詳しく述べます。

① アンチダンピング関税調査・措置とは

アンチダンピング関税調査とは，輸入国政府当局が国内産業を保護するために輸入物品に対してアンチダンピング関税措置を実施するか否かを判断するために実施する調査です。アンチダンピング関税措置（以下，アンチダンピング措置）とは，輸出国の国内価格よりも低い価格による輸出（ダンピング（不当廉売）輸出）が輸入国の国内産業に被害を与えている場合に，ダンピング価格

を正常な価格に是正する目的で，価格差相当額以下で関税を賦課する特別な措置をいいます。

アンチダンピング措置はWTO協定で認められている貿易救済措置であり，WTO加盟各国は，WTO協定をもとに詳細な調査手続等を規定しています。アンチダンピング措置の発動要件としては，以下のものがあります。

(a) ダンピング輸入の事実があること
(b) 国内産業の損害の事実があること
(c) (a)と(b)の間に因果関係があること
(d) 国内産業を保護するために必要な措置であること

ちなみに，米国では商務省がダンピング輸入の事実の有無を調査し，国際貿易委員会が米国の当該産業にもたらされた損害を調査します。

アンチダンピング措置の対象となった品目は，調査結果次第では，何十パーセント，何百パーセントもの追加関税を賦課される可能性もあり，実質的に米国への輸入ができなくなる，といったケースも過去に多く存在しています。米国を主要なマーケットにしている企業にとっては計り知れない打撃となり得るのです。また，アンチダンピング措置の対象とならなくても（あるいは追加関税のパーセンテージが高くなく，ビジネスへの影響が小さく済む場合でも），アンチダンピング調査は対象物品の輸出者，製造者，輸入者に膨大な資料の提出と説明を求めるものであり，企業の負担は非常に大きくなるといえます。

② 調査を回避するためにできること

しかしながら，関連部署が連携し，アンテナを高くすることで，アンチダンピング関税調査を回避することは可能です。具体的には，第一に，輸入国における国内産業との価格状況やマーケットシェアの状況に留意を払い，「損害」と認定されるような状況を作らないことです。アンチダンピング関税調査は国内産業の訴えにより開始されるケースが多いため，そのような訴えを起こさせる状況が存在するか，マーケティング担当部署等が確認をすることが有効です。第二に，そもそもダンピングの事実を作らないことです。そのためには，値決めを担当する事業管理等の部署の理解と協力が必要になります。

第2章　モノ動くところに関税あり——国際通商環境を踏まえた関税マネジメント　*61*

　残念ながら，マーケティング担当部署や事業管理等の部署が関税，特にアンチダンピング措置のことを踏まえて上記のことを日々のオペレーションの中で留意している日本企業は非常に少ないといえます。アンチダンピング措置のリスクに対しては「丸腰」の状態なのです。アンチダンピング措置のリスク，特に対米国輸出のリスクが大きくなっていることを意識し，アンチダンピング措置の発動要件を正しく関連部署に伝えるだけで，リスクは回避できるのです。

③　FTAの検認とは

　FTAの検認とは，いわばFTA利用企業に対する事後調査です。具体的には，輸入物品が，FTAが定める利用条件を適正に満たしているか，という点を調査します。検認についての詳細は⑤にて述べますが，こちらも調査には膨大な工数が掛かる上に，利用条件を満たしていない，という調査結果が出た場合，莫大な追徴金，場合によっては罰金を支払うことになります。検認リスクを避けるためには，上記のアンチダンピング関税調査と同様，社内関係部署の連携が非常に重要になります。

　加えて，社内体制やルールの整備といったコンプライアンス対応が求められますが，この点についても，意識が低く，対応が十分ではない日本企業が多いという印象を受けます。特に米国の税関当局は，これまでFTAを締結してきた国の産品に対して数多くの検認を実施しており，NAFTAや米韓FTA等，米国向けにFTAを利用している企業は，これまで以上にコンプライアンス対応を強化することが求められます。

　また，これらのFTAを利用していない企業も，仮に日米二国間FTAが発効し，これを利用する場合には，対応が必須になるでしょう。FTAの検認リスクは，米国向けのみではなく，FTAを利用している仕向国すべてにおいて存在します。実際に，近年，日本企業がアジア等で検認を受け，多額の追徴金および罰金を支払わされるケースも増えてきています。この機会に自社のコンプライアンス体制を確認し，適切なルールを確立することで，安全かつ確実にFTAのメリットを最大限享受することができるのです。

　以上，企業が取り得る対策を述べました。米国の不確実な通商環境という，いわばマイナス要素，逆風ともいえる状況への対策として紹介しましたが，これらのうちのいくつかは，米国仕向け以外にも非常に有用な対策です。この機

会に検討し，実施をすれば，これまで取りこぼしていた関税削減の機会を拾い，あるいは関税の過払いを防ぎ，リスクの低下につながります。関税の削減とコンプライアンスの強化という，いわば「攻め」と「守り」の双方を意識し，必要な取り組みを行うことで，「逆風」を「追風」に変えることもできるのです。

5 昨今の通商環境から紐解くコンプライアンスの重要性

1では，FTAを利用して関税の減免を享受するためには，実体的要件である原産地規則（原産地基準・積送基準）を満たし，さらにそれに伴う手続的要件である輸入国の税関への証明手続が必要であることを説明しました。本節では，こうした規則，手続を守ること，すなわちコンプライアンスの重要性について述べていきます。特に，「なぜ，今」コンプライアンスの強化がこれまで以上に求められるのか，という点を説明し，FTAを利用している（あるいはこれから利用しようとする）企業にも，ぜひ，しっかりとした危機意識を持っていただきたいと思います。

1 FTAにおける検認の意義とリスク

なぜ，企業はコンプライアンスを意識してFTAを利用する必要があるのでしょうか。それはひとえに，検認による追徴課税や罰金，その他起こり得るさまざまなリスクを避けるためです。FTAの協定文では，FTAの利用者（生産者・輸出者・輸入者）が実施した原産性の証明内容に疑義がある場合，輸入国税関が検認（velification）を実施して，その真偽を確認することを認めています。検認は，いわばFTA利用後の事後調査です。

生産者，輸出者はFTAを利用する物品について原産性の確認を行い，輸入国税関は輸入申告時にその結果を確認した上で関税の減免を認めるわけですが，原産性の確認は非常に多くの時間と工数を要するものであり，当然ながら，輸入申告時に税関がそうした確認を実施することは困難です。そのため，各FTAは輸入国税関が原産性に疑義を抱いたときには，検認を実施することによって原産地規則の遵守を担保しています。FTAは，あくまでも特定の国同士で締結されたものであり，当該特定の国同士で，本来課すべき関税を減免す

ることを認めるものです。WTOの大原則である「最恵国待遇原則」の，数少ない例外の1つとなります[23]。締約国以外の産品が不当に関税の減免を享受することは，締約国の利益を害し，ひいてはFTAの存在自体を害することになります。このような事態を避けるために，検認が実施されるわけです。

検認は輸出国当局を経由して輸入者等へ要請する場合（間接検認）と，輸出者等に直接要請する場合（直接検認）の2つの類型に分けられます。どちらの類型により検認が実施されるかはFTAごとに異なりますが，第三者証明方式や認定輸出者方式が採用されているFTAでは間接検認，完全自己証明方式が採用されているFTAでは直接検認，というパターンが一般的です。なお，日本がこれまでに締結し，すでに発効しているFTAでは，いずれも間接検認が採用されています[24]。交渉妥結に至った日本−EU EPAにおいても，検認は間接検認となります[25]。

それでは，検認により企業が蒙るリスクは，どのようなものなのでしょうか。
第一には，やはり金銭面でのリスクを挙げるべきでしょう。検認の結果，満たすべき原産地規則を満たさずにFTAによる関税の減免の適用を受けている物品があったことが判明した場合には，その満たさなかった期間について本来支払うべき関税と減免された関税の差額分について追徴を受け，さらには罰金が科される場合もあります。

しかしながら，検認によるリスクは金銭的なもののみではありません。そもそも税関当局から疑義を受けて検認に入られるだけで，輸出国，製造国，輸入国のそれぞれで，証拠書類の収集，説明資料の作成，税関対応等のために膨大な費用と工数が掛かります。また，対応検認の過程では，価格や製品の仕様，サプライヤー，その他さまざまな機密情報が当局に没収されることになります。また，輸入国によっては検認対象企業の貨物について通関停止となる，検査頻度が高くなる，AEO（Authorized Economic Operator）等のステータスを取り上げられる，等のリスクも考えられ，これらは当該企業のサプライチェーンに大きなマイナスのインパクトとなります。また，メディア等に報道される等のレピュテーションリスクも看過できません。

このように，検認は企業にとって大きなリスクとなるのです。

2　コンプライアンスリスク増加の背景

前項で検認を受けた場合のリスクを述べましたが，日本ではまだ検認を受けた企業の数自体が少なく，検認のリスクと聞いてもピンと来ない，という方が多いかもしれません。しかし，検認の件数はこれから確実に増加するといえるでしょう。このように述べる背景として，以下の3点を挙げたいと思います。

(1)　FTAの増加による関税収入の減少

③の冒頭で述べたとおり，発効済みFTAの数は年々増加しており，また，それに伴ってFTAの利用件数も増加しています。さらに，発効済みFTAにおいては年々，関税が減免され，時間の経過とともに関税が撤廃される物品も増えます。当然ながら，FTAを締結した国においては，それだけ関税収入が減少することになります。

例えば，日本が現在締結しているEPAの中で最も原産地証明書の発給件数が多いものが日泰EPA（2007年発効）です[26]。タイにおいては，2016年10月から2017年2月の関税収入が前年同期日の12.7%減であることがわかりました[27]。また，TPP大筋合意後の2015年12月に政府が試算した結果に拠ると，農産品，鉱工業品，それぞれの関税収入減少額は，発効初年度と最終年度（関税引下げ完了年度）とで，図表2-22のとおりとなっています。日本から他のTPP締約国に対して輸出される物品についての当該TPP締約国における関税収入減少額の合計は，最終的に，実に年間5,000億円近くになる試算です。

図表2-22　日本における関税収入減少額

		発効初年度	最終年度
日本における関税収入減少額		960億円	2,070億円
	農水産品	660億円	1,650億円
	鉱工業品	300億円	410億円
日本からの輸出にかかる関税支払減少額		2,816億円	4,996億円
	農水産品	20億円	33億円
	鉱工業品	2,796億円	4,963億円

（出典：内閣官房ウェブサイト）

関税は，国によっては大きな収入源となっています。そのため，FTAにより関税収入が減るのであれば，検認を実施して不適切なFTAの利用を取り締まる方向に力が働くのは当然のことといえるでしょう。

(2) 原産地規則の多様化

原産地規則がFTAごとに異なる点は，これまでに説明してきました。しかしながら，例えば日本とアジア各国がこれまで締結してきたFTAにおいては，同一物品に対してはある程度類似する原産地規則が適用される傾向にあります。一方，TPPでは，日本がこれまでアジア各国と締結してきたFTAにおける原産地規則とはかなり異なる，かつ複雑な原産地規則が採用されました。

交渉妥結に至った日本−EU EPAにおいては，さらに既存のアジア各国とのFTAやTPPとはさらに異なる形の原産地規則が採用されています。FTA利用者側にとっての難易度が上がることに伴い，原産地規則の適用に関する誤りも増え，これを指摘するための検認件数も増加することが予測されます。

(3) 自己証明方式を採用するFTAの増加

1で述べたとおり，第三者証明方式や認定輸出者方式が採用されているFTAでは間接検認，完全自己証明方式が採用されているFTAでは直接検認，というパターンが一般的です。自己証明方式が主流となっていくことで，直接検認も主流となります。

自己証明，直接検認が採用されているFTAにおいては，原産地証明書という輸出国政府の「お墨付き」が存在しないわけですから，輸入国当局のマインドとしては，輸入物品の原産性に疑義を抱く方向に働き，その結果として検認のリスクが高くなるといえます。

上述のとおり，TPPにおいては，自己証明，直接検認が採用されました。すでに米国と二国間FTAを締結している韓国，オーストラリアは，対米FTAにおいても自己証明[28]，直接検認が採用されています。日本も仮に今後，米国と二国間FTAを締結する場合には，自己証明，直接検認が採用される可能性も大いにあると考えます。

以上，検認の件数が今後増加すると考えられる3つの理由を述べましたが，

最後にもう1つ，検認の増加につながる大きな動きをご紹介します。本章4 1
で述べたトランプ政権の影響です。

　トランプ大統領は，就任直後より，"公正な貿易（fair trade）"を実施する
ことを謳っており，そのための措置の1つとして検認の実施が見込まれます。
実際に，米通商代表部（USTR）が2017年7月17日に米国議会に通知した
NAFTAの再交渉に向けた交渉目的の概要では，原産地規則の順守に関して取
り締まりを強化する方向性が示されています。「原産地規則の要件を充足する
物品がNAFTAの特恵を享受し，関税の脱税行為を阻止し，税関に対する脅威
に対抗することを確実にするため，NAFTA加盟国間の協力を促進する」とし
ています[29]。
　上記はあくまでもNAFTA再交渉に関するものですが，米国が，他の既存の
FTAあるいは今後交渉を行っていくFTAについても同様の姿勢で臨むことは
明らかでしょう。また，米国の姿勢に呼応した各国が，さらに検認による取り
締まりの強化を行うことも大いに考えられます。

　EU，アジア，そして米国，それぞれにおいてFTAをめぐる動きが大きく
なっているなか，関税コストを低減させて国際競争力を高めたい日本企業に
とっては，FTAの利用と同時に，そのコンプライアンス強化が回避できない
大きな課題となっているのです。

3　コンプライアンス強化に向けた対応

　コンプライアンス強化に向けた対応として，企業は何をすべきでしょうか。

　FTAは，生産国，輸出国，輸入国（および，場合によっては中継国）にお
ける関係者が連携し合い，協定や各輸入国の法令に従って利用を進めていく必
要があります。登場人物や踏むべき手続が多いことから，業務フローやそれぞ
れの関係者の役割と権限を明確にし，網羅的な対応を進めていくことが何より
も重要になります。具体的には，例えば，以下のような対応が考えられます。

(1)　業務フローを整理する
(2)　関連部署の役割と権限を明確にする

(3) 対象物品の原産性を維持するためのモニタリングを実施する
(4) 原産性の判定に使用した書類を必要な期間，保管する
(5) (1)〜(4)の内容を文書化し，社内ルールとして関係者で共有する
(6) ITシステムを利用する

それぞれについて詳しく説明します。

(1) 業務フローを整理する

FTAの利用のための一般的な業務フローは，以下のとおりとなります。

① 利用モデル，利用FTA（輸出国・輸入国）を決定する

② 利用モデルにつき，FTAが定める原産地基準，積送基準を満たすかを確認する

③ 利用モデルが原産地基準を満たすことを証明する書類（部品リスト，サプライヤーからの部品ごとの原産地証明書類，コストデータ等）を収集，作成し，保管する

④ 輸出国当局に対して，利用モデルが原産地基準を満たすことを証明する書類を提示し，原産地認定を受ける（※完全自己証明方式の場合は不要）

⑤ 原産地認定を受けた品目につき，出荷ごとに，原産地証明書の発給申請を行う（※自己証明方式の場合は不要）

⑥ 輸出国当局より原産地証明書を受領し，輸入者に送付する（※自己証明方式の場合は不要）

⑦ 原産地証明書を輸入国税関に提示し，FTAの利用が可能となる

上記のフローを念頭に置いた上で，さらに，自社にあてはめて細分していく作業が重要になります。例えば，①の利用モデル，利用FTAの決定の際には，FTAを利用するメリットと，利用するためのコスト（原産性の確認や書類の保管，モニタリング，原産地証明書の取得等のための工数および原産地証明書の発給申請費用等）を確認し，費用対効果を見極めた上で利用を決定すべきでしょう。そのためには，事前に関税率の確認や利用物品に適用される原産地規則の確認等の作業が必須となりますが，こうした確認を終えていない企業につ

いては，いつ，どの段階で確認を実施するか，という点も考慮に入れる必要があるでしょう。

⑵　関連部門の役割と権限を明確にする

　自社の詳細なフローの整理ができた後に，関連部門の役割と権限を明確化することが望ましいといえます。FTAあるいは関税＝輸出入に関すること，というイメージから，FTAは輸出入業務に携わる物流部門のみが関わる，と思われがちですが，実際にはさまざまな部門が連携をして業務を進めていく必要があります。

　例えば，原産性の判定を行う際には物品の仕様を把握している設計や商品企画等の部門の関与が不可欠ですし，関税分類番号変更基準（CTC）や付加価値基準（VA）の判定を行う際に部材を「原産部品」としてカウントするためにサプライヤーの協力を得るためには調達部門が重要な役割を果たします。付加価値基準（VA）の判定にあたっては価格や利益，製造費等の費用の根拠も把握する必要があり，その場合には経理部門にも関与してもらう必要があります。さらに，FTA対象物品の把握と原産地証明書の円滑な受渡しのために輸出国，輸入国の関係者双方の連携も求められます。こうした複数部門/国をまたぎ，協定および各国の法令を遵守しながら業務を進めていくためには，「誰が」，「どこまでの権限を持ち」，「何をするか」を取り決め，その取り決めに従って各自が業務を進めていくことが大変重要になるわけです。

　そして何よりも重要なのが，これら複数部門/国をとりまとめる統括部門の存在です。グローバルにビジネスを展開している企業でも，「日本発のEPAの利用状況は把握しているけれど，海外拠点間のFTAの利用状況は製造事業所と販売会社に任せており，本社では把握していない」とか「物流業者に任せている」といった話を聞くことが多く，驚くことがあります。しかし，上述のように複数部門/国にまたがって業務を進める必要があるからこそ，本社等における統括部門がしっかりとグリップを効かせることが求められるのです。

　本社等の統括部門が機能せず，関連部門の役割と権限を明確にしないまま，「輸出国/輸入国任せ」にしてしまうと，どのようなことが起き得るのでしょうか。実際にあった事例をいくつか紹介します。

第2章　モノ動くところに関税あり──国際通商環境を踏まえた関税マネジメント　*69*

事例1　費用対効果に見合った利用ができていなかった

　輸出国側で原産地証明書の取得に掛かる工数と費用を把握せずにFTAを使いはじめた結果，FTAの利用による関税の減免メリットと掛かる工数・費用とが見合わず，トータルで見て，FTAを使えば使うほど損をしてしまっていた，という事例です。(1)で述べたとおり，利用FTAの決定の際には，FTAを利用するメリット（関税率減免のメリット）と，利用するためのコスト（原産性の確認や書類の保管，モニタリング，原産地証明書の取得等のための工数および原産地証明書の発給申請費用等）を確認し，費用対効果を見極めた上で利用を決定すべきですが，輸入側，輸出側の状況をともに把握できる部門が，このような判断を行っていなかったことに原因があります。

事例2　原産地証明書を取ってもFTAを利用していなかった

　輸出国の生産者が一生懸命，原産地証明書を取得し，輸入国に送っていたものの，輸入側で原産地証明書を提示して輸入申告をしていなかったために，利用できていたはずのFTAが利用されていなかった，という事例です。原因として，輸出国と輸入国でどの物品についてFTAを利用するか，という情報が共有できなかったパターンや，輸入国での輸入申告のタイミングを把握しておらず原産地証明書が適時に届いていなかった，というパターン等があります。

事例3　HSコードが輸出国と輸入国で異なることを把握していなかった

　少々複雑な事例となります。2 3で述べたとおり，原産地規則はFTAを利用する物品のHSコードにより決まります。したがって，FTAの利用にあたっては利用物品の適切なHSコードを把握することが非常に重要です。HSコードは上6桁までが世界共通[30]となっていますが，輸入国および輸出国の税関当局の解釈により同一物品に異なるHSコードが適用されることもあります。

　本事例は，輸出国の生産者が自国で適用されるHSコードと輸入国で適用されるHSコード，およびそれに伴う原産地規則が異なることを把握せずにFTAを使ってしまい，後々確認した結果，輸入国のHSコードを適用した場合の原産地規則を満たしていないことが発覚した，というものです。

　HSコードが輸出国と輸入国とで異なる場合には，どちらのHSコードの原産地規則を適用すべきかを事前に双方の当局等に確認をした上で，FTAの利用

を開始するのが安全といえます。この点の認識をしないまま，いわば無防備でFTAを利用し続けてしまうと，検認時等に大きな問題となってしまうリスクがあります。

事例4　原産地規則の解釈を確認していなかった

　FTAを利用しようとしたところ，対象物品の原産地規則が満たせなかったために，生産者側で原産地規則に関する協定文を拡大解釈して原産地証明書を取得してしまっていた，という事例です。この生産者はFTAの専門知識に明るいわけではなかったのですが，懇意にしている輸出国の原産地証明書発給機関の担当官に助言を受けながら上記の解釈をして原産地証明書を取得していました。一方，輸入側ではこの事実を把握しないまま，純粋に原産地規則を満たした物品であると信じてFTAを利用し続けていました。しかしながら，検認を受けた際に輸入国税関は上記の解釈を認めず，対象物品の原産性を否認した，という事例です。

　上記はいずれも，関連部門がそれぞれの業務を把握し，輸出者と輸入者がうまく連携を取れていれば防ぐことができていた事例です。事例1と事例2は関税減免のメリットを逃してしまうという，いわばプラスになるものをゼロにするものですが，事例3と事例4は検認とそれに伴う追徴その他のマイナスのインパクトを発生させ得るものです。

　また，そもそもFTAの利用は一義的には輸入者がメリットを享受するものですが，原産性判定，そして原産地証明書取得のために骨を折るのは輸出者（生産者）になります。輸出者から見ると，一生懸命に原産性判定を実施しても，メリットを得るのは自分ではないのです。この場合，原産性判定の業務はどうしても軽視され，あるいはミスにもつながることになります。FTAの活用がうまく進まない原因として，実はこの点が一番多く見受けられます。このような事態を防ぐためにも，FTA統括部門のもとに，関連部門が各自の役割と権限を把握してFTAの利用を進めることが望ましいといえます。併せて，FTAを利用した結果，得られたメリット（関税コストの削減分）をどの部門がどのような形で享受するか，という点も明確にしておくのがよいと考えます。

⑶ 対象物品の原産性を維持するためのモニタリングを実施する

　原産性の証明は，証明方式（第三者証明か自己証明か）にかかわらず，輸入申告のつど，行われる必要があります。しかし，原産性の判定は，必ずしも輸入申告のつど，実施する必要はありません。出荷の頻度が高い物品については，輸入申告のつど，原産性の判定を実施するのは実務的ではないといえるでしょう。

　実際に，日本の原産地証明書発給機関である日本商工会議所に原産品として登録した場合，当該原産性判定結果に有効期限はありません。しかし，FTAの利用対象物品は，輸入申告のその時点で「原産品」である必要があります。したがって，「去年原産性の判定をした物品だけれど，いつの間にか原産地規則を満たさなくなっていた」といった事態は許されないのです。

　そこで重要になってくるのが，いかにして対象物品の原産性を維持し続けるか，という点です。原産性を維持するためには，企業が自身で留意してモニタリングを行うしかありません。とはいえ，やみくもにイチから原産性判定をやり直すのは実務上，難しい場合もあるでしょう。そこで，②で述べた「実質的変更基準」の3つの類型（関税分類番号変更基準（CTC），付加価値基準（VA），加工工程基準（SP）），それぞれにつき，モニタリングを行う際のポイントをまとめてみます。

①　関税分類番号変更基準（CTC）
CTCでは，非原産材料のHSコードとFTA対象物品のHSコードとが異なる場合に原産性が付与されます。そのため，特に以下の点に留意する必要があるでしょう。 ☑　対象物品の仕様や機能の変更により，部材の構成に変更がないか ☑　部材の調達先に変更がないか ☑　デミニマスの対象とした部材の価格に変更がないか
②　付加価値基準（VA）
VAでは，対象物品の価格に占める生産国（締約国）において加工または製造により付加された価値の割合（原産割合）が一定の閾値を超える場合に原産性が付与されます。価格や為替の変動の影響を受けるため，原産性を維持するために最も留意しなくてはならないのが，このVAといえます。現地付加価値を算定する際の「分子」，「分母」，双方の変化に気をつけなくてはならないわけです。特に以下の点に留意する必要があります。 ☑　対象物品の価格の変更が現地付加価値に影響を与えていないか

☑	為替の変動により，現地付加価値が閾値を下回っていないか
☑	対象物品の仕様や機能の変更により，部材の構成に変更がないか
☑	部材の調達先に変更がないか
☑	原産部品として積算（あるいは非原産部品として控除）した部材の価格の変更や為替の変動が原産割合に影響を与えていないか

③	加工工程基準（SP）

SPでは，協定が定める一定の加工が行われる場合に原産性が付与されます。モニタリングを行う際には，当該加工が引き続き生産国で実施されているかを確認する必要があるでしょう。

　上記に加えて，そもそも，対象物品のHSコードが変更されていないか，という点も確認する必要があります。HSコードが変わってしまうと，適用すべき原産地規則も変わる可能性があるからです。HSコードは，対象物品の仕様や機能の変更により変わる可能性があるほか，例えば，税関の指導等を受けて変更される可能性等も考えられます。こうした場合には，HSコードと適用すべき原産地規則に変更がないか，確認をすべきでしょう。

⑷　原産性の判定に使用した書類を必要な期間，保管する

　FTAの利用に際しては，輸出者および生産者は，一定期間，原産性の判定に関する書類を保存する義務を負います。書類保管期間はFTAにより異なりますが，例えば日本が締結しているEPAでは，書類保管期間は5年ないしは3年となっています。なお，輸入国によっては当該輸入国における税法上の遡及期間に照らして，さらに長期にわたり遡及される可能性もありますので，FTAの協定文を確認することに加え，保管期間については輸入国ごとに確認をすることが望ましいといえます。必要な保管期間内に当局が要求する書類を保管していない場合には，当然ながら，検認の際に原産性の確認ができないものとしてみなされることになります。

　保管が必要な書類は，当然ながら適用した原産地規則ごとに異なります。「実質的変更基準」の3つの類型につき保管が必要な書類の例を以下に記載します。

第2章　モノ動くところに関税あり──国際通商環境を踏まえた関税マネジメント　*73*

① 関税分類番号変更基準（CTC）
• FTA利用物品の製造に使用されたすべての部材およびそのHSコードを示す資料
• 製造工程フロー図等，部材表からFTA利用物品が製造されていることを示す資料
• 部材のHSコードの根拠資料
• 「原産部材」として扱った部材の原産性を示す資料（サプライヤーからの証明書類等）[31]
• デミニマスを適用した場合には，デミニマスの対象とした部材の価格，重量等，デミニマス適用の根拠となる資料
② 付加価値基準（VA）
• VAの判定に使用した計算表
• FTA利用物品の製造に使用されたすべての部材を示す資料（積上方式の場合は，「原産部材」として積み上げる部材が確認できる資料であれば可）
• FTA利用物品の価格決定方法を示す資料
• 控除方式の場合は，「非原産部材」として控除した部材の価格の根拠を示す資料
• 積上方式の場合は，「原産部材」として積み上げた部材の価格の根拠を示す資料，および労務費，経費等の積上項目の価格の根拠を示す資料
• 「原産部材」として扱った部材の原産性を示す資料（サプライヤーからの証明書類等）[32]
③ 加工工程基準（SP）
• 製造工程フロー図等，協定が求める加工工程が生産国で行われていることを示す資料

　SPでは，協定が定める一定の加工が行われる場合に原産性が付与されます。モニタリングを行う際には，当該加工が引き続き生産国で実施されているかを確認する必要があるでしょう。

　以下はあくまでも例示であり，適用原産地規則や製造状況等に応じて必要な書類は異なることに留意が必要です。また，上記に加えて，原産地証明書およびインボイス，輸入許可証，船荷証券等の船積書類のコピーも保管する必要があります。

(5)　(1)〜(4)の内容を文書化し，社内ルールとして関係者で共有する

　これまで，コンプライアンス強化に必要な対応について説明をしてきました。業務フロー，関係部門の役割と権限，原産性維持のためのモニタリング，そして書類保管──これらはすべてバラバラに対応するのではなく，FTA利用のた

めの社内ルールとして統合し，関係部門の間で共有することが重要です。

　例えば(3)のモニタリングの実施についても，上記(1)の業務フローに入れ込む形で「どのような項目について」，「どういうトリガーで」，「どの程度の頻度で」実施するのかを決めていく必要がありますし，その際には(2)に述べた「誰が」，「どの程度まで」実施するかという点の検討も不可欠になります。(4)の書類保管についても，「誰が」，「どのような形で」，「いつからいつまで」，「どの書類を」保管するかという点につき自社内で確認をし，ルール化することが円滑な対応を可能にします。

　このようなルールを策定することで，コンプライアンス対応を強化することは，FTAの使い漏れを防止することにも役立ちます。ルール化は，検認リスクの回避とメリットの最大化の双方につながるわけです。

⑹　ITシステムを利用する

　これまで述べてきたとおり，ルールに則した形で適正にFTAを利用するためには，ルールを詳細に定め，そのルールに基づいて複数国，複数部門の関係者が連携していく必要があります。FTAによって得られる関税コスト削減メリットがいかに大きなものであっても，そのために必要な工数と費用の大きさもまた看過できません。また，社内ルールを策定したとしても人為的なミスが起こってしまう可能性は100%排除できるわけではありません。FTAによる関税削減メリットがますます大きくなっていくなかで，FTAの原産性判定のためのシステムを導入する企業も増えています。システムの活用により，例えば以下のような業務をカバーすることが考えられます。

- 自社物品に適用が可能なFTAとその関税率，原産地規則の特定
- 部品表やVA計算表の作成
- 部材のHSコードのデータベース化
- サプライヤーからの証明書類の管理と部品表への反映
- モニタリングのためのアラート出し

　もちろん，システムの導入には費用が掛かりますが，まずは自社のFTAの利用状況や現在掛かっている費用，工数等を確認し，費用対効果を検討してメ

リットが大きいのであれば，FTAを効率的かつ安全に利用するための有効な
ツールとして，導入を検討してもよいかもしれません。

　FTAの利用による関税コストの低減は，企業にとって看過できない大きな
メリットです。業界やマーケットによっては，企業競争力を維持するために必
要不可欠な要素ともいえるでしょう。前述のとおり，FTAの「使い漏れ」を
解消し，最大限利用して関税コストを削減した結果，営業利益が2桁レベルで
改善した企業の例もあります。コストを抑えたものづくりに邁進してきた日本
企業が，今，製造コストの削減でこれだけの営業利益を改善させるのは困難を
極めるといわざるを得ませんが，関税コストはいわば「紙一枚」でこれだけの
成果を出し得るのです。これを使わない手はありません。

　しかしながら，これまでに述べてきたとおり，日々変化する通商環境のなか
で「使い漏れ」を完全に回避するのは容易ではありません。加えて，FTAの
利用によるコンプライアンスリスクも高まっています。企業はFTAを最大限
利用するとともに，コンプライアンス強化に向けた対応も万全にしておく必要
があります。冒頭で述べたとおり，関税の削減とコンプライアンスの強化とい
う，「攻め」と「守り」の双方を意識し，それぞれについて必要な取り組みを
行うことで，はじめて大きな成果につながるのです。

　通商の世界は，これまでにないほど大きく複雑に動いています。通商や関税
の世界に注目が集まる今こそ社内体制を見直す大きなチャンスと捉え，「攻め」
と「守り」の取組みをすべく舵を切るときなのではないでしょうか。

■注

1　ASEAN自由貿易協定（AFTA）の物品貿易に関する協定（ASEAN Trade in Goods
　Agreement）。ATIGA包括的投資協定，サービス協定とともにASEAN経済共同体の基盤
　となる物品の自由な移動を実現するための物品貿易に関する基本的協定。2010年8月発効。
2　日本語では「連続する原産地証明書」となる。また，ASEAN－中国 FTAのように
　「Movement Certificate」と呼称するFTAもあるが，本書では「Back to Back CO」で呼
　称を統一する。
3　特殊関税とは，不公正な貿易取引等の特別な事情がある場合に，一定の期間または一定
　の輸入に対し，通常の関税のほかに割増関税を賦課するもの。WTO関税評価協定で認め

られた制度で，日本では関税定率法において規定している。国内産業の損害の事実やおそれがあり，その保護を行う必要性があることが主な発動要件となっている。相殺関税，不当廉売関税（アンチダンピング税），緊急関税（輸入の急増により国内産業に生じた重大な損害等を防止・救済するために内外価格差の範囲内で課す），報復関税（貿易相手国がWTO協定違反をした場合に，報復として相手国からの輸入品に高関税を課す税）がある。

4 関税割当制度とは，一定の輸入数量の枠内に限り，無税または低税率（一次税率）の関税を適用して，需要者に安価な輸入品の供給を確保する一方，この一定の輸入数量の枠を超える輸入分については，比較的高税率（二次税率）の関税を適用することによって，国内生産者の保護を図る制度である。

5 加工の状況や税関の解釈により異なる可能性あり。

6 A regional value content of not less than 40 percent（原文）.

7 Second Protocol to Amend the Agreement on Trade in Goods of the Framework. Agreement on Comprehensive Economic Co-Operation between the Association of Southeast Asian Nations and the People's Republic of China, Kuala Lumpur, 29 October 2010. 本議定書において，Third Party InvoicingとともにMovement Certificate（後述のBack to Back Certificate of Originと同様）の発給も認められた。

8 The customs value of imported goods shall be the transaction value, that is the price actually paid or payable for the goods when sold for export to the country of importation adjusted in accordance with the provisions of Article 8.

9 the buyer and seller are not related, or where the buyer and seller are related, that the transaction value is acceptable for customs purposes under the provisions of paragraph 2.

10 In such case the circumstances surrounding the sale shall be examined and the transaction value shall be accepted provided that the relationship did not influence the price.

11 各国の差異をまとめた資料として，The link between transfer pricing and customs valuation 2017 country guide, Deloitte.

12 アルゼンチン，オーストラリア，カナダ，クロアチア，フランス，ドイツ，イスラエル，イタリア，ロシア，英国，米国，ベトナム，オーストリア。

13 2017年8月現在，日本－モンゴルEPA（2016年6月発効）が最新となる。

14 2010年3月の拡大交渉開始を開始時点とする。日本は2013年3月に途中から交渉に参加した。

15 日本はそれぞれメキシコ（2005年），チリ（2007年）と自由貿易協定を締結している。ニュージーランドはRCEPの加盟国であるが，RCEPはまだ発効していない。

16 FTAの利用条件である原産地規則を満たしているか否かを判断する際に，複数の締約国において付加価値・加工工程の足し上げを行い，原産性を判断する方法。日本は過去に，メキシコ，ペルーとの間で完全累積制度を採用した協定を締結している。

17 EU-Canada Comprehensive Economic and Trade Agreement（CETA）.

18 先進国が開発途上国・地域を原産地とする品目につき，低い税率を一方的に適用することにより，これらの国・地域の経済発展を支援する，途上国支援制度。GSPには，対象となる開発途上国の所得水準が一定以上に達した場合にその適用から除外される，いわゆる卒業規定が存在し，EU GSPにおいて，マレーシアは2014年に，タイは2015年に，それぞれ卒業させられている。

第2章　モノ動くところに関税あり──国際通商環境を踏まえた関税マネジメント　*77*

19　取引価額からマーケティング，アフターサービス費，販売促進費などの中間費用を除いた純費用（ネットコスト）を分母とし，当該純費用から非原産部品の総額を控除した価格が占める割合が域内原産割合となる。

20　米国商務省のウェブサイトより。

21　2017年12月31日までは，一定の条件下でファーストセールの適用を認める経過措置が導入されている。

22　中国，日本，ドイツ，メキシコ，アイルランド，ベトナム，イタリア，韓国，マレーシア，インド，タイ，フランス，スイス，台湾，インドネシア，カナダの16の国・地域。

23　GATT第24条に規定。その他の例外として，GATS第5条および1979年締約国団決定（いわゆるEnabling Clause）における発展途上国間の地域貿易協定の締結が存在する。

24　自己証明方式が採用されている日本－オーストラリアEPAを含む。なお，締結・署名済み，未発効のTPPは直接検認が採用されている。

25　2017年7月6日に公表されたAgreement in Principalに，Origin Proceduresとして以下のとおり記載。

Direct visits by the customs authorities of the importing party to an exporter/producer in the exporting party shall not be allowed for the verification. In the case of suspected irregularities and fraud, the customs authorities of the parties shall provide each other mutual administrative assistance on the basis of the existing agreement between the EU and Japan.

26　日本商工会議所ウェブサイトより。2017年上半期で46,962件となる。

27　財務省関税局発表。

28　米韓FTAは一般輸出者自己証明方式，米豪FTAでは輸入者自己証明方式が採用されている。

29　2017年7月17日USTR発表資料。Customs, Trade Facilitation, and Rules of Originの項目に以下のとおり記載。"Promote cooperation with NAFTA countries to ensure that goods that meet the rules of origin receive NAFTA benefits, prevent duty evasion, and combat customs offences."

30　世界税関機構（World Customs Organization：WCO）のHarmonized System（HS）条約締約国，および当該システムの使用国であり，国際貿易の98％超をカバーしている。

31　累積原産地規則を適用する場合には，部材の生産国となる締約国で発給された原産地証明書の保管が求められる場合もある。

32　累積原産地規則を適用する場合には，部材の生産国となる締約国で発給された原産地証明書の保管が求められる場合もある。

第3章

付加価値税（VAT/GST）

1 付加価値税マネジメントの必要性

(1) 付加価値税のグローバルトレンド

　海外でビジネスを行うにあたり，必ず直面するのがVATまたはGSTと呼ばれる間接税の一種である付加価値税です。特定の産品に対して従量，従価で課税される物品税は文明の発足以来存在していますが，多段階一般消費税である付加価値税は1954年にフランスの官吏モリス・ローレより提案され，過去60年間で全世界に広がった新しい税金です。現在では世界166カ国で導入されています[1]。

　近年は，第二次世界大戦後，米国の主導により推進された貿易の自由化に伴い，失われた関税税収を付加価値税で補ってきたといわれています（OECD (2017)，OECD Revenue Statistics 2017）。究極の貿易の自由化を達成し，域内の財政国境を撤廃した欧州連合（EU）ではEU統一市場の登場に伴い，付加価値税制度も統一されました。GCC（湾岸協力会議）に参加する6カ国（サウジアラビア，アラブ首長国連邦，オマーン，カタール，バーレーン，クウェート）では2017年2月にVAT条約が可決され，統一の制度基盤に基づいたVATが導入されつつあります。

　OECDは，1998年に開催したオタワ会議における「Otawa Taxation Framework Conditions」において，国際的な共通のフレームワークの策定に着手し，2016年9月にはOECDのカウンシルにより「International VAT/GST guidelines」

が採択されています（以下，VAT/GSTガイドライン）。

　付加価値税制度は，OECD加盟国35カ国中34カ国で施行されており，付加価値税制度を持たない唯一の例外は米国となっています（米国では州税であるsales taxが導入されています）。2017年7月1日からインドではそれまで存在していた国税，州税レベルの間接税を吸収するGST制度が導入され，EUに匹敵する人口と州の集まりであるインドで，単一の付加価値税制度が誕生しました。

　VATは欧州で生まれた比較的新しい税金であり，他国の制度を模して導入した世界各国の制度は共通の構造を有しています。それでも1990年代以降，急速に進展する経済のグローバル化のなかで物とサービスの国際的な取引が増加したことを背景に，意図しない二重課税，不課税などを排除するために，各国制度の一層の国際的調和が必要であると認識されるようになりました。

　租税条約が原則として適用にならないVATの世界で，二重課税を防止するカギとなるのが仕向地課税主義（desitination principle）です。この仕向地課税主義は，国境を越えて取引される資産と役務は，消費地である国の法規に基づいて課税されるべきである，という考え方です。付加価値税の課税地を考える上での大原則となります。付加価値税は最終消費者に負担されるべき税金であり，事業者は徴収義務者にすぎません。

　多段階付加価値税のため，事業者間取引に対する課税も行われますが，事業者間取引における付加価値税は最終消費に課税するための手段にすぎません。VATは徴収負担を事業者に負わせる構造上，後述する中立性の原則に反して，事業者にコンプライアンスコストを発生させます。事業者によるコンプライアンスコスト負担をどのように抑えるかという点も，VATを考える上では他の要素と並んで重要な制度設計の指針となります。

　たばこ税，酒税などの物品税と一線を画する付加価値税の特徴は，多段階一般消費税（broad-based tax on final consumption collected from businesses through a staged collection process）であるということです。なぜ多段階（staged collection process）かというと，流通の多段階で創出される付加価値に対して，売上げに係る税額から仕入れに係る税額を控除する方法で計算した税を徴収する税金であるためです。

同じ多段階一般消費税に分類される取引高税との違いは，取引高税が仕入税額控除を認めないのに対して，付加価値税は仕入税額控除（input VAT deduction）を認め，製造，流通段階で付与された付加価値に対してのみ課税している点です。流通段階では，取引の相手方が消費者かどうかがわからないため，いったん課税し，相手が課税事業者であった場合には仕入れに係る付加価値税の納付税額からの控除または還付が認められています（仕入税額控除）。また，消費を幅広く課税対象とする一般消費税であり，資産の譲渡と役務の提供（いわゆるサービス）および輸入を課税対象としています（general tax on goods and services）。

現在世界中に普及している付加価値税のもう1つの特徴は，インボイス制度を採用しているということです（invoice credit method）。インボイス方式はインボイスに記録された取引を単位として課税するため，取引単位課税とも呼ばれます（transaction based method）。インボイス方式とは別の方式として，控除方式があります（substraction method）。これは取引単位で税額を計算するのではなく，事業者の帳簿に基づき課税売上げに係る税額から仕入れに係る税額を控除して納付税額を計算する方法です。

世界的なトレンドとして，税収は法人税から労働，消費に対する課税にシフトしています。付加価値税は，最終消費に対する課税という性質上，国内総生産（GDP）で表現される経済規模に税収が連動します。OECD Revenue Statistics 2017によれば，OECD全加盟国平均のVATがGDPに占める割合は6.7％となっており，1965年の3.2％と比較すると実に倍増していることがわかります。一般消費税の対GDP比率はOECD加盟国の中でも相当に幅があり，オーストラリア，日本（2013年度の消費税，地方消費税の国内総生産に占める割合は2.8％[2]），メキシコ，スイス，米国では比率が4％に満たないのに対して，ハンガリー，イスラエル，ニュージーランドでは9.5％以上を占めています。OECD加盟国の対GDP税収比率の平均はリーマンショックによって2005年から2009年の間に低下しましたが，多くの国が税率を引き上げたことにより，現在の税収はリーマンショック以前の水準へと復活しています。

82

図表3－1 OECD加盟国で付加価値税を導入している34カ国の付加価値税率

標準税率

	1975	1980	1985	1990	1995	2000	2005	2007	2008	2009	2010	2011	2012	2013	2014	2015	2016
オーストラリア	-	-	-	-	-	-	10.0	10.0	10.0	10.0	10.0	10.0	10.0	10.0	10.0	10.0	10.0
オーストリア	16.0	18.0	20.0	20.0	20.0	20.0	20.0	20.0	20.0	20.0	20.0	20.0	20.0	20.0	20.0	20.0	20.0
ベルギー	18.0	16.0	19.0	19.0	20.5	21.0	21.0	21.0	21.0	21.0	21.0	21.0	21.0	21.0	21.0	21.0	21.0
カナダ（GSTのみ）	-	-	-	-	7.0	7.0	7.0	6.0	5.0	5.0	5.0	5.0	5.0	5.0	5.0	5.0	5.0
チリ	20.0	20.0	20.0	16.0	18.0	18.0	19.0	19.0	19.0	19.0	19.0	19.0	19.0	19.0	19.0	19.0	19.0
チェコ共和国	-	-	-	-	22.0	22.0	19.0	19.0	19.0	19.0	20.0	20.0	20.0	21.0	21.0	21.0	21.0
デンマーク	15.0	20.25	22.0	22.0	25.0	25.0	25.0	25.0	25.0	25.0	25.0	25.0	25.0	25.0	25.0	25.0	25.0
エストニア	-	-	-	-	18.0	18.0	18.0	18.0	18.0	18.0	20.0	20.0	20.0	20.0	20.0	20.0	20.0
フィンランド	-	-	-	-	22.0	22.0	22.0	22.0	22.0	22.0	22.0	23.0	23.0	24.0	24.0	24.0	24.0
フランス	20.0	17.6	18.6	18.6	20.6	20.6	19.6	19.6	19.6	19.6	19.6	19.6	19.6	19.6	20.0	20.0	20.0
ドイツ	11.0	13.0	14.0	14.0	15.0	16.0	16.0	19.0	19.0	19.0	19.0	19.0	19.0	19.0	19.0	19.0	19.0
ギリシア	-	-	-	18.0	18.0	18.0	18.0	19.0	19.0	19.0	23.0	23.0	23.0	23.0	23.0	23.0	23.0
ハンガリー	-	-	25.0	25.0	25.0	25.0	20.0	20.0	20.0	20.0	25.0	25.0	27.0	27.0	27.0	27.0	27.0
アイスランド	-	-	-	22.0	24.5	24.5	24.5	24.5	24.5	24.5	25.5	25.5	25.5	25.5	25.5	24.0	24.0
アイルランド	19.5	20.0	23.0	23.0	21.0	21.0	21.0	21.0	21.0	21.5	21.0	21.0	23.0	23.0	23.0	23.0	23.0
イスラエル	-	12.0	15.0	15.0	17.0	17.0	17.0	15.5	15.5	15.5	16.0	16.0	16.0	17.0	18.0	18.0	17.0
イタリア	12.0	14.0	18.0	19.0	19.0	20.0	20.0	20.0	20.0	20.0	20.0	20.0	21.0	21.0	22.0	22.0	22.0
日本	-	-	-	3.0	3.0	5.0	5.0	5.0	5.0	5.0	5.0	5.0	5.0	5.0	5.0	8.0	8.0
韓国	-	10.0	10.0	10.0	10.0	10.0	10.0	10.0	10.0	10.0	10.0	10.0	10.0	10.0	10.0	10.0	10.0
ラトビア	-	-	-	-	-	18.0	18.0	18.0	18.0	21.0	21.0	22.0	22.0	21.0	21.0	21.0	21.0
ルクセンブルク	10.0	10.0	12.0	12.0	15.0	15.0	15.0	15.0	15.0	15.0	15.0	15.0	15.0	15.0	15.0	17.0	17.0
メキシコ	-	10.0	15.0	15.0	10.0	15.0	15.0	15.0	15.0	15.0	16.0	16.0	16.0	16.0	16.0	16.0	16.0
オランダ	16.0	18.0	19.0	18.5	17.5	17.5	19.0	19.0	19.0	19.0	19.0	19.0	21.0	21.0	21.0	21.0	21.0
ニュージーランド	-	-	-	12.5	12.5	12.5	12.5	12.5	12.5	12.5	15.0	15.0	15.0	15.0	15.0	15.0	15.0
ノルウェー	20.0	20.0	20.0	20.0	23.0	23.0	25.0	25.0	25.0	25.0	25.0	25.0	25.0	25.0	25.0	25.0	25.0
ポーランド	-	-	-	-	22.0	22.0	22.0	22.0	22.0	22.0	22.0	23.0	23.0	23.0	23.0	23.0	23.0
ポルトガル	-	-	-	17.0	17.0	17.0	19.0	21.0	21.0	20.0	20.0	23.0	23.0	23.0	23.0	23.0	23.0
スロバキア	-	-	-	-	25.0	23.0	19.0	19.0	19.0	19.0	20.0	20.0	20.0	20.0	20.0	20.0	20.0
スロベニア	-	-	-	-	-	19.0	20.0	20.0	20.0	20.0	20.0	20.0	20.0	22.0	22.0	22.0	22.0
スペイン	-	-	-	12.0	16.0	16.0	16.0	16.0	16.0	16.0	16.0	18.0	18.0	21.0	21.0	21.0	21.0
スウェーデン	17.7	23.5	23.5	23.5	25.0	25.0	25.0	25.0	25.0	25.0	25.0	25.0	25.0	25.0	25.0	25.0	25.0
スイス	-	-	-	-	6.5	7.5	7.6	7.6	7.6	7.6	7.6	8.0	8.0	8.0	8.0	8.0	8.0
トルコ	-	-	10.0	10.0	15.0	17.0	18.0	18.0	18.0	18.0	18.0	18.0	18.0	18.0	18.0	18.0	18.0
英国	8.0	15.0	15.0	15.0	17.5	17.5	17.5	17.5	17.5	15.0	17.5	20.0	20.0	20.0	20.0	20.0	20.0
単純平均	15.6	16.1	17.3	16.7	17.7	18.0	17.8	17.8	17.7	17.7	18.1	18.7	18.8	19.0	19.1	19.2	19.2

（出典：Rates of Value Added Tax（General Sales Tax），OECD）

2016年の上記OECD加盟国で付加価値税を導入している34カ国の付加価値税率の平均は19.2％です。1975年の平均税率の15.6％に対して3.6％上昇しています。特記すべきは，1975年と比較して，付加価値税を導入している国が13カ国から34カ国に拡大している点です。付加価値税が税収全体に占める割合は拡大の一途にあり，その1つの要因として，既存の個別消費税を付加価値税が取り込んでいることが挙げられます。酒税，揮発油税，たばこ税といった特定の品目のみを課税対象品目とする税は，健康の増進，エネルギー消費の抑制など，税収以外の政策目的の実現のために課税される傾向がみられます。

OECD加盟国平均で付加価値税が税収全体に占める割合は20.0％に上ってい

ます（2015年）。この数値は，2012年の19.8％から上昇しています。日本でも2014年４月から消費税率が８％に引き上げられていますが，依然として税収に占める付加価値税の割合では，OECD加盟国中，米国に次いで低い割合となっています。付加価値税は日本以外の諸国では，すでに税収の５分の１を占める基幹税目となっており，それに伴って制度がより一層整備され，徴収の厳格化が進んでいます。

図表３－２ 多段階一般消費税としての付加価値税

【直接消費税】 最終的な消費行為そのものを対象として課される租税			
【間接消費税】 最終的な消費行為よりも前の段階で課税が行われ，税負担が物品等のコストに含まれて最終的に消費者に転嫁することが予定されている租税	【一般消費税】 原則としてすべての物品およびサービスの消費に対して課される租税	【単段階一般消費税】 製造から小売りに至る１つの取引段階でのみ課税	製造者売上税
			卸売売上税
			小売売上税
		【多段階一般消費税】 製造から小売りに至る複数の段階で課税	取引高税（売上税）
			付加価値税
	【個別消費税】 法令の定めによって特に課税の対象とされた物品やサービスに対してのみ課される租税		

⑵　国際取引では付加価値税はコストとなる税金

　付加価値税といえば消費税と同様，コストにならない税金というのが一般的な理解です。これは日本だけでなく，付加価値税の先進地域である欧州のタックスの専門家からもよく聞くコメントです。しかし，それは本当でしょうか。OECDはVAT/GSTガイドライン2.1において，「付加価値税本体は，法律に明確に定める場合を除き，課税事業者の負担となってはならない。」と述べています。このコストに対する付加価値税の中立性は，②で述べる仕入税額控除制度によって達成されます。

　付加価値税が例外的に事業者の負担となる「法律に明確に定められた場合」とは，非課税売上げに対応する仕入れに係る前段階税，最終消費に課税するために必要と認められる場合の課税（例えば，従業員に対して無償で供給行為を行う場合に課税を行うなど），法律上明確に定められたコンプライアンス要件

を充足しない場合に控除を否認すること，などが例として挙げられています。このように，あくまでも例外的な場合に留まっています。

　ところが，国際取引となると，付加価値税はコストとなることが実質的に原則となります。ガイドラインは，「国際的商取引における中立性（neutrality in international trade）」について，「課税地となる国において国内事業者と国外事業者が課税レベルの観点から有利にも不利にも扱われてはならないこと」（ガイドライン2.4）としながらも，「国外事業者にコストとなる付加価値税が発生しないため，各国はさまざまなアプローチの中から選択することができる」（ガイドライン2.5）としています。事業者の設立地でも登録地でもない国で付加価値税が発生することが往々にしてあり，このような事業者に課税される外国の付加価値税が，国内事業者に適用される申告控除の方法では取り戻せないことは多くあります。そのような場合に，各国は次のような方法のいずれかまたは複数の手段で非居住者である事業者に付加価値税コストを生じさせないようにすることができると示唆しています。

1．非居住者に対する還付制度の導入
2．非居住者に対する供給を非課税（exemption）とする
3．VAT登録により申告控除を認める
4．納税債務を登録事業者に転嫁する
5．非課税で仕入れるための許認可を与える

　非居住者に対する還付制度はEUで導入されている第13号指令に基づく還付制度（いわゆるVAT refund）に代表され，この申請を仲介する業者が日本に進出したこともあり，日本企業の間でも比較的知られるところとなっています。しかし，世界的に見てこの還付制度を持っている国は少ないばかりか，制度自体は存在していても，日本との間に互恵性（reciprocity）[3]を認めていないため日本の課税事業者に対して還付を行っていない国もあり，このような比較的簡便な方法で還付ができる国は世界的に見た場合，例外といえます。

　VAT登録により仕入れに係る付加価値税の申告控除を認めるというアプローチですが，確かに，世界各地にはその国での課税売上げが義務的な登録基準額に満たない場合であっても任意でVAT登録を認める国があります。全く

現地で課税売上げがたたず，仕入れだけが発生してしまうような場合，仕入税額控除の目的だけで登録が認められるかどうかという問題が生じます。

例えば，ある国で仕入れた部品を，自社製品の無償修理に利用したとします。このような場合，無償修理は課税売上げを構成しないため，VAT登録をすることができず，部品の購入に際して発生した仕入税額を申告控除することができないケースがあります。仮にVAT登録が認められる場合であっても，申告コストが負担となりますし，VAT登録は後述するPEリスクとも密接に関連しています。先進地域ではVATの納税義務の発生に伴う申告義務の遵守と収益税上の課税権の問題は峻別されていますが，先進地域以外の大半の国ではVATの申告だけを目的とする登録制度がなく，PEとしての税務登録により法人税も含むすべての税金の申告義務が生じてしまう場合や，そもそも支店や法人を設立しなければVATの納税事務が一切できないこととされています。

このようななかで，非居住者に対する供給を非課税（exempt）とするという方法は仕向地主義を原則とする制度と合致します。「非課税」ではありませんが，実際，2010年にEUがB２Bで行われる役務の提供の課税地の原則規定を受益者事業地課税に転換したことによって，非居住者が受ける役務の多くがEUでは不課税となり，それまで還付制度を利用して取り返していた付加価値税が不課税となったことは記憶に新しく，インド，GCCなどでその後導入されるVAT制度では，B２Bサービスについては受益者事業地課税を原則とすることが主流となっています。サービスの輸出という概念を用いて，輸出免税規定を適用している国も多くあります。

「納税債務を登録事業者に転嫁する」という制度は，②で解説するリバースチャージと呼ばれる制度ともいくらか違っており，徴収義務者である登録事業者に税の負担も転嫁して登録事業者による控除を認める制度です。例えば，インドGST法では，インド国外の港からインドにおける通関港までの船舶による貨物の輸送の課税地は輸送の目的地であり，インド国内が課税地です。この海運サービスに対するGSTは登録事業者である輸入名義人に転嫁されています。このように，国際的な商取引においては，事業者におけるコスト中立性を担保するために，非居住者にとって付加価値税がコストにならないよう，OECDは加盟国に対して配慮を求めていますが，現在はその過渡期であり，政策手段も

86

各国の判断に委ねられており，いまだ多くの場合において海外で発生する付加価値税はコストになるというのが原則なのです。また，付加価値税を導入している世界166カ国の大半はOECD加盟国ではないという現実もあります。

(3)　付加価値税のコンプライアンスコスト

　ガイドラインは「付加価値税制度は事業判断に主たる影響を与えることがないよう設計されるべきである[4]」と述べています。付加価値税の本税がコストになることだけでなく，コンプライアンスコスト等の関連コストも含めて，付加価値税制度は投資，商流，物流，組織形態（例えば，本支店構造を採用するか子会社を設立するか）を決定する経営判断に中立であることが求められます。典型的な関連コストとして，管理コスト（例：付加価値税コンプライアンスのための社内人件費），インフラコスト（例：ITシステムの導入費用），財務コスト（例：キャッシュフローコスト，担保の提供のための銀行手数料）があり，これらの付加価値税に関連するコストが，近年大きな問題となっています。特に付加価値税の徴収強化に伴い，全インボイスのアップロード，電子申告の義務化，インドにおけるITC matching[5]の導入など，付加価値税を利用した脱税行為の防止のために納税義務者側でIT技術を利用することを前提とした制度が多く見受けられ，インフラコストが上昇する傾向にあります。

　EUが共通の付加価値税制度を導入した際，クリアリングハウス制度による加盟国間での財政調整制度を前提とした原産地課税主義（origin principle）[6]を目標としていましたが，結局，2010年のグリーンペーパー[7]の議論を受けて，2011年12月，欧州委員会は，この目標を諦め，仕向地課税主義に大きく舵を切るべきとする内容の報告を行いました[8]。課税事業者にとって，自らの設立地または事業地でその国の法律に従って付加価値税を納めることが一番負担が少ないことは明らかです。EUが共通の付加価値税制度を導入した当初，原産地課税主義を目標に掲げた背景は，事業者の納税事務負担に対する配慮でした。しかしながら，この目標は加盟国間での税率の収斂が進まなかったことにより達成はされませんでした。EUは原産地課税主義を諦め，仕向地課税主義に切り替えつつコンプライアンス負担を軽減させるため，新たにEU共通の電子申告制度であるOSS制度を電子商取引による資産の譲渡にも拡大する方策を打ち出しています。

しかしながら，世界の大半の国々において，付加価値税の中立性は関連費用を含めた中立性であるという認識は深くなく，徴収強化の傾向と相まって付加価値税のコンプライアンスコストは増加の一途をたどっています。このような現状では，事業者は本税がコストとなることだけでなくコンプライアンスコストも考慮した上で事業判断を行わなければなりません。しかしながら，最もリスクが高い行為は，コンプライアンスコストをかけずに，リスクを冒す取引を決行することです。コンプライアンスコストが最も少なくなるような，シンプルで明確な取引形態を現地法に照らして取引開始前に考えることが，取引自体の透明化にもつながり，最終的にはリスク負担の軽減にもつながります。

(4) 付加価値税マネジメントの目標設定

① 「付加価値税コスト」を発生させない──商流・物流の事前検討で防ぐ

そうはいっても，付加価値税マネジメントの至上命題は，「付加価値税の本税をコストにしない」ことです。付加価値税は大半の企業にとってはコストではないことが共通認識となっているため，付加価値税はタックスプランニングにおいて軽視される傾向があります。また，積極的に節税をしたい，というインセンティブで行うタックスプランニングには，付加価値税はあまり向いていません。

しかしながら，上述したように，国境を越えて取引が行われるグローバルサプライチェーンでは，仕入税額控除制度が機能しないことが原則となります。海外で付加価値税が仕入れに対して課税された場合，日本の課税事業者が仕入税額控除を受けられないのが原則です。また，手続的には認められていてもコンプライアンスコストやPEリスクの観点から実質的に手続を遂行することが困難なケースも多く見受けられます。グローバルサプライチェーンにおいては，このような本税の「付加価値税コスト」は極力発生させないように商流・物流をプランニングすることが大切です。付加価値税の税率は各国でさまざまですが，高い国ではハンガリーのように売上高の27％に上ります。付加価値税本体がコスト化した場合，どのような価格設定を行っていたとしてもかなりの確率で取引全体が損失事業に変わるリスクを伴っています。

② 「付加価値税リスク負担」を軽減する——正しくコンプライアンスを行うことで不要な流出を防ぐ

　次なる付加価値税マネジメントの目的は「付加価値税リスク負担を軽減する」ことです。付加価値税はコンプライアンスの税金です。上記のように，事前に商流と物流を検討することによってかなりの確率で仕入れと売上げに係る付加価値税の発生を防ぐことができます。それでも，現地で原材料を調達して行う工事など，仕入れにどうしても現地で付加価値税が課税されてしまうケースや，日本企業が資産の譲渡を直接海外で行う場合など，売上げに付加価値税が課税されてしまうケースもあります。

　このような場合でも，付加価値税は原則として正しく管理していればコストにならない性質の税金です。売上げに係る付加価値税は顧客から徴収，納付し，仕入れに係る税額を控除すればよいのです。つまり，付加価値税マネジメントの至上命題は，現地の法律を遵守して正しくコンプライアンスを行う，ということです。

　ところが，コンプライアンスが機能不全に陥ると，売上げ（トップライン）に対して高税率で課税されるため，客観的な申告漏れ額は利益に対して課税される法人税とは比較にならないほど大きくなります。未申告額が大きいために未申告となった場合に重加算税や自由刑に処されるリスクは関税と並んで非常に高い税目です。

　また，コスト中立性を担保するためには法律上認められた仕入税額控除が正しく機能する必要があります。そのためには，申告登録，インボイスの管理，申告期限の遵守など，法で定められた手順を守る必要があります。取引単位税である付加価値税の多くのコンプライアンス義務は事後的には回復不可能です。インボイスの原本の管理が不適切であった場合，後日適切なインボイスの原本をすべて回収することは不可能か，多大な手間を要します。昨今では，日本の電子帳簿保存法にもみられるように，各国で電子インボイス，電子帳簿管理が付加価値税制に組み込まれつつあります。各国の定める電子保存要件を遵守しない場合，仕入税額の控除が過年度にわたって一括否認されるリスクが生じます。

　このように，付加価値税は，何かあったら（税務署から指摘されたら）対応する，という性質の税金ではなく，新しい取引を始めるとき，商流や物流を変更するときにしっかり課税関係を検討し，各国法に準拠したコンプライアンス

事務を整理し，いったん取引がスタートしたら，取引先からの情報収集や申告データの提供，帳票類の保管などが問題なく行えるコンプライアンス体制を構築することが重要です。

また，セットアップしたコンプライアンス体制がうまく機能しているかどうかを見るために，ガバナンス体制をいかに構築するかが非常に大切です。節税を目的として付加価値税を観察してはいけません。つまり，付加価値税は「守りの税」なのです。

③ キャッシュ・フローを改善する——仕入税額控除をとる以外の方策もある

最後に，付加価値税をコストにせず，コンプライアンスリスクの削減も達成した上級者レベルに到達したと仮定した場合，次の目的となるのが「キャッシュ・フローを改善する」ことです。付加価値税はキャッシュ・フローに影響します。仕入税額控除が受けられる場合でも，いったん納税するためには資金の準備が必要です。還付，延納措置，免税取扱いなどを受けるために，担保（デポジット）を要求されることが多くあります。したがって，なるべく課税されない，つまりは不課税となる取引になるように商流・物流をプランニングすることで，資金調達コストを抑えることができます。

2018年1月から導入されるGCC諸国の共通標準税率が5％であるように，付加価値税の税率は最低でも5％のため，これを課税売上げに乗じた際の納税額が大きくなります。キャッシュ・フローを改善する方法の1つとして，事業譲渡に伴って起こる在庫の移転については，いわゆる付加価値税上の事業譲渡（transfer on going concern，「TOGC」）であると認められれば，取得者による譲渡者のタックスポジションの引継ぎが認められ，取引がなかったものとみなされ不課税となる制度（「no supply rule」）がEU，カナダ，オーストラリア，シンガポールなど，付加価値税の先進エリアにはあります。

連結納税制度を利用するのも1つの手です。輸入付加価値税の延納制度を認めている国へ輸入通関ポイントを変えるという方法もあります。特に発生する付加価値税額が大きい場合には，納付して仕入税額控除をとる，という通常のパターン以外に方策がないか検討してみる価値があるということです。とはいえ，これらの特殊な制度を使うことには往々にして通常よりは高いリスクや複雑さが伴います。バランス感覚を失わないようにすることが重要です。

(5) 付加価値税マネジメントは効率的に

　グローバルバリューチェーンに課税される世界標準の付加価値税は取引に対して課税される取引税（transaction tax）であり，帳簿方式ではなくインボイス方式です。個別の取引の課税関係を判断するためには，個別の取引の内容を把握していなければなりません。会計基準に則って作成された財務諸表に一定の税務上の調整を加えて作成する法人税申告と異なり，有能な税理士に期末に財務諸表と合計試算表を渡せば申告作成ができるという税目ではありません。一企業が行う何千件，何万件という取引を把握できるのは，社内の人材に限られています。このため，ある程度社内に税務を専門として行う人材を擁して行わなければならないのが，付加価値税マネジメントの特徴です。また，仮に社内に人材を擁していたとしても，取引の件数が多くなれば，すべての取引を把握することは困難となります。

　すなわち，付加価値税を完璧にマネジメントすることは容易ではありません。付加価値税をマネジメントするためのITツールも市場にはありますが，現在のところERPシステムから申告書を作成することは可能であっても，ERPデータの入力の際に一定の税制に対する知識と判断が必要となるため，容易ではないようです。

① 管理体制構築のポイントは「集中と分散」

　そうしたなかでコストリスクを最小化するグローバルな付加価値税の管理体制構築において重要となるのは，集中管理と分散管理の視点です。コストや情報の所在からローカルで処理したほうが効率性が高い作業と，戦略的な意思決定が必要となる作業をマトリックスにすると，図表3－3のようになります。

　図表3－3のマトリックスは，集中管理の度合いを縦軸に，戦略的意思決定の必要性を横軸にとっています。集中管理と戦略的意思決定が最も必要となる局面は，右上のグローバルバリューチェーン上の新規ビジネスの立ち上げ，商流変更時の分析です。これに対して，すでに決まった方向性に基づいて各国で登録をし，申告書を定期的に作成する段階では，各国に実行を任せたほうが時間，費用ともに負担が軽減されます。

　先にも述べたように，グローバルバリューチェーン上の付加価値税マネジメントの最も重要な指針は，事前にコンプライアンス負担とリスクが最小化され

第3章　付加価値税（VAT/GST）　**91**

図表3－3　VAT/GST管理のマトリックス

集中管理の度合い		戦略的意思決定の必要性	
High	・各国法令改正モニタリング	・本社コンプライアンス状況の把握	・新規プロジェクト立ち上げ ・商流変更時の分析
Medium	・地域法令情報収集	・地域コンプライアンス状況の把握	・問題発生時の解決策の提案
Low	・申告書の作成 ・申告書の提出 ・会計帳簿の作成	・各国コンプライアンス状況の把握	・問題発生時のレポーティング
	Low	Medium	High

るサプライチェーンを検討し戦略的意思決定を行うことです。このような戦略的意思決定を行うためにはグローバルバリューチェーンを俯瞰したビジネス要請（輸送費，保険費，市場ポジション，契約等）の把握と複数国における法制度の理解を融合することが必要です。

　戦略的意思決定の必要性はそれほどでもありませんが，「本社コンプライアンス状況の把握」として，本社が提出する世界各国の付加価値税申告を管理することが必要であることはいうまでもありません。当たり前のことのようにも思えますが，実際，複数の事業部を抱える会社では，事業部が特定の取引を実行するためにある1カ国で会社としてVAT登録を行い，独断で申告書の提出を行っているため，法人としてどこの国でVAT申告を行っているかの全体像を誰も把握していない事例が多くみられます。

　申告遅滞等のリスクだけではなく，他の事業部が新規ビジネスを行おうとした際に自社の登録の有無がわからないため影響を測ることができない，事業が分割譲渡された際に引き継ぐべき申告業務が特定できないなどのケースがあります。登録を前提としないVAT還付申告も業者任せにせず集中管理の対象とする必要があることはいうまでもありません。

図表3－4　戦略策定

コンプライアンス負担・リスクが最小化され，ビジネス戦略に適合したサプライチェーンを設計する

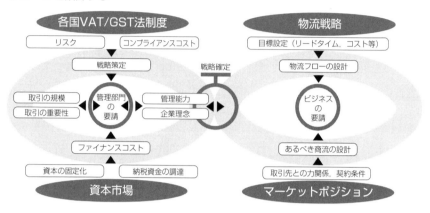

② 情報の共有化

このような戦略的意思決定はグローバルバリューチェーンに関連する国の外部専門家から各国付加価値税制度に関する意見をベースにすることが必要です。このようにして収集した情報と経験を集約しないことは企業にとって価値の大きな損失を意味します。各国の付加価値税制度は随時改正されるため，過去の情報と経験に基づいてのみ判断することはできませんが，少なくとも新たに収集すべき情報は前回との差異に凝縮されます。外部アドバイザーからの意見は対象国，論点，取得年月日がわかる形で共有できるようにすれば，事業部が違っても利用することが可能です。

③ 報告体制の確立，プラットフォームの構築

複数の事業部や子会社がグループ内にある場合，戦略的意思決定を要する重要案件については，管理者に上がってくる体制を整えなければなりません。このため，各事業部，各子会社に付加価値税の担当者を置き，管理者に報告を行わせることとする社内規則が必要です。管理者は過去に類似する案件があればそれを示唆し，過去にリスクとして認知した点について集中的に検討することを推奨します。グローバルバリューチェーンにかかわる重要案件であることが認識されれば，プロジェクトとして立ち上げ，ディスカッションを関係者間で

常に共有するプラットフォームを作成します。

④ 日常の管理はポイントを外さず，ほどほどに

グローバルバリューチェーンにおける付加価値税マネジメントでは，以上のように，①管理体制の確立，②情報の共有化，③報告体制の確立が軸となることを述べました。

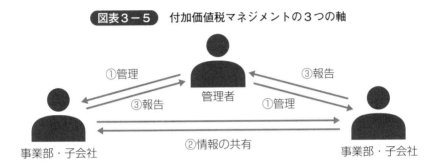

図表3－5 付加価値税マネジメントの3つの軸

それでは，集中管理がさほど必要ない日常の管理業務においてはどのような点が重要となるのでしょうか。先に述べたように，付加価値税コンプライアンスを完璧にこなすことは容易ではない，ということの別の側面として，付加価値税を徴収しようとする税務署の立場からも，税務調査において一企業のすべての取引をくまなく精査していくことは不可能であるといえます。

税務署側もこの性質をよく理解しているため，調査では，まず調査対象企業のコンプライアンス体制（例：社内で取り扱っている担当者のレベル，人数，取扱いマニュアルの有無，帳票類の管理体制，インボイス上の記載）を観察し，大きな間違いが潜んでいそうか，潜んでいるとすればどの過程にありそうかを推測し，そこを重点的に調べることになります。

また，金額が大きな取引，国境をまたいで行われる複雑な取引を重点的に見ます。特に，調査対象企業の国籍，業界で典型的なエラーに関する情報を収集し，見当をつけてくる場合も多いようです。このため，普段の対応策として，コンプライアンス体制を整備し，取引金額が大きな取引，国境をまたいで行われる複雑な取引を重点的に正しく管理，また，同業種懇談会などで同業他社が犯した間違いに関する情報を収集することが有効です。

日本企業の傾向として，すべてを完璧にやろうと意気込んで細かい質問をし

てくるものの，担当者が疲れてしまったり，コンプライアンスコストがかさんでしまったり，配置替えになった時に後任に引き継がれなかったりして，結局，投げ出してしまうような極端なケースが多いようです。ローカルの付加価値税マネジメントでは，勘所を突いた"ほどほどさ"が大切です。

2 タックスプランニングの前に知っておこう
──付加価値税制度の基礎

1　付加価値税登録（VAT登録）

　海外で取引を行う際に，付加価値税について少し調べてみると，付加価値税登録（VAT登録）という言葉に遭遇します。付加価値税登録とは，取引を行う国の非居住者が，付加価値税申告を行う目的でその国で行う登録のことです。

　付加価値税登録の必要書類は国によって異なりますが，一般的に，会社の登記簿謄本，定款，いつから，どのような取引をその国で行うのかといった税務署が行う質問に対する回答，現地税理士に対する委任状，日本の管轄税務署が発行する課税事業者であることを証明する居住者証明書，会社代表者のパスポートのコピーなどを提出して行います。登録が完了すると，納税者番号，VATID番号といった番号が発行され，その国で付加価値税申告を行うことが可能となります。

　EUでは，すべての事業者は，事業者としての活動の開始時，変更時および終了時に届け出なければならないと規定されています（VAT指令[9]213条1項）。付加価値税は課税地となる国で課税取引を行えば非居住者に対しても課税される性質から，付加価値税登録が必要とされる場合は，必ずしも支店や事務所などの固定的施設を要するものではありません。

　さて，一見，面倒に思える付加価値税登録制度ですが，世界には付加価値税登録がない国が多くあります。課税事業を営むということは，すなわち現地に支店または現地法人を開設しなければならない，という国と，付加価値税の課税だけを対象とする登録制度はなく，法人税も含むすべての税金の課税目的で登録しなければならない国があります。法人や支店を設立しなければ付加価値税を納付できないとなると，手続が煩雑であり，設立費用等も発生するだけで

なく，付加価値税のみの問題でなく法人税の課税が発生してしまいます。このような国で取引を行う場合には，なるべく現地で課税とならないような取引条件を事前に考えることが重要です。

　付加価値税登録制度がある国でも，付加価値税登録をすることによって何らかのビジネスをその国で行っているという推測が働き，収益税上の恒久的施設（Permanent Establishment）を有しているのではないかという観点から税務署から質問を受けることはあります。付加価値税登録をしなければいけない状況は必ずしも収益税上の恒久的施設が認定される条件を満たしているとは限らないため，恒久的施設認定を恐れて付加価値税登録をしないのではなく，付加価値税コンプライアンスは遵守しつつ，恒久的施設に関する質問があった場合には適切に対処していくことが基本となります。

　EUでは付加価値税登録をするとVATID番号が発行されます。VATID番号は各加盟国の略号を表すアルファベット二文字から始まる数列となっています（指令215条）。各加盟国の略号を表すアルファベット二文字は共通ですが，数列の桁数は加盟国ごとに異なります。また，納税者番号と等しい加盟国もあれば，納税者番号とはまったく異なる番号が付与される加盟国もあります。取得には経験上１カ月以上かかります。MOSS登録と呼ばれるEU共通の電子申告制度のための登録では，EUで始まる番号が発行されます。2007年７月からGSTが導入されたインドでは同様にGSTINと呼ばれる番号が発行されます。EUにはこの他にもEORI番号（Economic Operators Registration and Identification number。2009年７月１日から導入[10]された関税法上の事業者番号），物品税上の保税事業者番号（excise number）などがあります。

2　どのような取引に課税されるのか

　付加価値税は，一般的に資産の譲渡と役務の提供，ならびに輸入に課税されます。28加盟国の集合体であるEU域内では，これに加えて他のEU加盟国から事業者が資産を取得するというEU域内取得に課税されます。また，EUおよび29州からなるインドでは州を超えた資産の（売買を伴わない）移動も課税対象となります。

　資産の譲渡とは，EUでは有形資産の処分権の有償譲渡と定義されていますが，日本のように無形資産の譲渡であっても資産の譲渡として取り扱う国もあ

りますし，近年では，インターネットを経由したデータダウンロードのように，資産の譲渡と役務の提供の境界線上に位置するような取引も増えています。資産の譲渡であるか，役務の提供であるかの区別は，課税地の判断基準，リバースチャージの提供の有無，税率の決定など，その後の課税関係の判定に決定的な影響を与えます。資産の譲渡と役務の提供の定義については，それぞれの国に確認する必要があります。

　グローバルサプライチェーンでは資産の譲渡である棚卸資産の販売が国境を越えて発生します。研究開発，業務委託，費用の付け替えなどとして現れる役務の提供も企業が付加価値を創造する活動（バリューチェーン）に含まれます。グローバルバリューチェーンで行われる資産の譲渡と役務の提供の両者が付加価値税の課税取引を構成しますが，付加価値税の仕組み上，通常，次の3つの条件を充足しなければ付加価値税の課税対象となりません。

① 国内において行われる取引であること
付加価値税はその国で消費される資産，役務に対して負担を求めるものであり，国内において行われる取引のみが課税の対象です。日本では内外判定と呼ばれていますが，グローバルバリューチェーンではどこの国で課税されるかを特定する必要があります。租税条約のない付加価値税の世界では，各国間の制度の相違により，複数国が課税地となる不幸な場合もありますが，どこの国でも課税されない不課税取引も多くあります。
② 事業者が事業として行う取引であること
事業者が事業として行う取引が課税の対象になります。事業者以外の者が行う取引や事業者であっても非事業として行う取引は課税の対象とはなりません。
③ 有償で行う取引であること
付加価値税は有償で行われる取引に対して課されるため，無償の取引は原則として課税の対象とはなりません。対価は必ずしも現金である必要はなく，物々交換の場合，労務による代償であっても有償取引となる制度があります。 　ただし，事業者が棚卸資産または棚卸資産以外の資産で事業の用に供していたものを家事のために消費，使用したり，従業員に消費，使用させた場合，ならびに第三者から購入していたならば前段階税控除が受けられなかったであろう場合などに，例外的に事業として有償で行われる資産の譲渡等とみなされる場合があります。

　輸入の定義も同様に，国によって異なります。EUでは，輸入とは，EU域外の国から資産をEU域内に物理的に持ち込むことです。輸入者が事業者であるか，課税対象外法人であるか，最終消費者であるかは問われません。輸入が課税となる理由は，仕向地主義の考え方に基づいています。一般消費税である付

加価値税は，消費地で課税するのが最も理に適っているため，出荷地と仕向地が異なる国である国際的取引では，出荷地で輸出までのサプライチェーンの前段階で発生した前段階税の全額を還付し[11]，売上げを輸出免税とした上で仕向地で輸入に課税することにより，より消費地に近い場所で課税を行います。

3　どこの国で課税されるのか（課税地）

(1)　資産の譲渡の課税地は資産の所在地

　資産の譲渡の課税地の原則は，資産が物理的に存在する場所です。しかしながら，資産はグローバルバリューチェーンでは少なくとも1回，複雑なグローバルバリューチェーンでは何回も国境を通過します。国境を越えて資産の譲渡が行われた場合，取引対象となる資産は複数の国で物理的に存在したことになります。

　例えば，スペイン産のオレンジをドイツの卸売業者が購入した際に，このオレンジの売上げに対してどの国で課税すべきか，といった簡単なケースを考えてみましょう。課税地はオレンジの出荷地であるスペインか，着荷地であるドイツであることが想像できます。仮に，この取引で卸売業者がスイス設立法人であったとしても，スイスが課税地となることはありません。最終消費者に対する販売である場合には，課税地の原則は最終消費地です。付加価値税の課税は必ず消費の前段階で発生する（例：八百屋で野菜が販売される時点ではまだ野菜は消費されていない）ため，消費国または消費地はあくまでも消費が行われることが予想される国でしかありません。本来的には最終消費地とは実際にオレンジが食べられた場所，ということになりますが，そこまで特定することは求められておらず，最終消費者にオレンジが販売された時にオレンジが存在していた場所，つまりは小売店の店先が課税地となります。資産がまだ最終消費段階に到達していない事業者間取引の場合も課税地の考え方は同じです。資産が譲渡された時に物理的に存在した場所が課税地となります。なお，グローバルバリューチェーンの途中で資産の性質が変わる場合や輸送が途切れる場合には，その時点で新たな出荷地と着荷地が生まれます。

　付加価値税の世界には，洋上取引といういずれの国でも付加価値税が課税されない取引があります。上記のように，譲渡時点での資産の所在地を課税地と

する原則に依拠しているため，どの国の領土にも属さない海上での取引は，どの国においても不課税（non taxable）となります。収益税上の観点からは，どこでも課税されない所得はホワイト・インカムと呼ばれ租税回避行為に利用されるため，租税条約や各国の国内法によってこれを生じさせないよう努力が払われていますが，付加価値税の世界では，どこの国から見ても不課税となる取引は多く存在します。

【事例：インド輸入前の洋上取引】

> 弊社は製薬会社であり，日本の商社を経由して薬の委託製造をしているインド法人であるA社に，A社が生産するインド国内向け製品の原材料を供給しています。原材料の産地は日本と欧州です。日本と欧州での輸出通関手続は，原材料のサプライヤーが行います。インドでの輸入通関手続は，A社が行います。原材料の所有権は，インドでの通関前に移転します。

この事例では，原材料の所有権の移転がインド国外で行われているため，メーカーから商社に対する売上げ，商社からA社に対する売上げはインドGST法上，不課税となります。A社の原材料の輸入についてインドで課税され，これ以降の取引は資産が物理的にインド国内に所在する取引として課税されます。出荷地である日本，欧州では，サプライヤーからの調達は輸出免税取引となり，メーカーから商社に対する売上げ，商社からA社に対する売上げは，日本の消費税，欧州の付加価値税法上の観点からも不課税となります。

このように，グローバルサプライチェーンではいずれの国でも課税されない取引が存在し，海外での付加価値税コンプライアンス負担を軽減することに利用できる場合があります。

(2) 役務の提供の課税地は仕向地

資産の所在地で課税され，かつ国境で資産の移動が確認できる資産の譲渡の課税地の判定は比較的シンプルですが，役務の提供の課税地の判断は複雑です。役務の提供の課税地の判定に共通する原則は，仕向地課税主義（destination principle）です。国境を越えて取引される無形資産と役務は，消費国の法規に基づき課税されるべきであるという原則です。この消費国がどこであるかを定めるのが，各国の課税地に関する規定です。

OECD加盟国の役務の提供の課税地の判定規定については，大きく分けて2

種類の法制度があります。第一のカテゴリーは，EU，日本の消費税が採用している，役務の種類によって課税地を規定する制度です。第二のカテゴリーは役務の種類分けを行わず，重層的な基準を設けて内外判定をする制度で，例えば，カナダでは資産の譲渡と役務の提供に共通する内外判定基準として，「カナダで事業を行っているか（carring on business in Canada）」によってカナダ国内が課税地であるかどうかを判定します（ケベック州の州税であるQSTではこれをケベック州との関係に置き換えて判断します）。

　通常，いずれかの方法のみによっていることは少なく，役務の分類によって課税地を定める制度であってもすべての役務に共通の基準を持っている場合もありますし，分類を基準としない制度であっても，最終的には分類によって利用地を定めるケースもあります。例えば「カナダで事業を行っているか」を判断基準とするカナダであっても，国内における州税の税率決定のために役務の種類による「課税地」の判定が用いられます。OECDのガイドラインでは，役務の提供の課税地の規定は，次のような条件を満たしていることが必要とされています。

- 国際取引における中立性が担保されていること
- 取引を行う事業者のコンプライアンス義務がシンプルであること
- 事業者と課税当局にとって明確な制度であること
- 事業者のコスト負担，税務当局のコストが最小限に抑えられていること
- 脱税および租税回避に対して耐性があること

---

(3)　B2B取引とB2C取引の課税地

①　B2BとB2Cの見分け方

　事業者間取引（いわゆる「B2B」）と最終消費者に対する取引（いわゆる「B2C」）で必ずしも課税地の判定基準が異なる必要はありませんが，付加価値税は最終消費に対して課税される税金であり，事業者間取引に対する課税はそれを担保するための手段であることを考えると，両者の課税地に関する規定が異なることもあります。

　このように事業者間取引と，最終消費者に対する取引で課税地に関する規定を分ける場合には，役務の提供者が相応の注意義務を果たせば取引相手が事業者であるか否かを判定できる制度が用意されていることが必要です。この制度

とは，欧州においてはVATID番号であり，別の国では事業者番号（Business Identification Number）であり，VAT登録制度のない国では登記簿情報などです。また，これらの番号を入手した役務の提供者が，番号が適正かどうかを容易に検索できるシステムも必要です。

OECDが2017年10月に公表した「サプライヤーが課税地となる領域に所在しない場合におけるVAT/GSTの効率的な徴収制度[12]」では顧客のステータスを判断するための指標として，以下の例を掲げています。

【顧客のステータスを判断するための指標——指標型】

- VAT登録番号（VAT registration number），または顧客が事業者であることと登録を示唆する事業に課される税務目的で与えられた番号（business tax identification number）などの，識別番号
- 顧客が事業者であることと登録を示唆する顧客の管轄税務当局によって発行された証明書
- 商業登記情報
- 個別または他の指標と組み合わせて，顧客のステータスの信頼しうる指標となりうる以下に掲げる商業上の指標
  - ——供給物の性質と特徴（例：音楽ダウンロードは個人消費，ネットワーク上の多数のコンピューターの利用を前提としたソフトウェアライセンスの提供は事業の利用として想定される）
  - ——供給物の価値（例：高額なソフトウェアパッケージは事業上の利用である蓋然性が高い）
  - ——外国のサプライヤーとの顧客の取引履歴
  - ——デジタル証明書または身分証明書（所有者のオンライン上のIDを証明するために使用される電子証明書）

諸般の事情にかんがみて，誠意を持って行動し，適切な証拠を得るために妥当な努力をしたサプライヤーが顧客の地位を正確に判断できない場合，VAT/GSTガイドラインは，顧客はB2C取引の判断基準が適用される非課税事業者であると推定することができるとしています。

② B2B取引の課税地

OECDのVAT/GSTガイドラインはB2Bで行われる役務の提供と無形資産取引の課税地原則を顧客所在地としています（「....the jurisdiction in which the customer is located has the taxing rights over internationally traded services or intangibles.」ガイドライン3.2)。

　これに対する例外は，顧客所在地で課税することが上記の５つの基準に照らして妥当な結果とならないケース，および顧客所在地以外の基準を用いたほうが明らかに妥当な結果となるケース（ガイドライン3.7），そして，不動産に直接的に関連する無形資産の譲渡と役務は不動産所在地で課税すること（ガイドライン3.8）です。

　顧客所在地とは，原則として契約書（business agreement）における顧客所在地です（ガイドライン3.3）。ただし，顧客が複数の国に所在地を有している場合（いわゆるMultiple Location Entity）には，役務や知的財産権を実際に利用している国に課税権を認めるべきであるとしています（ガイドライン3.4）。本店と支店が異なる国に所在する場合など，複数の国に事業所を有する顧客については，実際に知的財産権や役務を利用する事業所の所在地国で課税が行われるべきであり，この目標を達成するためには，役務等の調達が行われた取引構造にかかわらず，実際に役務等を利用する事業所の所在地を課税地とすることが望ましいとしています。

　利用地の判定基準として，下記の３つの方法があるとしています。

---

(1)　利用の実態が明らかな場合はそれを基準とすること（direct use）
(2)　ケータリングサービスや研修の実施等，物理的な役務の提供地が明らかな場合には役務の提供地（direct delivery）
(3)　法人税や会計基準等によりコストが配分される場合にはコスト配分を基準とすること（recharge method）

　「利用」とは，所在地（establishment）があることを前提とした利用であり，所在地を問わない「実際の便益の享受地（place of effective use and enjoyment）」とは異なります[13]。

③　B2C取引の課税地

　OECDガイドラインは，B2Cで行われる役務の提供と無形資産取引の課税地について，２つの原則規定を提唱しています。原則①は，「on the spot」供給と呼ばれる，役務の提供地が明らかな役務について，提供地を課税地とする

ことです（ガイドライン3.5）。これには，例えば，ホットスポットでのWi-Fi接続サービスなどが挙げられます。役務の提供地が明らかであるとは，役務が物理的にそれとみて一目でわかる場所で提供される場合，役務がその場で消費される場合，役務の提供と消費が同じ場所で起こる場合であるとされています。

原則②は，「on the spot」供給以外の取引については顧客の恒久的な所在地（usual residence）を課税地とします（ガイドライン3.6）。役務の提供地が明らかではない取引には，金融保険サービス，コンサルティング，電気通信サービス，オンラインゲームの提供，映画・音楽などデジタルコンテンツの配信，ソフトウェア販売・アップデート等，電子商取引の大半が含まれます。顧客の恒久的な所在地とは，「顧客が普段住んでいるところ，または生活の本拠地（home）を築いているところ」と定義されています。

役務の提供者は，役務を提供する時点で商慣習上入手する顧客情報に依拠して，この恒久的な所在地を判断することができるべきです。特に，電子商取引との関連では，この顧客所在地の判定が非常に難しいという性質がありますので，各国は明確なガイドラインを示すべきであると提唱しています。

> **コラム**　**実際の便益の享受地課税**
>
> 実際の便益の享受地とは，“place of effective use and enjoyment”の訳で，通常，課税地のプロキシ（代替地）として使われる住所，居所，事業地といった場所ではなく，役務が実際に利用される場所を課税地とするルールです。付加価値税の二重課税やどこの国でも課税されない取引を排除するための例外規定として，EUでは実際の便益の享受地課税（指令59a条）が導入されており，課税地に関する原則規定が適用される役務（すなわちＢ２Ｂの役務の提供では受益者事業地課税）において，原則規定に従えば課税地がEU第三国となるケースで，実際の便益の享受が特定のEU加盟国内で行われている場合には，その加盟国を課税地とみなすことができると規定されています。また，その逆に，原則規定に従えば加盟国内が課税地となる取引について，実際に利用されている場所がEU第三国である場合には，加盟国内では不課税として取り扱うことができます。例えば，携帯電話の利用料金について，役務提供者の事業地である携帯通信事業者の事業地，受益者である利用者の居所，住所ではなく，実際に携帯電話を利用した場所で課税しよう，というのが実際の便益の享受地の考え方です。日本の消費税法の，「発信地または受信地が国内である場合」はある意味，実際の便益の享受地と近い考え方であるといえるかもしれません。

第3章　付加価値税（VAT/GST）　*103*

　実際の便益の享受地課税は，役務の提供につき，その役務が実際に利用される場所により近い場所で課税しようというB2C領域での世界的潮流に合致しています。

　B2Bの領域でも，課税売上割合が低い事業者については最終消費者に対する役務の提供と同様，各国の税収に直結する問題であるため，BEPSなどでも対応が検討されています。例えば，日本に本店があり欧州に支店がある銀行が，本店を発注者としてグループ全体が利用するソフトウェアプログラムの使用許諾を受けた場合に，役務の提供者の事業地を基準として日本の消費税を課税するのが妥当かという問題があります。場合によっては，日本の消費税率が国際的に見てまだ低率であることを利用して，意図的に日本を課税地として選択することも考えられます。加盟国が国内法令で実際の便益の享受地課税に則り課税権を行使すれば，当該加盟国が課税地となり，ソフトウェアプログラムの使用料に対して欧州加盟国で課税することが可能となります。

　実際の便益の享受地課税は，付加価値税の二重課税やどこの国でも課税されない取引を排除するための例外規定という分類上，どのような取引に対して，どのような状況で課税権が発動されているのかを予測しづらいという実務上のデメリットがあります。とはいえ，役務の提供の種類がすさまじい勢いで多様化するなかで，個別の取引についての課税地に関する国際的な取り決めをすることは容易ではなく，このような例外規定の存在と重要性は今後いよいよ増していくと考えられます。

4　リバースチャージ制度

　リバースチャージ制度とは，資産の販売者や役務の提供者に代わり，顧客が付加価値税の納税義務者となる制度です。海外で行うある取引に現地の付加価値税が課税されると判明した場合でも，販売者が納税義務を負うとは限りません。リバースチャージが適用され，顧客に納税義務が転嫁される場合があるからです。リバースチャージは，本来的には税負担者と納税義務者が異なる間接税としての付加価値税制度では例外的な取扱いです。リバースチャージでは，所得源泉税などの源泉徴収税とは異なり，税負担者に納税義務が転嫁されます。納税義務が転嫁された事業者が課税事業者であれば，転嫁されたのと同額の前段階税を控除することができます。

　リバースチャージ制度は，さまざまな理由で導入されていますが，その1つは，課税地となる国の非居住者がその国の居住者である事業者と取引をする際に，非居住者のコンプライアンス負担を免除する目的があります。リバース

チャージ制度は，図表3－6のようにEUでは国内取引にも比較的幅広く適用されていますが，EU域外では，非居住者が行う電子商取引に限って導入していることが多いようです（「⑨　タックスプランニングの重要着眼点⑤　クロスボーダー電子商取引の課税」を参照）。

リバースチャージや源泉徴収とは別に，各国制度により，付加価値税の納付義務を居住者に転嫁している場合があります（①参照）。各国制度はこの点においてフレキシブルであり，取引当事者ではない居住者に国内課税取引の納付義務を負わせたり，輸入付加価値税の納付義務を輸入者本人以外の居住者に負わせたりする制度が各地に散見されます。

図表3－6　（参考）EUで導入されているリバースチャージ制度[14]

種類	対象取引	加盟国による導入	根拠条文
国外事業者に対するリバースチャージ	加盟国が定める国外事業者が行う取引	任意	第194条
	ガスおよび電気の再販売事業者への販売	義務	第195条
	B2Bの課税地原則規定（受益者事業地課税）が適用になる役務	義務	第196条
三角取引のリバースチャージ	中間事業者が着荷地で行う課税資産の譲渡	義務	第197条
金取引のリバースチャージ	金の登録取扱事業者と非登録事業者間の取引	義務	第198条
国内取引のリバースチャージ	加盟国が定める国内取引	任意	第199条
還付詐欺防止のリバースチャージ	付加価値税還付詐欺によく使われる取引	任意	第199a条，第199b条

5　インボイス制度

世界各国で主流となっている付加価値税は，売上げに係る付加価値税額（output VAT）から仕入れに係る付加価値税額（input VAT）を控除する税額計算の方式（substractive indirect method，控除法）を採用しています。この計算は，事業者の創出する付加価値に対する税額を算出するものです。

「控除法」は，企業が創出する付加価値を賃金，地代，利子および企業利潤を合計して付加価値を算出する「加算法」と対峙する，付加価値を算出する計算方法です。具体的には，事業者は，特定の課税期間に納税義務が成立した付加価値税額から，仕入れに課税された付加価値税の総額を控除することにより納付額を計算します。

このように，「控除法」を採用する付加価値税では，請求書（インボイス）は極めて重要な役割を担っています。売上げと仕入れに関する請求書は税額計算の最も基礎となる帳票です。請求書によって付加価値税の課税関係が明らかにされ，税務署は請求書を審査することにより税額の正確性を検証し，納税義務者は請求書をもとに前段階税控除の権利を証明することができます。

インボイスの発行については，記載しなければならない事項，使用する書式，発行のタイミング，保管方法，電子請求書の取扱い等について留意し，各国法を確認する必要があります。

【(参考) EUで必要とされるインボイスの記載事項（指令226条）】

1. 請求書の発行日（1号）
2. 請求書を特定するための通し番号（2号）
3. 事業者が当該資産の譲渡または役務提供に使用するVATID番号（3号）
4. リバースチャージにより顧客が付加価値税の納税義務を負う場合または顧客がEU域内非課税納品を受ける場合，顧客のVATID番号（4号）
5. 事業者および顧客の完全な氏名（社名）および住所（5号）
6. 供給される資産の数量と商慣習上の名称，または，役務提供の内容とその範囲（6号）
7. 期日が確定しており，請求書の発行日と同日でない場合に限り，資産の譲渡日または役務の提供日または完了日，前払い請求書の場合は，前受金の受領日（7号）
8. 現金主義（66b条）を適用する場合，「Cash accounting」の表示（7a号）
9. 適用税率または非課税となる項目ごとの課税標準，税抜単価，単価に含まれていない割引，キックバック（8号）
10. 適用税率（9号）
11. 指令に定める簡素化規定が適用される場合を除き，付加価値税額（10号）
12. 供給を受ける顧客が請求書を発行する場合，「Self-billing」の表記（10a号）
13. 非課税取引を行う場合，その根拠となる指令の条文，加盟国の付加価値税

法条文，または課税資産の譲渡または役務の提供が非課税となることを示唆する表示（11号）

14. リバースチャージが適用となる取引を行う場合，「Reverse charge」の表示（11a号）

15. 新車等の取引の場合，2条2項bに掲げる新車等であるためのスペックの表示（12号）

16. 旅行代理店のマージンスキームが適用になる場合，「Margin scheme－Travel agents」の表示（13号）

17. 中古品，美術品，収集品，骨董品のための課税制度等が適用になる場合，「Margin scheme－Second-hnds goods」，「Margin scheme－Works of art」，「Margin scheme－Collector's items and antiques」の表示（14号）

18. 税務代理人が納税義務者である場合には，税務代理人の完全な氏名，住所ならびにVATID番号（14号）

6 輸出免税取引

　仕向地主義を達成するための根幹的制度が，輸出免税制度です。それゆえ，「輸出は免税」というのは常識となっていると思います。現在では一般的な輸出免税の取扱いですが，過去には，輸出戻し税制度が採用されていた時代が欧州でも存在しました。現在，増値税では輸出戻し税制度がみられます。一般消費税である付加価値税は，消費地で課税するのが最も理に適っているため，出荷地と仕向地が異なる国である国際的取引では，出荷地での売上げには輸出免税として税を課さず，それまでの生産段階で課税されたすべての仕入税額の控除を認め，還付することにより，それまでのサプライチェーンで課された付加価値税を全額リセットします。結果として，最終消費に用いられることがなかった資産に対する課税は原産地では行われず，仕向地である輸入国で輸入付加価値税を課税することにより，より消費地に近い場所で課税を行います。

　しかし，輸出免税要件は各国によって異なっており，国外に資産が輸送されるからといって輸出免税取扱いのすべての実体要件を満たすとは限りません。免税取引を立証する帳票類の保管を怠ると，後日免税措置を否認されることとなりますので注意が必要です。また，各国で保管すべき帳票類が異なりますので，確認の上，フォワーダーから必ず入手するようにし，経理部門とロジスティック部門が話し合って保管管理の責任の所在を明確にしておきましょう。税務調査が行われたときに提出できるように，日ごろから準備をしておく必要

があります。

　例えば，EUでは，資産がEU域外に輸送される場合に，譲渡者またはその受託者によってEU域外の終着地へ輸送される資産の譲渡と，取得者自身またはその受託者によってEU域外の終着地へ輸送される資産の譲渡を区別し，取得者が輸送を手配する場合は，当該取得者はその加盟国で設立されたものであってはならないことに注意を要します。当該取得者が譲渡者と同じ加盟国で設立されたものである場合には，輸出免税とはなりません。

　輸出免税取引は，課税地が国内の取引です。輸出免税取引であっても，原則として，資産の譲渡の課税地である加盟国で申告義務が発生することに留意が必要です。輸入とは異なり，資産の譲渡を伴わない，単なる自社在庫の国外持ち出しは付加価値税法上の輸出免税取引には該当しません。関税法上の輸出と異なります。関税法上は，その国の関税領域から内貨を持ち出す際には必ず輸出手続を経なければなりませんが，この関税法上の輸出は，付加価値税法上の輸出免税の範囲とは異なります。

7　仕入税額控除

①　仕入税額控除の役割

　付加価値税は大半の企業がそうであるように，課税事業者間で取引を行っている限りにおいては仕入税額控除が認められるため，コストになりません。日本の消費税で仕入税額と呼ばれる資産と役務の仕入れ（輸入を含む）に対して課される税額が，前段階税（input tax）です。

　サプライチェーンの多段階で取引をするたびに付加価値税を課税し，すべてコストになったとすると，いわゆるカスケード効果と呼ばれる税の累積が生じ，最終小売価格が課税された付加価値税の総額分上昇してしまいます。それでは付加価値税が経済を歪める結果となるため，最終小売段階に至る前段階の課税事業者間取引で課税された付加価値税は仕入税額控除が認められ，支払った課税事業者は自らの納付税額から控除することができます。

　中立性の原則からは，即時控除を認めるべきですが，実際に仕入税額控除を受けられるタイミングは各国で異なっています。売上げに係る税額からの控除を超えた控除不能税額の還付の場合には別途申告を要する国も多いようです。

仮払前段階税が大きければ，還付申告を適時に行うようにするとキャッシュ・フローが改善します。

　インボイス制度を採用している国での仕入税額控除のための最大のポイントはインボイスと帳票類の適正な保管です。各国法によって適正な電子インボイスや電子帳簿の保存管理を行うために，事前の体制整備が重要です。

　仕入税額控除の対象は棚卸資産に限られません。課税事業の事業資産を構成するすべての資産の取得に係る仕入れ，また，課税事業を営むために必要な役務の対価に係る付加価値税も仕入税額控除の対象となります。先に述べたリバースチャージにより転嫁された付加価値税も通常，仕入税額控除の対象となります。ただし，世界各地にはさまざまなリバースチャージがあり，納税義務を取引当事者でない居住者に転嫁する制度も含めて，必ずしも転嫁された者が控除を受けられることを前提としていないリバースチャージ（つまり，徴税の便宜上リバースチャージされているにすぎない）制度があります。

②　仕入税額控除がある場合

　仕入税額控除の制度がある場合とない場合では，最終価格が大きく異なります。図表3－7は，ある品物が最終消費者に届くまでのサプライチェーンに介在する，第一次生産者（つまり，原材料の生産者），製造業，卸売業，小売業における品物の価格を示しています。合計で400となるマージンを稼得して品物を生産，販売し，サプライチェーンの全段階で20％の税が課税されたと仮定します。

　仕入税額控除がある場合，製造業者は第一次生産者に対して20の付加価値税をいったん支払いますが，納付税額から同額を控除して納税額を減額できるため原価とはなりません（仕入原価は100）。製造業者は製造原価に150のマージンを乗せて250で転売をします。納付する税額は，売上げの250に20％を乗じた50から，仕入れの際に発生した20を控除した30です。これは，製造業者が稼得した150のマージンに20％を乗じた金額と一致します。

　卸売業者も同様に，製造業者に対して50の付加価値税を支払いますが，納付税額から同額を控除できる結果，納付額は，70のマージンに対する20％の14のみとなります。この品物は，小売業者によって消費者に税込価格480で販売されます。最終消費者は，仕入税額控除を受けることができないので，80が税収

第3章　付加価値税（VAT/GST）　*109*

図表3－7　付加価値税のカスケード効果

【仕入税額控除がある場合の最終価格】

サプライチェーン	請求額		VAT	前段階税控除	納付額	付加価値
A 第一次生産者	税抜価格 ＋20％VAT ＝税込価格	100.00 20.00 120.00	20.00	－	20.00	100.00
B 製造業	税抜価格 ＋20％VAT ＝税込価格	250.00 50.00 300.00	50.00	20.00	30.00	150.00
C 卸売業	税抜価格 ＋20％VAT ＝税込価格	320.00 64.00 384.00	64.00	50.00	14.00	70.00
D 小売業	税抜価格 ＋20％VAT ＝税込価格	400.00 80.00 480.00	80.00	64.00	16.00	80.00
E 消費者				－	80.00	400.00

【仕入税額控除がない場合の最終価格】

サプライチェーン	請求額		VAT	前段階税控除	納付額	付加価値
A 第一次生産者	税抜価格 ＋20％VAT ＝税込価格	100.00 20.00 120.00	20.00	0	20.00	100.00
B 製造業	税抜価格 ＋20％VAT ＝税込価格	270.00 54.00 324.00	54.00	0	54.00	150.00
C 卸売業	税抜価格 ＋20％VAT ＝税込価格	394.00 78.80 472.80	78.80	0	78.80	70.00
D 小売業	税抜価格 ＋20％VAT ＝税込価格	552.80 110.56 663.36	110.56	0	110.56	80.00
E 消費者					263.36	400.00

として確定します。

　以上のように，結果として各流通段階で納付された税額はすべて控除の対象となり，最終販売価格に課税された付加価値税だけが残る仕組みとなっています。

③　仕入税額控除がない場合

　これに対して，仕入税額控除がない取引高税では，サプライチェーンの前段階で課税された税金が仕入原価になるため（製造業者の仕入原価は120），税込価格に製造業者のマージンである150を加算して税抜価格を計算します（合計で120＋150＝270）。製造業者は270を課税標準として20％を計算するため，VATの金額は先ほどの仕入税額控除があった場合の50と比べると，課税標準に含まれる税金×20％の分だけ上昇し，54となります。

　このように，サプライチェーン段階での税金が控除されずに次の段階のコストを構成し，さらにその税金に税金が課税されると，最終価格は雪だるま式に増え，累積された税額によって押し上げられます。仕入税額控除がある場合には480であった最終小売価格は，仕入税額控除がないと663.36となります。最終小売価格に含まれる税金の割合は，約40％$\left(\dfrac{263.36}{663.36}\right)$にも上ります。

　このような雪だるま式に累積していく税の効果を，欧州では雪だるまではなく，階段状に流れ落ちる噴水にたとえて「カスケード効果（cascade effect）」と呼びます。仕入税額控除がない場合，サプライチェーンの各段階の人々は，最終価格をよりリーズナブルに抑えるために，なるべくサプライチェーンを短くしたり，税率のより低い拠点に生産，販売拠点を移したりします。こうして，付加価値税は最終小売価格を押し上げるだけでなく，人々の経済活動にも影響を及ぼします。このような弊害をなくした付加価値税制度の根幹を構成しているのが，仕入税額控除です。仕入税額控除は，付加価値税の経済活動に対する「中立性（neutrality）」を担保するための重要な制度です。

第3章　付加価値税（VAT/GST）　*111*

③　タックスプランニングに影響の大きい「預託在庫」

(1)　預託在庫の譲渡は現地課税

　リードタイムが短い取引や事前にいつ，何が，何個必要になるかを正確に決められないような取引では，預託在庫が発生します。コンサインメント・ストックやコールオフ・ストックと呼ばれます。例えば，工場に対する生産のための部品の供給，カスタマーセンターでの交換品の保管などが挙げられますが，在庫を圧縮したいという納品先との力関係で負けてしまうと，どのような取引でも資産の譲渡であれば預託在庫をもつ可能性があります。

　今後，3Dプリンターなどで現地で簡単に部品が生産できるようになるとすれば，現地で保有しなければならない在庫の量は減るのかもしれませんが，結果として出てきた部品に対する所有権がサプライヤーに帰属するようであれば，以前より少ないいくらかの預託在庫は常にある状態となるだけです。いわゆるベンダーマネッジドインベントリー（VMI）もサプライヤーから見た場合，預託在庫の一種です。

　さて，預託在庫の付加価値税法上の問題点は，預託在庫を現地で譲渡すると預託在庫の所在地で付加価値税が課税になる，ということです。営業とロジスティック部門にとって，預託在庫は好まれる選択肢であり，預託在庫を置くことができれば営業は売上げを獲得しやすいと考えられ，また，ロジスティック部門にとっては常にバッファーとなる在庫を客先に置いておけるため，客先の要求にも柔軟に対応できるメリットがあります。

　これと相反する利害関係にあるのが社内で税を管理する部門です。預託在庫の保有は現地での資産の譲渡を意味しますので，原則として客先から付加価値税を徴収し，納付するための税務コンプライアンスが必要になるため，税務管理部門では登録，申告・納付等の負担が生じます。

(2)　解決策はリバースチャージかコンサインメント・ストック特別ルールだが

　預託在庫を海外での付加価値税の納付義務を発生させずに保有する方法とし

112

て，まずリバースチャージが適用になるのではないかを確認することが挙げられます。これは，近年，多くの国が居住者（または，国によっては非居住者である登録事業者も含む）に対する非居住者による資産の譲渡をリバースチャージの対象とするようになっており，客先が現地で設立された会社であればVATの納税債務が転嫁され，自社では申告義務を負わない場合があることが考えられます。

ただし，商品の売上げに係る現地付加価値税がリバースチャージになったとしても，商品をその国に持ち込んだ際に発生する輸入付加価値税の控除が（登録をしなければ）受けられないためにコストとなってしまうケースや欧州でいうEU域内取得が課税となって結局，付加価値税登録を免れないケースもありますので，商品をその国に持ち込む際に発生するVATにも留意しましょう。

預託在庫を国外から持ち込む際の輸入について，非居住者による輸入が輸出入管理法上制限されていることが多いので注意が必要です。また，仮にそうして支払った輸入付加価値税の仕入税額控除を受けられるか，という問題もあります。EUも含め，多くの国では非居住者は輸入名義人となることができません。このため，居住者を輸入名義人として通関申告を行う必要が生じます。

ところが，国によっては自己に所有権のない資産を輸入名義人として輸入することを禁じている場合があります。また，他人の資産の輸入名義人として輸入することが認められたとしても，輸入名義人には輸入付加価値税の控除権を与えず，資産の所有者が仕入税額控除を受けなければならないケースがあります。このような制度を持つ国では，居住者が自社に代わって輸入名義人として輸入をし，輸入付加価値税を納付した場合でも，輸入名義人では控除を受けられず，同額のコストがチャージされて，輸入付加価値税がコストになってしまうことも考えられます。

そうだとするならば，リバースチャージで売上げに係るVATの納税義務を負わない場合にも，自社在庫として持ち込んだために，預託在庫でなく通常の輸出取引としておけば発生しなかった輸入付加価値税分がコストとなり，取引から得られる利益を圧迫します。

EU加盟国間で客先が指定するEU加盟国にコンサインメント・ストックを置く場合は，仮に売上げがリバースチャージとなっても着荷地でEU域内取得を

理由として登録義務が生じます。これも回避できる方法として，コンサインメント・ストックの特別ルールの利用があります。

　この制度は，EU域内の比較的多くの国で導入されており，着荷地となる加盟国が定める要件を充足すれば，この加盟国でのEU域内取得の申告をコンサインメント・ストックの保有者ではなく，客先が行い，コンサインメント・ストックの保有者は，出荷地でのEU域内非課税納品の申告を行えばよいとする制度です。必要とされる要件は，保管期間，保管場所，保有者の登録など加盟国で異なっており，出荷地，着荷地双方での現地法の確認が必要です。

　経験上は，海外に預託在庫をいったん持ちはじめてしまうと，在庫の所在地の管理が困難になり，結果的に付加価値税の課税関係がわからなくなってしまうことが多いようです。オフショアでの在庫管理は容易ではありませんので，その意味でも，預託在庫に代わるソリューションをまずは模索してみることが付加価値税の観点からは推奨されます。

4　商流変更とVAT

(1)　商流変更が付加価値税に及ぼす影響

　企業が国際的な商流変更を行おうとする場合，移転価格は必ず検討の対象とされますが，付加価値税が高いハードルとなりうることは意外と知られていません。例えば，本社への利益の還流を目的として，世界中の外々取引（生産も販売も日本国外で行われる商流）に日本本社が商流上介在することにした場合，それは付加価値税法上は非常に難しい問題を引き起こします。

　②で述べたように，資産の譲渡の課税地は取引当事者の国籍にかかわらず，資産が譲渡された時に実際に所在する場所です。つまり，日本の本社が海外に所在する資産の商流に加わるということは，原則として資産がある国で付加価値税の納税義務を負う，ということを意味します。⑦では，付加価値税と恒久的施設の関係性について述べますが，法人税の世界は「恒久的施設なければ課税なし」という国際的な共通の枠組みがありますが，付加価値税の世界にはこの枠組みはなく，資産がそこにあれば課税となってしまいます。課税となった

場合には,日本本社が課税地となる国で付加価値税の納付事務を行う義務を負うこととなります。これはコスト要因でもあり,また各国によって異なる言語と制度のハードルが高いため,内製化は困難または大きなリスクを伴います。

さらに,欧州,米国,オーストラリア,シンガポールといった先進地域以外の国では,非居住者による付加価値税の納付がPEリスクと直結する場合,支店等の開設が必要な場合,そもそも国内資産の転売という業務に非居住者が携われない場合など,付加価値税以外の問題に直面するケースがあります。

(2) まずは商流・物流分析からスタート

それでも海外の商流に本社が介在したいというのであれば,すべての取引の商流・物流の分析が必要となります。すべての取引について,付加価値税の発生ポイントを見える化する必要があります。

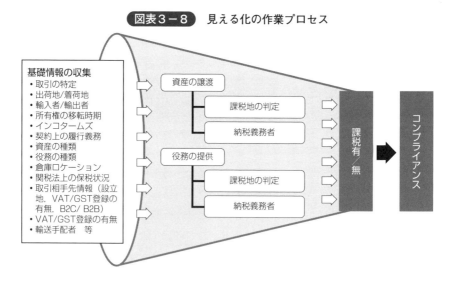

図表3-8　見える化の作業プロセス

商流分析のために必要な多くの有益な情報がシステムから入手可能です。付加価値税の課税関係の分析に必要なデータとは以下の情報です（例示）。

- 出荷地に関する情報（ship from）
- 着荷地に関する情報（ship to）
- 輸出者（exporter of record）
- 輸入者（importer of record）

- 所有権移転の時期（参考として incoterms）
- 物流ルート（shipping document）
- 倉庫所在地（plant code）
- サプライヤー，カスタマー情報（設立地，VAT登録地，管理能力）

　出荷地，着荷地に関する情報は，「ship from/to」データを抽出することにより得ることができます。また，倉庫所在地もシステムマスターデータ上「warehouse」登録されていれば，どこにあるかがわかるはずです。カスタマーが管理するコンサインメント倉庫の中に保有している在庫は原則としてこの「warehouse」データではわかりません。サプライヤー，カスタマーデータはマスターデータから抽出することができます。

　しかし，これらの出荷地，着荷地，カスタマー，サプライヤーのデータではend to endの商流は見えてきません。なぜかというと，いわゆるチェーン取引と呼ばれる資産が出荷地から着荷地に直送される間に複数の事業者が介在する場合，データでは自らの直接の取引先との関係しか見えてこないからです。このため，抽出されたデータを基に事業部がend-to-endの商流図にまとめる作業が必要となります。

　輸出者，輸入者，所有権の移転時期に関する情報は，通常システム上は管理されていません。一般的には通関書類を入手する，事業部または物流部門に通関のアレンジがどうなっているかを確認するなどで情報を入手することができます。

　付加価値税の課税関係の判断においてカギとなるのが，資産に対する所有権の移転がどこで起こるか，という情報です。残念ながら，契約上取り決める資産に対する所有権の移転時期については，システム上管理されていないのが一般的です。⑤で述べるように，資産に対する所有権の移転時期はインコタームズの取り決めとは必ずしも一致しません。DAP（仕向地持ち込み渡し）であっても検収基準を採用しており，資産に対する所有権の移転は通関前ではなく納品先所在地の国内と取り決められていることが多々あります。このような場合，理論上は資産の譲渡の課税地が仕向地となるリスクがあります。

⑶ 商流変更がVATインパクトをもつ典型例

　商流変更にはさまざまな事業上の理由があり，移転価格税制上は通常，機能とリスク，無形資産の移転として捉えられます。すべての機能とリスク，無形資産の移転が付加価値税上の影響をもつわけではありませんが，次のようなケースが付加価値税上の影響をもつ事例として挙げられます。

現地で資産の譲渡が課税となる（課税関係に影響を与える）典型的な商流変更
・海外で資産が動くグループ会社間取引に日本の本社が新しく介在する
・リスクの移転のため，本社がDDP条件で海外で資産を販売する
・第三者代理店を排除して本社の直接販売に切り替える
・商社を排除して自社取引に切り替える
・買収した先の海外事業を日本本社事業として運営する
・商流変更に伴い，海外在庫の保管場所を変える
・子会社が保有していた海外保有在庫を本社が引き取る
・コミッショネアモデルを導入する
・日本で海外事業を営んでいる事業の一部を分社化する
現地で役務の提供が課税となる（課税関係に影響を与える）典型的な商流変更
・日本で締結した役務提供契約の一部を海外支店で利用する
・販売統括持株会社を純粋持株会社に変える
・バイセルを行っていた販売子会社をコミッションベースの販売子会社にする
・海外拠点の機能を拡充し役務の提供に関する重要な決定権を与える
・現地にサーバーを持つ

　このように，商流変更は至るところで付加価値税の課税関係に影響を及ぼします。取引事情は時とともにも変化するため，集中的に情報を管理し，重要な商流変更においては戦略的意思決定を行うプロセス（[1]参照）に乗せることが必要です。

第3章　付加価値税（VAT/GST）　*117*

5　タックスプランニングの重要着眼点①
　インコタームズと付加価値税

(1)　Dグループは要注意

　インコタームズ（incoterms）とは，フランスのNPOである国際商業会議所（International Chamber of Commerce）が策定した，資産の譲渡契約に用いられる最も一般的な取引条件に関する国際的に認められた定義と解釈のためのルールです。1936年に策定され，最近では2010年に改正されています。インコタームズで定められる貿易条件とは，貿易における責任，費用の負担であり，所有権の移転時期ではありません。上記のように，資産の譲渡の課税地は，資産が譲渡された時点でその資産が物理的に存在した場所である，という原則があります。

　インコタームズが資産に対する所有権の移転時期を定めるものでない以上，インコタームズは付加価値税の課税関係において決定的な役割は果たしません。DDP，DAP，DATで構成される貿易条件Dグループは貿易条件の中で最もサプライヤーにとって不利な条件であることは周知の事実ですが，海外での付加価値税コンプライアンスを生じさせることは意外と知られていません。

　DDP取引では，ほぼ間違いなく所有権または処分権の移転が着荷地の国内で行われるため，販売取引に対して現地のVATが課税されます。カスタマーのサイトまで運ぶDAP，DAT取引の場合，仕向地の表記が重要であり，仮に輸入者が現地の取引相手であっても，資産の譲渡が仕向地で課税となることがあるので留意を要します。

　関税法上の保税地域内での受渡しを定めたDAP，DAT取引であっても，資産の譲渡が課税となる国があります。資産の譲渡が仕向地で課税となると，仕向地でVAT申告納付義務が生じます。これを看過すると，後年度に巨額の本税と延滞税，無申告加算税などが発生します。本税は，取引相手先から回収できる場合もありますが，取引相手先で仕入税額控除が受けられることが前提となります。脱税や自主開示の際に適用される除斥期間は一般的に通常の除斥期間より長いため，相手方ではすでに仕入税額控除が不能となっており，本税自体がコストとなることも想定されます。

図表3−9　インコタームズの種類：輸送手段にかかわらず用いられるインコタームズ

	工場/倉庫	荷積み	集荷地点	保険	着荷地点	着荷地点荷卸し	通関
EXW	工場/倉庫	荷積み	集荷地点	保険	着荷地点	着荷地点荷卸し	通関
FCA	工場/倉庫	荷積み	集荷地点	保険	着荷地点	着荷地点荷卸し	通関
CPT	工場/倉庫	荷積み	集荷地点	保険	着荷地点	着荷地点荷卸し	通関
CIP	工場/倉庫	荷積み	集荷地点	保険	着荷地点	着荷地点荷卸し	通関
DAP	工場/倉庫	荷積み	集荷地点	保険	着荷地点	着荷地点荷卸し	通関
DAT	工場/倉庫	荷積み	集荷地点	保険	着荷地点	着荷地点荷卸し	通関
DDP	工場/倉庫	荷積み	集荷地点	保険	着荷地点	着荷地点荷卸し	通関

EXW：Ex Works（工場渡し）
FCA：Free Carrier at（運送人渡し）
CPT：Carriage Paid to（輸送費込み）
CIP：Carriage and Insurance Paid to（輸送費保険料込み）
DAP：Delivered at Place（仕向地持込渡し）
DAT：Delivered at Terminal（ターミナル持込渡し）
DDP：Delivered Duty Paid（関税込持込渡し）

図表3−10　海運にのみ用いられるインコタームズ

	工場/倉庫	港	港荷積み	着荷地点輸送コスト	着荷地点保険
FAS	工場/倉庫	港	港荷積み	着荷地点輸送コスト	着荷地点保険
FOB	工場/倉庫	港	港荷積み	着荷地点輸送コスト	着荷地点保険
CFR	工場/倉庫	港	港荷積み	着荷地点輸送コスト	着荷地点保険
CIF	工場/倉庫	港	港荷積み	着荷地点輸送コスト	着荷地点保険

第3章　付加価値税（VAT/GST）　*119*

FAS：Free Alongside Ship（船側渡し）
FOB：Free On Board（本船渡し）
CFR：Cost and Freight（運賃込み）
CIF：Cost, Insurance and Freight（運賃保険料込み）

⑵　登録基準額，リバースチャージの規定を確認

　このように，DAT，DAP，DDPなどで取引を行わざるを得ない場合，着荷国での付加価値税納税義務の発生の有無を判定することが必要となります。その際に検討すべきが，付加価値税目的での登録をせずに行える取引金額の上限額（いわゆるregistration threshold）であり，比較的多くの国で，小規模の事業者のための付加価値税の納付免除規定が定められています。

　この小規模事業者のための納付免除規定は各国によって異なっていますが，日本の消費税法，シンガポールのGST法，インドのGST法など，非居住者に対しても適用されることが多いようです。EUでは国外事業者には小規模事業者の納付免除規定は適用になりませんので，留意が必要です。また，非居住者と居住者に対して基準を使い分けている国もあるため，非居住者に対して適用される条件を確認する必要があります。

　別の解決策として，直接の取引先が居住者（またはすでに着荷地でVAT登録を行っている者）である場合，リバースチャージが適用され，納税債務が取引先に転嫁されることによって問題が解消されることもあります。

⑶　所有権の移転時期を契約書で規定

　付加価値税の課税関係は，原則として資産に対する所有権の移転場所で決まります。このため，課税地となる国の法制度によっては，取引条件とは別に，実態に反しない限り売買契約書で所有権の移転時期に関する定めを国外としておくことも有用です。ただし，所有権の移転以外の基準を有している可能性もあるので，現地法の確認が必要です。

6 タックスプランニングの重要着眼点②
関税法と付加価値税の関係

(1) 関税と輸入付加価値税の関係

　資産を輸入する際，通関手続時に課税される代表的な税金として，関税と輸入付加価値税が課税されます。関税は輸入国が定める関税法に準拠して決定する課税価格に関税率を乗じて計算されます。輸入取引の状況等を確認し，課税価格を決定することを関税評価といいます。輸入付加価値税は，通常，この課税価格に，地域によっては輸入に係る税金（関税および個別消費税）を加算して課税標準を求めます。日本の消費税をはじめ，多くのアジア諸国では関税額を課税標準に加算しますが，EUでは個別消費税のみが加算の対象となり，関税は加算しません。インドでは基本関税（Basic Customs Duty）は統合GST（IGST）の課税標準を構成します。また，輸送費に係る調整が入る場合もあります。

　一般的な理解として，付加価値税はコストになりませんが，輸入通関時に発生する関税はコストとなる税目です。ただし，付加価値税がコストにならないためには，先に述べたような仕入税額控除のシステムが機能して，非居住者である課税事業者に対しても付加価値税のコスト中立性を保障するメカニズムを海外の国が有していることが前提条件となります。実際は，効率的に還付が認められる制度を有している国はEUを中心とする一握りの国に限られています。さらに，国内事業者と同様の登録を行えば付加価値税の申告控除が受けられる国もありますが，その場合，登録申告コストとともに，付加価値税以外の税目への波及効果を懸念しなければなりません（⑦参照）。

　インドGST税制では，非居住者に対する輸入GSTの控除が登録を前提として認められているものの，登録をすると納付予想額の50%の担保の提供や申告義務を伴うため，やはり登録は避けたいと思うのが一般的です。

　このような状況から，国際的なサプライチェーンでは，関税と並んで付加価値税もコストとなる税金という認識が必要となります。また，輸入付加価値税が仮に控除・還付の対象となる場合でも，いったん納付しなければならないため，キャッシュ・フロー上の影響を受けます。輸入付加価値税のコストインパ

ト，キャッシュ・フロー上の影響を排除するために，関税法上の保税手続の利用，付加価値税法上の保税倉庫の利用，付加価値税の延納制度（postponed accounting），リバースチャージ等を検討します。

⑵　関税法上の輸入と付加価値税法上の輸入の差異

　「輸入とは何か」について，実は関税法上と付加価値税法上ではその定義が異なっています。WTOの関税評価条約の第１条第１項では，輸入貨物の関税評価について，「輸入国への輸出のために販売された時に，その資産について実際に支払われたか支払うべき価格を取引価格（the transaction value, that is the price actually paid or payable for the goods when sold for export to the country of importation）」と定めています。したがって，輸入貨物の評価額を決定するためには，まず輸入取引（sale for export to the country of importation）を特定する必要があります。

　これに対して，付加価値税法上の輸入の定義は，通常，資産が物理的に領域内に入ること，と定義されています。EUの定義では，「欧州連合の機能に関する条約第29条に定める自由流通（in the free circulation）が認められていない資産が欧州連合（the Community）[15]に入ること」，つまり，自由流通が認められていない資産，つまりは関税法上の外国貨物がEUに入るという物理的な移動に着目します。このことから，関税法上の輸入取引が付加価値税法上の輸入取引に該当するとは限りません。

　このように，輸入の定義は関税法と付加価値税法で異なっていますが，通常，関税法上の課税価格の決定に関する規定を，付加価値税法は輸入付加価値税の課税標準を決定する目的で参照しているため，課税評価については両者は軌を一にしています。

　EUのVAT指令第85条は，輸入付加価値税の課税標準を欧州連合関税法典（Union Customs Code）に準拠するとしています。輸入付加価値税の課税標準の場合，関税法上の課税価格に加えて，関税，輸入時に課税される個別消費税（酒税等）がさらに課税標準に含まれる場合があります。このように，関税と輸入付加価値税は課税標準が連動しているため，例えば，関税の事後調査で輸入価格の修正が行われた場合，輸入付加価値税の修正申告も原則として必要となります。また，移転価格で事後的調整が行われれば，関税はもとより，輸入

付加価値税の修正申告も一緒に行うことが原則となります。

　関税法上と付加価値税法上の輸入取引の差異は，付加価値税法上の課税地の判定に影響を及ぼします。付加価値税法上，輸入に先立つ取引は不課税と考えることが一般的ですが，この際に用いる輸入という基準は，関税法上の輸入取引とは一致せず，また，関税法上の通関手続を行った時点という意味での輸入でもないことに注意が必要です。

　付加価値税法上の輸入の概念は，上に述べたように資産がその国に物理的に入ることという比較的シンプルな考え方が原則となっています。そして，いったんその国に資産が物理的に入ると，その後，国内で行われる資産の譲渡には付加価値税が課税されます。付加価値税法上の輸入を，なるべく関税法上の考え方に合わせようとするために，輸入者（importer of record）が誰であるかを定め，この輸入者による輸入以降の取引を国内で行われたものと考える方法もあります。とはいえ，それがすべての国で採用されているわけでもなく，次に述べる保税地域の利用のケースのように，ずれていることが原則という健全な猜疑心をもって臨むことが重要です。

(3)　関税法上の保税と付加価値税法上の保税の差異

　香港からインド，中東と世界中を見渡してみると，Free Zone，Free Trade Zone，Special Economic Zoneなどさまざまな特区があり，それぞれにその国が定めた特性があります。一般的に，保税といった場合，関税法上の保税措置を意味して使っていることが多いようです。

　関税法上の保税措置とは，大別して，①物理的に資産がすでにその国の関税領域（customs territory）に入っているにもかかわらず，引き続き関税を課税しない措置を継続する場合と，②保税地域のように，国の領土内に関税領域外となる地域を設定する場合があります。関税領域とその国の領土は異なります。どちらの保税を意味していたとしても，資産はその国の領土内にすでに物理的に所在しており，それを関税法上，どう取り扱うかの問題であることがわかります。

第3章 付加価値税（VAT/GST） 123

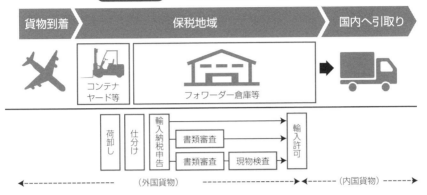

図表3-11 一般的な関税法上の輸入の流れ

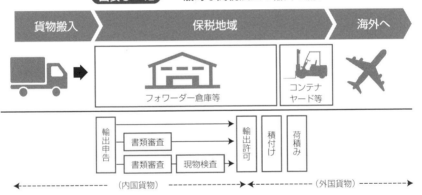

図表3-12 一般的な関税法上の輸出の流れ

　付加価値税および他の個別消費税（酒税など）の課税関係と関税法上の取扱いは切り離して考える必要があります。問題は，図表3-11, 3-12の「保税地域」とあるところで資産の譲渡を行った場合，付加価値税は課税されないか，ということです。以下の事例を検討してみましょう。

【事例】
> 弊社はシンガポール国内の倉庫に在庫を保有しています。シンガポールで非居住者として在庫を保有するために，税務代理人を指名し，税務代理人を通じてGST申告を行っています。今回，在庫を事業譲渡により他社へ移転することとなったため，譲渡に係るGSTの発生を防ぐため，いったんシンガポールの保税

地域（Free Trade Zone）に移動させてから，その中で所有権を移転することとしたいと考えていますがどうでしょうか。

　この事例では，シンガポールの関税領域外である保税地域（Free Trade Zone）で在庫の所有権の移転が起こるため，GSTの課税対象外であるとの考えに基づいて提案がされていますが，実際は，シンガポールGST法により，一度，シンガポール国内に持ち込んだ資産（local goods）を保税地域（Free Trade Zone）に持ち出した場合，そこで行われるその資産の譲渡に対するGST課税は免除されません。保税地域は，外国貨物の蔵置を目的とするため，資産が国境を越えて移動する際に一時的に保管しておくという目的以外で利用することには制限があると考えるべきです。このように，関税法上の保税地域で行われる資産の譲渡であっても，付加価値税が課税されるケースはあります。
　次に，保税地域ではなく，すでに関税領域内にある保税倉庫を利用したスキームを見てみましょう。

【事例】

弊社は現在，EU域外から，クロアチアに立地する客先工場へ部品を納品することを求められています。ロジスティックの観点からは，EU域内に倉庫を保有し，部品をクロアチアへ供給することが望ましいのですが，保税倉庫内で売買を成立させれば欧州の付加価値税納付義務が発生しないと考えますがどうでしょうか。

　この事例では，最終目的地がクロアチアであるために，問題が複雑化しています。それはなぜかというと，クロアチアは，関税法上の保税状態にある資産であっても付加価値税の課税を行っている数少ない国の1つだからです。オーストリアも同様の制度をとっていますので，留意が必要です。仮にクロアチアの保税倉庫内で売買を成立させた場合，普通に付加価値税の課税関係を検討する必要があります。
　この場合，相手方がクロアチア設立企業であれば，クロアチアの納税債務は発生しますが，リバースチャージが適用になります。EUは28加盟国から成り立っている関税同盟であるため，輸入に引き続いて行われる最初の着荷地である加盟国までの移送も関税法上の保税で行うことができます。結果として，資

第3章　付加価値税（VAT/GST）　*125*

産が関税法上の保税状態にある機会が多く，関税法上の保税状態で行われる資産の譲渡の付加価値税法上の取扱いが問題になりやすいといえます。

⑷　関税法上の保税加工（Inward Processing Relief）と付加価値税

　関税法上，多くの国で国内での加工の後，一定期間以内に再輸出される資産，および国外に輸出され加工された後，一定期間以内に再輸入される資産は，関税が免税となる措置が取られています。日本では，関税定率法第17条に再輸出免税の規定があり，我が国の加工貿易の振興，文化学術水準の向上等の観点から，国内産業に影響を与えないものや国内で消費されないものについて，輸入の許可の日から原則1年以内に再び輸出されるものについて関税を免除することが定められています。

　関税定率法第11条は，加工または修繕のため我が国から輸出され，原則1年以内に輸入される貨物（加工のためのものについては，その加工が我が国では困難と認められるものに限られる。）につき，輸出時の性質・形状により輸入されるとした場合の関税相当分を軽減する措置を設けています。

　付加価値税法上は，このような関税法上の保税加工の状態に置かれた資産を譲渡した際に，付加価値税が課税されるか，また，輸入付加価値税の減免措置が関税法上の規定と連動しているか，が問題となります。関税法上の取扱いと連動しているとは限らないため，必ず付加価値税法上の取扱いも確認しましょう。

　また，一般的に，輸出産品に対する加工サービスが付加価値税法上，免税になる措置があります。動産の加工の課税地が実際に加工が行われる場所，と規定されている場合，原則として加工サービスは現地で付加価値税課税される取引となります。このような場合でも非居住者が受益者の場合，輸出免税措置が適用になります。なお，EUでは2010年からB2Bで行われる動産の加工サービスの課税地は，受益者事業地となっています。

【(参考) 再輸出される動産の加工役務の免税規定（指令146条1項d）】

1．加工作業の対象とされた動産は作業の終了後，EU域外へ送付または運送されること

2．作業の発注者または作業者が送付または運送すること。ただし，作業の発

注者が送付または運送をする場合には，作業の発注者は作業地である加盟国に設立された者であってはなりません（ほかの加盟国で設立された者である場合は認められます）

図表3－13 EUの関税法上の保税倉庫とそれ以外の保税倉庫[16]

| | 関税法上の保税倉庫 | 関税法上の保税倉庫以外の倉庫 | |
		物品税法上の保税倉庫	付加価値税法上の保税倉庫
英語表記	customs warehouse	tax warehouse	VAT warehouse
根拠規定	UCC第240条	指令第154条, Council Directive 2008/118/EC第4条	指令第154条
本来の目的	外国貨物の蔵置	物品税課税対象資産の保税状態での蔵置等	物品税課税対象外資産である内国貨物の蔵置
付加価値税が免税となる取引	• 関税法上の保税倉庫に置かれる予定の資産の譲渡（156条1項(c)） • 関税法上の保税倉庫内で行われる資産の譲渡・役務の提供（160条1項(a)） • 関税法上の保税倉庫に置かれる予定の資産の譲渡に関連する役務の提供（159条）	• 物品税法上の保税倉庫に置かれることが予定されている資産の輸入（157条1項(a)） • 物品税法上の保税倉庫に置かれることが予定されている資産の譲渡（157条1項(b)） • 物品税法上の保税倉庫の中で行われる資産の譲渡・役務の提供（160条1項(b)） • 物品税法上の保税倉庫に置かれることが予定されている資産の譲渡に関連する役務の提供（159条）	• 付加価値税法上の保税倉庫に置かれることが予定されている資産の輸入（157条1項(a)） • 付加価値税法上の保税倉庫に置かれることが予定されている資産の譲渡（157条1項(b)） • 付加価値税法上の保税倉庫の中で行われる資産の譲渡・役務の提供（160条1項(b)） • 付加価値税法上の保税倉庫に置かれることが予定されている資産の譲渡に関連する役務の提供（159条）

第3章　付加価値税（VAT/GST）　*127*

図表3－14　日本の関税法上の保税地域の種類

種類	主な機能	蔵置期間	設置の手続
指定保税地域 （関税法37条）	外国貨物の積卸し，運搬，一次蔵置 （例：コンテナヤード等）	1カ月	財務大臣の指定
保税蔵置場 （関税法42条）	外国貨物の積卸し，運搬，蔵置 （例：倉庫，上屋等）	2年 （延長可）	税関長の許可
保税工場 （関税法56条）	外国貨物の加工，製造 （例：造船所，製鉄所，製油所等）	2年 （延長可）	税関長の許可
保税展示場 （関税法62条の2）	外国貨物の展示・使用 （例：博覧会，博物館等）	税関長が必要と認める期間	税関長の許可
総合保税地域 （関税法62条の8）	保税蔵置場，保税工場，保税展示場の総合的機能 （例：中部国際空港等）	2年 （延長可）	税関長の許可

7 タックスプランニングの重要着眼点③　付加価値税と恒久的施設（Permanent Establishment）

(1) 資産の譲渡に課税される付加価値税と恒久的施設の関係

　資産の譲渡の課税地は，譲渡が行われた時に資産が所在する場所です。このため，海外で在庫を保有し，それを譲渡するようなケースでは原則として海外の付加価値税が課税されることが想定されます。この場合に，資産がどのような場所に，どのような形で置いてあるかは課税関係に特に影響を与えません。

　他方で，OECDモデル租税条約上の恒久的施設（Permanent Establishment，以下「PE」）は，事業所得の源泉性を判断する基準ですが，企業が「事業を行う一定の場所」を有するか，従属代理人と呼ばれる企業（本人）の名において契約を締結する権限を有する代理人をもって，その存在を認定します。付加価値税の課税地の考え方と所得課税上の恒久的施設の考え方は税の性質（消費に対する課税と所得に対する課税），制度趣旨の違い（課税地の判定と所得の源泉性の判定）から，基準が明確に異なります。

　付加価値税では，資産の譲渡は資産の所在地が課税地となり，恒久的施設の

有無は原則として納税義務の発生に影響を及ぼしません。

付加価値税の納税義務の発生ポイント	OECDモデル租税条約上のPEの認定基準
一定の場所を有しているかどうかにかかわらず，現地で資産の譲渡が行われれば課税	「事業を行う一定の場所」を有すること
原則としてエージェント（企業の名において契約を締結する者）とコミッショネア（代理人の名において契約を締結する者）を区別するが，従属しているかどうかは課税関係に影響を与えない	「従属代理人」基準
準備的・補助的活動であるかどうかは関係なく付加価値税を課税	準備的・補助的活動はPEの例外として規定

　逆に，付加価値税を納税するとPEが認定されるのではないか，という疑念があります。上記のように，付加価値税が課税されたからといって，「事業を行う一定の場所」を有しているとは限りませんし，従属代理人がいるとも限らず，また，準備的・補助的活動に該当する可能性もあります。

　とはいえ，実務上は付加価値税の納税とPEの認定は相互に関係がないとは言い切れない面があります。国によっては，付加価値税登録をすることによってビジネスを行っていることが税務署内部で共有され，PEを有していないか照会を受けるケース，付加価値税登録が存在せず，PE登録をしない限り付加価値税が納付できないケース（台湾のように一定の電子商取引を行うと国内源泉所得が認定されるケース）がありますので留意を要します。

　全体として仕向地主義を採用しているため，収益税の領域に比べるとオフショアで行われる資産の譲渡や役務の提供に課税されるリスクが高い付加価値税ですが，非居住者に対してどの程度納税義務の履行を求めるか，どのような申告納税制度を整えるかは，各国の判断に委ねられています（最新のOECDの動向については，2017年10月にOECDが公表した「サプライヤーが課税地となる領域に所在しない場合におけるVAT/GSTの効率的な徴収制度」を参考とすることができます）。付加価値税制度の後進国では，納税義務はあるけれども非居住者に納税を求める体制が整っていないことも多く，納税義務者に対して納税を促す制度が整っていないからといって，将来的に未申告に対するペナルティを科されない保証はありません。まずは，できる限り現地で課税を発生さ

第3章　付加価値税（VAT/GST）　*129*

せない商流または物流を検討することが，付加価値税の重要なタックスマネジ
メントとなります。

⑵　役務の提供に課税される付加価値税と恒久的施設の関係

OECDガイドラインにより，B2Bで行われる役務の提供の原則的課税地は，
受益者事業地とすることが提案されています。EUでは2010年から導入された
VATパッケージにより，従来の役務提供者事業地を課税地とする原則規定を
改正して，課税地を受益者事業地とし，リバースチャージを適用しています。
また，2017年7月1日からインドで導入されたGSTも同様の制度をとっていま
す。

恒久的施設は，法人税の課税対象となる実体を構成するに十分な活動を当該
他国において行っているか否かを判定する基準であり，所得を稼得する側（す
なわち役務提供者）に適用される基準ですが，付加価値税の世界では，納税義
務が所得を稼得しない受益者の側に転嫁されるリバースチャージ制度が世界標
準となりつつあります。

B2Bで行われる役務の提供では，課税地の判定のために事業地の判定が必
要となります。この事業地は，必ずしも設立地と同一ではなく，中心的事業地，
事業地が複数ある場合には特定の役務に関して最も関係が深い事業地が基準と
して選択される傾向にあります。この判断において，所得課税上の恒久的施設
の存否ならびにロケーションは原則として判断基準には用いられません。各国
によって制度は異なりますが，世界標準の付加価値税では，固定的施設という
別の概念を用い，「実際にどこから役務が提供されているか」，「実際にどこで
役務が利用されているか」を検討します。

非居住者であるかどうかの判定基準と，役務の提供の課税地の判定を混同し
てはなりません。非居住者の判定は，非居住者に対して特殊な課税スキームや
登録制度を持つ国において非居住者であるかどうかの判定を設立地基準やそれ
以外の基準（日本の消費税法では外為法の基準による）で行うものです。特定
の役務の提供の課税地の判定は，事業者が非居住者かどうかではなく，受益地
または役務提供地で判断します。

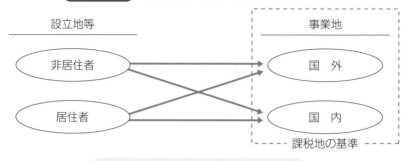

図表3−15 非居住者の判定と課税地の判定は別モノ

いずれのパターンもある

　B2Cで役務の提供が行われる場合，最終消費者は個人であれば固定的施設の問題は生じません。原則的には，消費地のプロキシである個人の居所・住所が原則的な課税地となります。役務提供者の事業地が課税地となっている場合に役務提供者の固定的施設が問題となります。付加価値税法上の固定的施設で「実際にどこから役務が提供されているか」を検討すべきといえます。

　特に近年，電子商取引の分野ではデジタル経済の発展により，消費地に何らの固定的施設を有することなく消費者に対して知的財産権や役務の提供を行うことができるようになっています。付加価値税は，サーバーの所在地のみで固定的施設を認定するものではありませんが，現在のところ重要な判断基準の1つを構成している国もあります。所得課税上のPEの判定にはサーバーの所在地を基準に所得の源泉地を判断する考え方がまだあります。

　米国では，従来，州税であるsales taxの課税地を判断するために用いてきたaffiliate nexusに加えてeconomic nexusを導入する州が増えてきました。これは代理人，関係会社といった物理的な存在を全く持たない場合であっても，当該州の顧客との取引が一定の回数を超える場合や基準の売上げを超える場合には，そのことをもってnexusを認定するというものです。EUは，2018年3月に2020年から適用されるデジタルサービス税の課税と域内売上げ等を基準として判定する「significant digital presence」に恒久的施設の概念を拡大する理事会指令の欧州委員会提案を行いました。電子商取引の分野では，従来型の恒久的施設も固定的施設も所詮課税地の判断基準としてあまり機能しないことを受けた最近の展開です。

(3) 付加価値税法上の固定的施設（fixed establishment）とは

　付加価値税法上の固定的施設の概念は,所得課税上の恒久的施設（permanent establishment）に比べて，まだ一般に知られているとはいえません。EUでは,施行規則第11条において，「第44条の適用における固定的施設とは，（施行規則）第10条に定める設立地とは異なる場所に存在する，十分な恒久性と自らの必要に応じて供給される役務を受領し，利用することが可能となる人的，技術的資源という観点から適した組織によって特徴づけられるあらゆる施設」と定められています。

　国際的な商流を変更する際や，海外の事業者と契約を締結する際に，課税地の決定が不可欠ですが，最後に注意したいのがこの固定的施設です。恒久的施設（permanent establishment）は所得の源泉地の判定のための規定ですが,固定的施設は課税地の判定を目的とするため，おのずとその定義は異なります。
　付加価値税法上の固定的施設は，役務の提供の課税地を特定するための概念です。役務提供者または受益者の事業地を課税地とする定めを置いた際，法人の設立地を事業地であるとしてしまうと，常に本店所在地が基準となってしまいますが，実際には支店で役務の提供を受けたり，支店から役務の提供をしているようなケースで，本店と支店が異なる国に所在する場合，役務の提供に全く関与していない本店の所在地が課税地となってしまい，不具合が生じます。このような不具合を生じさせないため，付加価値税の課税地をできる限り実際に役務が利用されている場所または役務が提供されている場所に近づける役割を果たすのが固定的施設の考え方です。
　ただでさえ複雑な役務の提供の課税地の判定が終わったと思った時に検討しなければならないのがこの固定的施設であるため，非常に厄介です。

【恒久的施設と固定的施設の定義の差異】

- 恒久的施設（Permanent Establishment）「a fixed place of business through which the business of an enterprise is wholly or partly carried on」（OECDモデル租税条約5条）
- 固定的施設（Fixed Establishment）「any establishment, other than the place of establishment of a business referred to in Article 10 of this Regulation, characterised by a sufficient degree of permanence and a suitable structure

in terms of human and technical resources to enable it to receive and use the services supplied to it for its own needs/provide the services which it supplies」(EU施行規則11条)

⑷　BEPS行動7による恒久的施設の定義の変更が与える影響

　付加価値税課税においては，一般的に仕向地課税主義が採用されています。これに対して，所得課税の分野においては，居住地と源泉地という2つの管轄において特定の所得を課税する可能性があり，事業所得の源泉地を特定する際に中心的役割を果たすのが恒久的施設です。BEPS行動7では，問屋（コミッショネア）等を通じた代理人PE認定回避に対抗するため代理人PE認定の範囲の拡大，PEに該当しない準備的・補助的活動の対象の見直しなどが提言されました。

　上に述べたように，付加価値税法上の固定的施設と所得課税上の恒久的施設は役割を異にしていることから，必ずしも一方が認定されたからといって他方が認定される関係にあるものではありませんが，BSPS行動7で恒久的施設の定義が拡大したことにより，倉庫に引渡しのための在庫を保有するという付加価値税納税義務を発生させる典型的なパターンが，恒久的施設の認定にもつながるリスクが高まっています。

　具体的には，今後発効する見込みの日本－ベルギー租税条約においては第5条第4項の「準備的又は補助的な活動」のリストが，下記のとおり変更され，在庫の保管に関する例外の適用がより厳格になりました。この結果，引渡しのために在庫を保有することは，ネガティブリストから除外され，当該活動が準備的・補助的な性格である場合にのみPEを構成しないことが明文化されました。

1．企業に属する物品または商品の保管または展示のため（旧租税条約の引き渡すための文言が削除）にのみ施設を使用すること
2．企業に属する物品または商品の在庫を保管または展示のため（旧租税条約の引き渡すための文言が削除）にのみ保有すること
3．企業に属する物品または商品の在庫を他の企業による加工のためにのみ保有すること
4．企業のために物品もしくは商品を購入し，または情報を収集することのみを目的として，事業を行う一定の場所を保有すること

第3章　付加価値税（VAT/GST）　*133*

5．企業のために1から4までに規定されていない活動を行うことのみを目的
として，事業を行う一定の場所を保有すること。ただし，当該活動が準備的
または補助的な性格のものである場合に限る。

6．1から5までに規定する活動を組み合わせた活動を行うことのみを目的と
して，事業を行う一定の場所を保有すること。ただし，当該一定の場所にお
けるこのような組合せによる活動の全体が準備的または補助的な性格のもの
である場合に限る。

　倉庫における活動が準備的・補助的活動であるといえるためには，以下のす
べての条件を満たすことが必要です。

① 準備的・補助的な活動が，PEがその一部を構成する組織に対してのみ実施
されていること
　本社のみならず別の法人に対して活動を実施している場合は，上記の例外
には当たらないと考えられます。
② 主たる事業活動を行っていないこと
　PEの活動は，組織の主たる事業活動と合致しないことが必要となります。
③ 商業活動を行っていないこと
　注文の取得，交渉，または履行（販売・サービス契約等）に関与している
場合，その活動は準備的または補助的であるとはみなされません。

　今後は，倉庫の戦略的配置を考える際に，恒久的施設認定のリスクも併せて
考慮しなければならない機会が増えると考えます。

　2017年1月から発効している日独租税条約は，BEPS行動7の提言を反映す
る以前に文言が合意されていたため，引渡しのための倉庫が準備的・補助的活
動に含まれています。

　2017年6月7日，BEPS防止措置のうち租税条約に関連する措置を条約の締
約国間の既存の租税条約に導入することを目的としたBEPS防止措置実施条約
に日本を含む67か国・地域が署名をしています。本条約の締約国は，既存の租
税条約のいずれを本条約の適用対象とするかを任意に選択することができ，ま
た，本条約に規定する租税条約に関連するBEPS防止措置の規定のいずれを既
存の租税条約について適用するかを所定の制限の下で選択することができます。
したがって，既存の租税条約の規定が引渡しのための倉庫を準備的・補助的行
為に含めている場合にも，このBEPS防止措置実施条約によって修正を受けて
いる可能性がありますので，個別に確認が必要です。

8 タックスプランニングの重要着眼点④ 付加価値税と移転価格税制の深い関係

(1) 付加価値税と移転価格税制の最適ストラクチャーは相反する

　グローバルバリューチェーンにおいて，移転価格税制上の要請で行う商流・物流の変更は，多くのケースで日本国外での付加価値税の課税関係の変更を伴います。④で，商流・物流の変更が資産の譲渡または役務の提供の課税関係に影響を与える典型的な事例を列挙しました。その中で，特に移転価格税制への配慮から行われることが多い事例を以下に分析します。まず，生産・販売が日本国外で行われる商流に日本の本社が介在する，次のようなパターンです。

【事例】

> 弊社は欧州市場での需要に対応するため，スロバキアに生産工場を立ち上げることとなりました。スロバキアで生産した製品をドイツの販売子会社を通じてEU域内に点在するディストリビューターに販売します。この際，日本本社が商流に介在し，スロバキアの生産工場から製品を買い上げ，ドイツの販売子会社に転売します。弊社は，移転価格税制上の観点から，製品の対価として日本に利益を落とすことをポリシーとして欧州以外の市場でも本社が商流に介在することを掲げています。

　これは，移転価格税制と付加価値税の課税関係が密接な関わりをもつ典型的な事例です。日本企業は日本に利益や損失を集約する目的以外にも，すべての関連者間取引を日本との関係に整理するなどの目的で日本を介在させることがよくみられます。

　しかし，このような国外で行われる資産の譲渡に本社が介在した場合，原則として取引対象とある資産の所在地が課税地となる付加価値税の世界では，日本の本社が外国の付加価値税の納税義務を負うことが原則となります。例外として，資産がどこの国の領域にも属さない洋上で取引されるいわゆる「high sea sales」の場合には，いずれの国でも課税されない取引となります。

　ところが，EU域内のように，複数の加盟国間を通関手続を経ることなくEU内貨のまま移動することができる場合，このようなEU加盟国間の国境をまたぐ取引は，出荷地または着荷地のいずれかで課税されます。結果として，日本

の本社は出荷地または着荷地のいずれかで，付加価値税登録を行い，納税事務を行う義務を負います。

コンプライアンスコストの問題だけでなく，税をいったん徴収して納付しなければならないため，スロバキア生産工場とドイツ販売子会社の直接取引の場合と比較すると，キャッシュ・フローにも悪影響があります。本社が介在しない直接取引であれば，スロバキアの生産工場では，ドイツへの出荷に係る売上げは，スロバキアを課税地とするEU域内非課税納品として免税となります。

これに対して，ドイツ販売子会社では，ドイツでEU域内取得として課税されますが，自社の申告書上でEU域内取得として申告し，同額の仕入税額控除を受ける申告相殺が可能ですので，キャッシュ・フローは発生しません。移転価格税制上の観点からは，日本本社が取引に介在することに一定のメリットがあるかもしれませんが，付加価値税課税の観点からはコンプライアンスコストの増加，タックスリスク，キャッシュ・フローの悪化を意味し，利害が相反する結果となります。

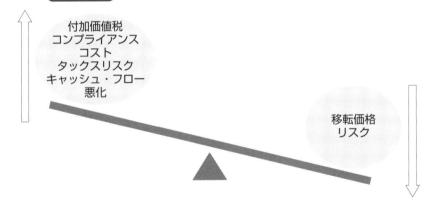

図表3－16　移転価格リスクを下げると付加価値税リスクが高まる

(2) 付加価値税制の改正と販売価格

① 税制改正のインパクト

付加価値税の仕組みと税率は最終小売価格に影響を与えます。端的には，付加価値税率の変動は，最終小売価格の上昇または減少をもたらします。

2017年7月1日からインドでGST制度が導入されました。インドGST導入

は社会のパラダイムシフトを引き起こす可能性のある大改正であり，多方面への影響が予想されますが，影響の1つとして0％，5％，12％，18％，28％の新しい五段階税率がHSNコード別に適用されます。このことにより，消費者の購買行動や嗜好に影響を及ぼし，特定の商品が売れなくなるケースも考えられます。

　企業はこれに対して商品ポートフォリオを見直す，などの対策を講じる必要がありますが，動向を見据え，実際に導入するまでの期間，子会社の販売利益にネガティブまたはポジティブな影響をある程度及ぼすことは避けられません。子会社が本社から購入した製品を販売している場合，事業予測が大きく外れ，APAなどで合意した利益率が達成できない，または超過してしまうことが考えられます。その結果，移転価格の価格調整金が必要となれば，関税・輸入付加価値税にも影響を及ぼすことが想定されます。

②　再販売価格基準法の起算点が変わること

　制度改正は，全体として税収一定になるように設計されている場合でも，自社製品のみを観察した場合は事情が異なり，増税または減税であることがほとんどです。

　販売会社の適正な利益水準を計算するための移転価格の算定方法として，再販売価格基準法があります。販売会社の特定の資産の販売価格を起算点として販売会社の仕入価格を決定します。増税分の税額を消費者に転嫁することがビジネス上難しい場合，再販売価格基準法の起算点が変わります。

　例えば，インド市場のように，そもそも最終販売価格が税込の上限小売価格（Maximum Retail Price，「MRP」）で制限されており，この上限小売価格に最終小売価格が設定されていると想定します。このような場合，税制改正により適用税率が変われば，販売会社は小売店に対する販売価格を改定しなければなりません。つまりは，移転価格の起算点となる税抜販売価格が改正により減少し，販売会社に一定の利益を残そうとすると，親会社との間の移転価格も減少しなければならない，ということになります。それを行わずに，従来の移転価格を用いると，販売会社の利益水準が悪化し，移転価格リスクが上昇します。

③　価格の調整規定とは

　税制改正の結果，特定の商品が売れなくなり，価格を下げざるを得ないよう

な場合，付加価値税の課税標準は原則として当事者間で合意された対価ですが，取引の当事者に資本関係等がある場合に，価格の調整規定を設けている場合があります（第1章参照）。

　付加価値税法上の価格調整規定は，関連者間取引の価格を不当に引き下げることにより，購入者が課税売上割合の低い事業者であった場合に生じる非課税売上げに対応する仕入税額を少なくするストラクチャリングを排除することを趣旨としています。制度は各国によって異なっていますが，趣旨を異にする移転価格税制とは1.関連者の基準が異なること，2.国内取引にも適用されることなどの相違があります。

　国外関連者から製品を輸入して国内市場で販売している子会社との間で取り決めるCIF価格は通常，関税と輸入付加価値税の課税標準を決定する基礎となります。移転価格税制上，CIF価格が高すぎると子会社が所在する国でリスクとなりますが，付加価値税法上の価格調整規定はどちらかといえば関連者間で低すぎる価格を取り締まる規定のため，CIF価格が低すぎるとリスクとなります。

　非課税売上げに対応する仕入れ以外にも，付加価値税キャッシュ・フローの改善を目的として関連者間で低い価格を設定するプランニングが考えられます。そのようなプランニングをする際には付加価値税法上の関連者間取引価格の調整規定を確認しなければなりません。

④　大規模な税制改正と価格規制はセット

　インドGST導入に合わせて，不正価格防止法（Anti Profiteering）が導入されています。この法律は，それまで生産，販売，サービスの提供といったサプライチェーンの多段階で複数の間接税が重層的に課税されていたインドにおいて，それらの税金が最終消費に対する税金であるGSTに統合されたことにより，サプライチェーンでこれまでコストとなっていた税金の減少分を適正に次のサプライチェーンの段階への販売価格に反映させ，最終小売価格が一定となるために導入された価格規制です。サプライチェーンでの節税額が部品の販売価格に反映されないと，GST税率はそれまで最終小売段階で課税されていた州税である付加価値税より高いため，インフレーションが生じる懸念があります。

　大規模な付加価値税制度の改正が行われる際には，このような価格規制を伴うことが一般的です。改正によって享受する税コストの削減額をそのまま販売

価格に還元することが求められているため，理論上は子会社の利益レベルに影響を与えません。とはいえ，個別の商品で見た場合に適用税率が変化しているなかで増税になっているケースがあると考えられ，そのような商品についてこの不正価格防止法により税込価格を改定することができないとすると，販売子会社の利益率が圧迫されます。かといって，販売子会社が卸売価格を改定せずに小売店に販売し続けると，規制監督庁により指導を受けることとなります。

　このように付加価値税制改正が販売会社の利益率や売値に与える数値的影響を分析し，移転価格に反映させることが必要です。

⑶　BEPSと付加価値税

　BEPS（Base Erosion and Profit Shifting，「税源浸食と利益移転」）は，2012年から始まったOECDによる税源浸食と利益移転に対応するための国際課税ルールの見直しの一連の動きを意味する用語として使われています。移転価格税制のコンテクストで触れられることが多いので，本項で取り扱います。

　BEPS最終報告書行動１では，付加価値税の分野における課税ベースの浸食の機会にも触れ，政策提言を行っています。5.3において，銀行，病院等の課税売上割合の低い事業者に対する国境を越えた役務の提供を取り上げています。

　課税地の判断ルールとして役務提供者の事業地を用いると，課税売上割合の低い事業者がサービスを受ける際に，仕入税額の削減のために，低い税率もしくはゼロ税率の恩恵が受けられる国にある役務提供者と契約を締結するといったストラクチャリングが考えられます。国内で同様の役務を調達するよりも海外から調達したほうが控除対象外仕入税額が減少し，有利となります。

　課税事業者が受益者であれば中立性の原則に従い仕入税額控除を受けられることから，国境を越えたＢ２Ｂ取引で課税の空白，もしくは国内と国外で税率差異があっても税収に影響はなく，市場の競争環境を歪める結果も少ないと考えられますが，課税売上割合の低い事業者が役務の提供を受ける場合には，市場の競争を歪めるだけでなく，税源の浸食につながります。

　対策としては，Ｂ２Ｂ取引の課税地を原則として受益者事業地とし，特定の場合には課税地を契約上の受益者の住所ではなく，実際に役務が利用される場所とすることが提言されています。

もう１つの課税ベースの浸食の機会として，BEPS最終報告書では，調達の一元化が国際的なレベルで行われる近年，本店の他に国外にも事業所を有している課税売上割合の低い事業者が，グループ全体で利用する役務の調達について，同様の役務の提供に適用される税率が最も低い，もしくは付加価値税が存在しない地域の事業所で役務の提供を受けることにより控除対象外仕入税額を抑制する可能性について言及しています。

法人税法上のルールに従い，応益割合に応じてその費用を本店およびその他の事業所に付け替える場合には，同一法人の内部取引であることからコストの転嫁には付加価値税が課税されず，結果としてグループ全体の控除対象外仕入税額の負担を軽減できるからです。このようなストラクチャリングを封じるためには，課税地は実際に役務が利用される場所を基準とすることがやはり必要となります。

BEPSのこのような提案はEUでは実際の便益の享受地課税としてすでに特定の役務の課税地を受益者の事業地，居所・住所以外で課税する制度が導入されています。また，インドGST制度では仕入役務分配者（Input Service Distributor）制度が導入され，複数の州に所在する事業所で利用する共通のサービスを調達する主体は，仕入役務分配者として登録を行い，州間のGST配分を行うための申告書を提出する義務があります。

BEPS最終報告書行動７による恒久的施設（PE）認定の人為的回避の防止も間接的に付加価値税に影響を与えますが，この点については「7 タックスプランニングの重要着眼点③ 付加価値税と恒久的施設」を参照してください。

9 タックスプランニングの重要着眼点⑤ クロスボーダー電子商取引の課税

(1) 拡大する電子商取引

第６章で述べるように，５年後には80％の企業が何らかの形のデジタル化されたサプライチェーンを持つようになるといわれる時代です。デジタル化された無形資産を商品として取り扱うメディア，オンラインゲームメーカー，アプリのデベロッパー等以外にも，販売した製品に関してアフターサービスをオンライン化したり，工業製品のIoT，販売店の管理・教育をオンラインで行うな

ど全業種においてバリューチェーンのあらゆる段階での事業活動がサイバースペース移動しつつあります。

OECDがカナダのオタワで開催した閣僚会議で「電子商取引に関する課税枠組み諸条件（Taxation Framework Condition）」を決議した1998年と現在では，電子商取引の世界経済に占める役割も重要性も大きく異なっているといえます。BEPS最終報告書行動1は，デジタル経済は付加価値税制度への新たな挑戦であるとの認識に立ち，複数の課題を提起しています。

電子商取引は，大別して，インターネット等を通じて行われる音楽データ配信などの無形資産の譲渡や役務の提供（electronically supplied services，「ESS」），注文がインターネット上で行われる有形資産の譲渡（商品の売買）があり，取引の相手先によってB2BとB2Cに分かれます。

インターネット等を通じて行われる音楽データ配信などの無形資産の譲渡や役務の提供は，各国の付加価値税法上の定めにより，資産の譲渡と役務の提供の分類が異なります。例えば，アプリの販売は，資産の譲渡を「有形資産の譲渡」であると定義するEUでは役務の提供に該当しますが，カナダでは無形資産の譲渡も資産の譲渡に該当します。

インターネットを通じた有形資産の譲渡は，付加価値税法上は資産の譲渡であるため，付加価値税の課税は資産の譲渡に適用されるルールに従って行われます。関連する問題として，インターネットで注文することにより，個人による少額資産の輸入が増加しているという点が，以下に説明する少額輸入小包の免税制度の見直しに関する議論につながっています。

⑵　電子的役務（electronically supplied services）の提供の定義

インターネット等を通じて行われる音楽データ配信などの無形資産の譲渡や役務の提供は総称として「電子的役務（electronically supplied services）」と呼ばれていますが，各国によって呼称も定義も異なっています。我が国の消費税法では電気通信利用役務と呼ばれ，インドGST法ではオンライン情報データベースアクセス取得サービス（Online Information Data Base Access and Retrieval services，「OIDAR」）と呼ばれます。

EUにおいて，電子的役務は「インターネットまたは電子ネットワークを通じて提供され，その性質から役務の提供が最低限の人的な介入により主として

自動で行われ，ITがなければ保障が不可能なサービスをいう（施行規則第7条第1項）」とされており，以下のようなサービスが例示列挙として挙げられています。

- ソフトウェア，ソフトウェアの改修，ソフトウェアのアップグレードなど，デジタル化された製品の提供一般
- ウェブサイト，ウェブページなど，電子ネットワーク上のビジネスまたは個人のプレゼンスを可能にする，またはサポートするサービス
- 受益者が特定のデータを入力することによって，インターネットまたは電子ネットワークを通じてコンピューターが自動的に提供するサービス
- 資産または役務をオンラインマーケットであるインターネットサイトで提供することにより，潜在的購買者が売買に参加し，取引の成立が取引参加者に自動的にメールにより通知されるサイトの利用権の有償による譲渡
- テレコミュニケーションサービスが主要な役務を構成しないインターネットサービスパッケージ（パッケージの内容がインターネットへのアクセス権の付与を超えて，ニュース，天気，旅行情報等のコンテンツページ，プレイグラウンド，ウェブサイトホスティング，オンラインディベートへの参加といった他の要素も含む場合）
- EUのVAT指令のAnnexⅡに例示列挙された役務，特に音楽，映画，ゲームの配信で，ギャンブル，政治的，文化的，芸術的，スポーツに関する科学的および娯楽的内容の放送とイベントの提供を含む。

これから特殊な付加価値税制が発達していくことが予想される分野ですが，グローバルバリューチェーン上で国境を越えた電子的役務の提供を行う場合，各国制度により電子的役務の提供の定義，課税制度が異なるため，事業者にとってはコンプライアンスが容易でないという問題があります。

(3) 最終消費者の居住地の判定

先に述べたように，OECDのVAT/GSTガイドラインは電子商取引を含む役務の提供（無形資産の譲渡を含む）におけるB2B取引の課税地原則を顧客の事業地としています。最終消費者に対する役務の提供については，オンラインゲームの提供，映画・音楽などデジタルコンテンツの配信，ソフトウェア販売・アップデート等の電子的商取引の大半は，役務の提供地が明らかな「on the spot」供給ではないため，顧客の恒久的な所在地（usual residence）を課税地とすることが提唱されています（ガイドライン3.6）。顧客の恒久的な所在

地とは，「顧客が普段住んでいるところ，または生活の本拠地を築いていると
ころ」と定義されています。

　役務の提供者は，役務を提供する時点で商慣習上，入手する顧客情報に依拠
して，この恒久的な所在地を判断することができるべきです。地理的にも数量
的にも広範な最終消費者に対して比較的少額な役務または無形資産の譲渡を行
うことが常態のインターネットを経由したサービスでは，最終消費者とのイン
ターフェースは最小限にとどまります。このため，電子商取引では，どの国に
最終消費者が居住しているかをある程度の正確性をもって判定することは非常
に難しいという性質があります。この点に関して，OECDは，各国は明確なガ
イドラインを示すべきであると提唱しています。

　例えば，EUでは顧客が自然人である場合に，テレコミュニケーション
（telecommunication），放送（broadcasting），電子的手段による役務（electronic
services）の提供（いわゆるTBEサービス）の課税地をその居所または住所で
あると定めていますが，居所または住所が明らかでない場合の推定規定に関す
る詳細な定めを置いています。施行規則第24a条は，顧客がその場で利用する
TBEサービスについての課税地の推定規定を置いています。

---

　a．公衆電話，Wi-Fi, hot spot，インターネットカフェ，レストラン，ホテル
　　のロビー等において，利用者のその場所での利用を必要とする役務を提供し
　　た場合は，これらの場所を設立地，住所または居所，実際の便益の享受地と
　　推定する
　b．これらの場所が，EU域内の客船，電車，飛行機内である場合には，乗客輸
　　送の出発地

　施行規則第24b条は，TBEサービスの提供形態によって，推定されるべき課
税地を定めています。

---

　a．固定回線を利用する場合は，固定回線の設置場所
　b．携帯電話を利用する場合は，役務の提供を受けるときに利用するSIMカード
　　の国認識コード
　c．デコーダーまたはこれに類する機器，受信カードを利用する場合で，固定
　　回線が不要の場合は，デコーダーまたはこれに類する機器の所在地を原則と
　　し，所在地が明らかでない場合には，受信開始時の受信カードの送付先

第3章 付加価値税（VAT/GST） *143*

> d．以上のいずれにも当てはまらない場合は，第24f条に例示列挙するうちの相
> 反しない2つの項目を基礎として，役務を提供する者が設立地，住所または
> 居所として認識している場所

　TBEサービスの提供者は，上記第24a条および第24b条aからcの推定規定を，顧客の設立地，住所，居所を示唆する相反しない3つの証拠を根拠に，覆すことができます（施行規則24d条1項）。税務庁は，役務を提供する者が上記の規定に基づいて行った推定が誤用または濫用であることを示す状況がある場合には，その行った推定を否認することができます。

　施行規則第24b条のdおよび施行規則第24d条により，TBEサービスの提供者が顧客の設立地，住所，居所を示唆する証拠を提示して推定規定を覆す際に利用できる設立地，住所または居所の推定の基礎となる事実として，以下の項目が例示列挙されています（施行規則24f条）。

> a．顧客の請求住所
> b．利用している機器のIPアドレスまたはユーザーの位置情報を扱う技術によ
> る方法
> c．支払いに利用する銀行口座の所在地，銀行が認識している住所などの銀行
> 情報
> d．SIMカードに記録されたMobile Country Code
> e．役務の提供に利用される固定回線の設置場所
> f．その他の商業上関連する情報

　このEUにおける定めは現在，世界で最も詳細に自然人の居所または住所の判定について基準を示していると思われます。このため，販売地域を特定せず海外に向けて電子的役務の提供を行う事業を企画する際には，当該規定を参考にしてシステム設計を行うことが居住地の判定の問題をクリアするための対応として考えられます。他方で，付加価値税の課税地判定のために収集した個人情報は，仕向地の国で実施されている個人情報保護法に基づき適正に管理されなければならないことにも留意を要します。

⑷ 電子商取引の課税と付加価値税コンプライアンス

　先に述べたように，B2Cで行われる電子的役務の提供の課税地の原則は顧客所在地とすることが国際的に提唱されていますが，この場合，役務の提供者は世界中に拡散しているユーザーの居住地で付加価値税の納税義務を負うこととなります。つまり，膨大な付加価値税コンプライアンス義務負担が徴収義務者である課税事業者に発生します。このことは，課税事業者におけるコスト中立性と仕向地課税を理念とする付加価値税の制度が，大きな矛盾に直面していることを意味します。

　この矛盾を緩和するため，OECDガイドラインでは，国外居住者のための簡素化された登録申告制度が備えるべき特徴を挙げています。「オンライン登録申請を税務当局のウェブサイトで可能にし，通商関係にある国で通用する言語での記載を行うことが望ましい（3.139）」とし，国外事業者のオンライン登録では租税回避行為の温床となり得る仕入税額控除を受けられない仕組みとし，仕入税額控除を受ける場合には国内事業者と同様の通常の申告手続が必要とすることで，オンライン登録の審査と申告を簡素化することを提唱しています。申告内容も簡素化し，整理番号，課税期間，通貨単位と為替レート，税率別課税標準，納税額のみとすればよいとされています。

　先に述べたように，少額商品を広範に販売する電子商取引では，コンプライアンス義務とコンプライアンスコストのバランスが常に懸念事項です。とはいえ，海外におけるVATコンプライアンス義務を怠ることに伴うリスクは日々増大しています。

　OECDガイドラインでは，情報交換に関する既存の枠組みの積極的な活用を呼びかけるとともに，今後，租税委員会で間接税領域での効果的な情報交換と相互共助のためのより具体的なガイドラインを作成するとしています。間接税領域での情報交換制度は，情報量を限って即時性を重視し，短期間で制度構築が可能であることが必要であるとし，このガイドラインを受けて，今後短期間で国際的に新たな情報交換システムが構築されることが予測され，海外の居住者に対する電子配信事業等を行っている日本企業は，利用者の住所，居所の把握方法の見直し，日本国外での納税義務者登録等の対策を怠っていると，申告をそろそろ始めようかと思った時には延滞税や登録遅延金などの制裁を科されるリスクを負ってしまいます。

⑸　少額輸入小包の免税制度は廃止

　これまで，電子商取引の中でもインターネットを介して行われる役務の提供，無形資産の譲渡を中心に述べてきましたが，電子商取引の拡大によって，消費者が他国からオンラインで有形資産の商品を購入する機会は急激に拡大しています。

　従来，少額輸入小包に該当すると輸入付加価値税（および関税）が免税となる制度が国際的に採用されています。ところが，個人消費者によるインターネットを経由した国際貿易の増加により，免税となる取引も増加しています。中には，この免税制度を利用する目的で意図的に国内に倉庫を持たず国外に倉庫を保有するストラクチャーを選択することが実際に行われています。

　少額輸入小包の免税制度については，欧州では同一の荷受人に対する同日の課税価格（本体価格のみではなく送料等も含む）の合計額が22ユーロ未満の小包については輸入付加価値税が免税となっています（関税免除は150ユーロ未満）。この制度を悪用し，オンライン事業者が課税価格の虚偽申告を行ったり，実態的にはオンライン事業者が輸入者となっているにもかかわらず，個人の荷受人の代理人として少額輸入小包の免税を主張する等の事例が実際に問題となっています[16]。

　このような行動は，税源の浸食と国内市場における公正な市場競争を歪めるだけでなく，雇用と直接税の税収にも悪影響を及ぼすとBEPS最終報告書でも述べられています。多くの国々で少額資産の課税免除制度が導入された時代と現在では，オンラインで購入される商品量が圧倒的に異なるため，今後，少額の基準は引下げの方向で全世界的に見直しが行われると見込まれます。EUでは2017年12月5日付理事会指令（Council Directive（EU）2017/2455）により，2019年から2009/132/EC指令で規定されていた22ユーロを超えない少額資産に関する輸入付加価値税の免除規定は廃止されることが決まりました。併せて，内在価値150ユーロまでの資産の輸入のための申告制度として輸入ワンストップショップ申告制度を設け，この制度を利用した場合には輸入付加価値税を免税とする代わりに，着荷地における国内付加価値税の申告をオンラインで28加盟国分（ブレグジット後であれば27加盟国）まとめて行える制度を導入します。ボーダーレス社会の行きつく先は電子申告と直結した輸入付加価値税の廃止なのかもしれません。

10 サプライチェーンマネジメントと付加価値税

(1) 付加価値税がサプライチェーンに与える影響

　付加価値税がサプライチェーンにいかなる影響を与えるかを端的に示す事例があります。2017年7月1日からインドにおいてGST制度が導入されました。インドでは，GST導入以前は，複数の間接税がサプライチェーンの多段階で課税される複雑な税制がありました。その一例として，オクトロイ，入境税（Entry Tax）と呼ばれる，資産がインド国内の州を越える際に課税される，いわば州の関税のような税金がありました。その徴収のために，以前は州境にチェックポストと呼ばれる税関があり，陸送トラックは手続のために列をなしていました。このオクトロイ，入境税がGSTの導入によりGSTに統合され，州境チェックポストが廃止されたことにより，インドでは，導入前200kmであった1日当たりのトラック走行距離が，GST導入直後の最初の3カ月で250kmに延びたといわれています。このことは，税制の改正により，輸送効率が改善され，企業にリードタイムおよび輸送コストの削減の可能性が生まれたことを明確に示すものです。

　また，インドでは以前，州を越える資産の譲渡にはB2Bの場合，2％のCST（Central Sales Tax）が課税され，仕入税額控除の対象とならず，コスト要因となっていました。このため，サプライヤーは納品先の所在州に倉庫を持ち，サプライヤーの自社在庫として州を越えることが求められていました。

　さらに，工場の配置を考える際も，州を超える際に課税される税金に配慮した結果，例えば，ある外資系飲料メーカーはインド国内に20カ所ものボトリング工場を設けるオペレーションを行っていました。結果として，工場がカバーする供給エリアが少なくなることから，生産ラインの能力を限定しなければならず，それでもフル稼働させるほどの需要がないため，特定商品の1カ月分の生産を2-3日で終了した後は，別商品の生産を行うといった供給体制を敷いていました。このことは，生産ラインのメンテナンス費用を押し上げ，生産効率を低減させていたことはいうまでもありません。GST導入の結果，コストとなる間接税が廃止され，輸送コストやリードタイムの観点から生産拠点を集約することが可能となりました。

第3章　付加価値税（VAT/GST）　*147*

　付加価値税は，一定のサプライチェーンの運営をコスト面から不可能にすることがあります。海外に所在する資産の譲渡に，商流上のみ日本の親会社が介在するようなサプライチェーンは，多くの場合で現地での継続的な付加価値税コンプライアンスコストの発生と，場合によっては仕入税額が費用化するため，原価を税コストが押し上げる結果となり，別案を考えることを余儀なくされます。物流は直送が最も効率が良いことが条理ですが，直送は多くの場合に，商流に介在する法人の設立地と付加価値税の課税地の乖離を生じさせます。

⑵　付加価値税が抱えるサプライチェーンリスク

　①で述べたように，付加価値税マネジメントの目的はコストの削減とリスクの低減に集約されます（キャッシュ・フローの改善は，すなわち金利コストの削減を意味します）。タックスの世界で「リスク」といった場合，一般的には未申告，不納付，過少申告といった事態が税務調査などで顕在化し，追徴課税，延滞税等の賦課を受けることがまず思い浮かびます。しかし，付加価値税が適切にマネジメントされない場合，それにとどまらず，サプライチェーン全体にさまざまなオペレーションリスクと組織機能リスクが生じます。図表3－17に，付加価値税に関わるオペレーションリスクと組織機能リスクを例示的に記載し

図表3－17　オペレーションリスクと組織機能リスク

サプライチェーンリスク	付加価値税のミスマネジメントにより生じる典型的なリスク事例
オペレーションリスク	・輸入通関が行えず貨物が国境で止まる（物流エリア） ・VMI（vendor managed inventory）の設置によりサプライヤーに現地付加価値税納付義務が生じる（調達エリア） ・インボイスを発行することができない（調達，生産エリア）等
組織機能リスク	・付加価値税が費用化する（財務エリア） ・延滞税，利子などの費用が発生する（財務エリア） ・付加価値税の不納付を原因として社員が刑罰の対象となる（人事エリア） ・税務調査を受け，海外で税務訴訟を提起する（法務リスク） ・社内リソースが対応に追われる（人事エリア）等

ています。

⑶　リスクの可視化と体制整備

　サプライチェーン上のリスクを可視化することは付加価値税に関わるリスクの予防においても非常に有効です。具体的には，サプライチェーンの立ち上げ時，または，現在行われているサプライチェーンのどこに付加価値税に関わるリスクが潜んでいるかを特定し，対策を講じることです。とはいえ，日本企業における付加価値税に関わるリスクの認知度は低く，これは，日本の消費税の税率が低いこと，インボイス制度を導入していないこと，また，付加価値税制度そのものが国際的に標準化されていないこと，国内での専門家が少ないことに原因があると考えられます。このため，リスクが顕在化してから対策を講じているケースが後を絶たないのが実務の現実です。

　相手は税務当局ですから，取引単位の課税である付加価値税では自社とは異なる事実認定を行われた場合に，全く予期しない指摘を受けることもあります。事実認定の問題は，最終的には裁判で解決しない限り双方の意見の調整ができない場合もありますが，日本企業は税務訴訟を提訴することを嫌がる傾向があります。このような環境では，税務リスクがいったん顕在化すると解決方法が限られてしまいます。税務訴訟は海外では日常茶飯事ですが，税務訴訟のオプションを排除しても取りうる付加価値税に関わるリスクが顕在化した際の回復力を高める対策として以下のことが考えられます。

- 機動的なチーム（ある程度の専門性を持った社内リソースと社外専門家の連携）を構成すること
- バリューチェーンプレーヤーとの関係構築（付加価値税の取扱いについて取引先と常に相談・調整できる関係の構築，必要に応じて帳票類を入手できる，インボイスの修正に対応してもらえる，対応能力のある倉庫業者の選定，等）を常に念頭に置いて行動すること
- 動的に製品物流を変更できる体制（問題が起きている物流フローの修正，対応するシステム変更が機動的に行えること，等）を確立しておくこと

　海外の付加価値税制度は複雑です。また，法人税と異なり，会計制度といった国際化された共通基盤を有していないことから，その国の制度を基礎から理

解しなければ正しい結論を導き出すことができないという面をもっています。このため，特定の事実関係に法律を適用し，分析することができる社外の専門家は必要不可欠であり，また社外の専門家に正しい事実関係を伝え，アドバイスを咀嚼し，自社内で伝達することができる人材を擁していることが必要です。付加価値税は，法人税のように修正を申告書に反映させれば処理が完了する税目ではありません。

　税務調査による付加価値税法上の取扱いの修正は，対価の修正，サプライヤー契約の修正，インボイスの修正，仮受付加価値税債権の回収，インコタームズの変更，納期の変更など，各方面に影響を及ぼします。日常から，バリューチェーン上の相手方と良好な関係を築き，問題解決のために協力を得られることが鍵となります。また，付加価値税は特定の物流がトリガーとなって発生する税金です。ロジスティック部門と協力してフレキシブルな解決策を模索できる体制づくりが重要です。

■注

1　Consumption Tax Trends 2016/OECD.
2　財務省ホームページ。
3　正式な国家間の合意文書または一方的な判断により，国外事業者に対して還付を認める条件として，相手国が自国の事業者に同様の救済措置を認めていることを要求すること（ガイドラインD.2.も併せて参照のこと）。
4　ガイドライン2.3。
5　サプライヤーの課税売上げに関する情報と資産の譲受人，サービスの受益者が申告する仕入税額に関する情報をすべて突合し，不一致が認められると前段階税控除を否認する仕組み。
6　いわゆる付加価値が創造されたテリトリーに課税権も認める一般的な原産地課税主義とEUが目指した原産地課税主義は異なる。
7　Green Paper on the future of VAT towards a simpler, more robust and efficient VAT system, COM（2010）695.
8　Communication from the Commission to the European Parliament, the Council and the European Economic and Social Committee on the future of VAT towards a simpler, more robust and efficient VAT system tailored to the single market, COM（2011）851.
9　Council Directive 2006/112/EC of 28 November 2006 on the common system of value added tax.
10　Regulation（EC）No 312/2009 amending provisions for the implementation of the Customs Code.
11　中国のように輸出に係る仕入税額が一定の割合しか還付にならない国もあります。

12 Mechanisms for the effective collection of VAT/GST when the supplier is not located in the jurisdiction of taxation, 2017, OECD.

13 OECD international VAT/GST Guidelines, P.32, 脚注25 (OECDウェブサイト (英語))。

14 溝口史子,『EU付加価値税の実務』(中央経済社, 2017年)。

15 指令上の欧州連合 (the Community) とは, 第5条第1項により, 加盟国 (Member States) の集合体であるとされている。指令上の加盟国 (5条2項) には加盟国の海外領は含まれない。

16 溝口史子,『EU付加価値税の実務』(中央経済社, 2017年)。

17 スイスから輸入された少額小包につきオンライン事業者が消費者の代理人として通関していることを否認し, 非課税適用を否認したドイツ連邦税務裁判所の判例 (2015年6月16日付XI R 17/13)。

第4章

消費税の基本と
タックスマネジメント

【凡例】

略称	正式名称
消法	消費税法
消令	消費税法施行令
消規	消費税法施行規則
消基通	消費税法基本通達
法法	法人税法
措法	租税特別措置法
国通法	国税通則法
国税庁Q&A	国境を越えた役務の提供に係る消費税の課税に関するQ&A（平成27年5月（平成28年12月改訂）国税庁消費税室）http://www.nta.go.jp/publication/pamph/pdf/cross-QA.pdf

まとめ

- 生産から販売までのサプライチェーンの活動が日本国内で行われる場合には，我が国の消費税が課されます。
- 消費税の負担者は消費者であり，事業者に負担を求めない仕組みであるため，事業者は売上げに係る預り消費税から仕入れや費用に係る仮払消費税を控除した差額を税務署に納付します。サプライチェーンを構成する製造業，卸売業，小売業等を営む事業者は一般的に課税売上割合が高く，消費税コストが多額に生じることはあまり想定されないため，消費税コストを減らすためのタックスプランニングを行うケースは少ないものと思われます。
- サプライチェーンの活動を日本国内で行う事業者は，消費税の申告納税を正しく行うために，消費税の仕組みを理解することが必要です。

152

1 サプライチェーンで消費税が関わる場面

(1) 本章の目的

　物が生産されて顧客に販売されるまでのいわゆるサプライチェーンという一連の企業活動が日本国内で行われる場合，生産から販売の各段階で我が国の消費税が課されます。第3章「1　付加価値税マネジメント」において，「国際取引において付加価値税はコストになる税金」と説明していますが，一方で，サプライチェーンにおける「国内取引に係る消費税」は，一般的にコストにならない税金といえます。

　消費税の負担者は消費者であり，事業者に負担を求めないというのが消費税の基本的な仕組みであり，製造から小売りに至る各段階で課される消費税は，事業者によって売上げに係る預り消費税から仕入れや費用に係る仮払消費税を控除した差額が税務署に納付されるためです。

　消費税はコストにならないとはいえ，その申告納税義務は事業者にありますので，本章では正しくコンプライアンスを行うために，消費税の仕組みを理解することを目的としています。

(2) 消費税のタックスプランニングを行うケース

　上記(1)で，国内取引に係る消費税は一般的にコストにならない税金と述べましたが，国内取引においても，事業者において消費税がコストになるケースは存在します。我が国の消費税は，非課税売上げに対応する課税仕入れに係る消費税については，仕入税額控除をすることができない制度となっています。そのため，例えば金融機関などの非課税売上げが多い（課税売上割合が低い）事業者においては，非課税売上げに対応する仮払消費税の仕入税額控除を適用できず，控除できない消費税相当額が多額のコストとなっているのが一般的です。

　このような場合に，消費税のコストを減らすため，仕入税額控除の制度のなかで，個別対応方式における用途区分の精緻化や，通常の課税売上割合よりも有利な「課税売上割合に準ずる割合」を所轄税務署の承認を受けて適用するなど，消費税のコストを減らすためのタックスプランニングを行うケースはあります。しかしながら，サプライチェーンを構成する製造業，卸売業，小売業等

を営む事業者は通常，課税売上割合が高く消費税のコストが多額に生じるケースはあまり想定されないため，消費税のコストを減らすためのタックスプランニングを行うケースは少ないものと思われます。

⑶ 消費税とキャッシュ・フロー

消費税は，事業年度に１回の確定申告納付と，前期の納税額に応じ中間申告納付を行う義務があります。サプライチェーンの中で，輸出免税売上げが多い事業者は還付になるケースが多く，還付申告の場合，通常は年に１回しか還付を受けられないことから，キャッシュ・フローを良くするために，課税期間を１月または３月に短縮するケースが多くみられます。課税期間を短縮するためには所定の期日までに届出が必要です。

2 消費税制度の基礎

1 基本的な仕組み

我が国の消費税は，多段階一般消費税[1]に分類されます。一般消費税とは個別消費税に対する概念で，個別消費税は特定の物品またはサービスに対して課税するのに対し，一般消費税は原則としてすべての物品またはサービスを対象として課税する税となります。また，多段階消費税とは，製造から小売りに至る一連の取引の各段階で課税されることを指しています。

消費税は，国内で消費するものに課税するという考え方，いわゆる消費地課税主義（もしくは仕向地課税主義）を採っていますので，国内取引および輸入取引に課税され，輸出取引は免税とされています。そして，消費税は，事業者が国内で販売する商品やサービスの価額に次々に転嫁され，最終的に商品を消費し，またはサービスの提供を受ける最終消費者が負担することになります。消費税の納税義務者は国内において課税資産の譲渡等を行った事業者，および輸入時に保税地域から外国貨物を引き取る者ですが（消法5①②），事業者に負担を求めるものではありません。

そのため，生産，流通の各段階で二重，三重に税が課されることがないよう，消費税の体系上も，国内において課税仕入れを行った日の属する課税期間にお

いて，課税売上げに係る消費税額から国内において行った課税仕入れに係る消費税額を控除することとされています（消法30①一）。これを仕入税額控除といい，税が累積しない仕組みとなっています。

図表4－1で多段階課税の仕組みを見ていきましょう。

この例で，最終消費者は10万円の商品を購入し消費税等8,000円を加えて小売業者に支払っています。しかし，小売業者は，その預かった8,000円の消費税等を税務署に納税するのではなく，卸売業者に支払った仕入れの70,000円に対応する消費税等5,600円を控除した2,400円を納税します。この差額5,600円は，小売業者の前段階の卸売業者，完成品製造業者，原材料製造業者が各々消費者に代わって納税します。各段階の事業者が納付する消費税等を合計すると，消費者が負担した消費税等の8,000円と一致するという仕組みです。

さらに，仕入税額控除の金額が，課税売上げに対する消費税額よりも大きい場合には，還付申告を行うことができます（消法45①五，46）。

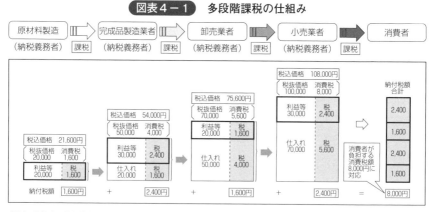

図表4－1　多段階課税の仕組み

(注)「税」，「消費税」には地方消費税を含む。
(出典：財務省ホームページ)

2　どのような取引に課税されるのか

(1)　概　　要

消費税は，1で述べたように消費地課税主義を採用していますので，国内において事業者が行った資産の譲渡等（いわゆる国内取引）と，保税地域から引

き取られる外国貨物（いわゆる輸入取引）を課税対象としています。

　例えば，事業者の行う取引については，図表4－2のように，課税取引，輸出免税取引，非課税取引，不課税取引のいずれかに分類されます。なお，図表4－2では，簡便化のため，⑦で説明する電気通信利用役務の提供取引は除外しています。事業者の行う取引のうち，課税の対象となるものは，課税取引，輸出免税取引，非課税取引です。そのため，国外で行われる取引（国外取引）等の不課税取引については，課税の対象から除外されています。

図表4－2　課税の対象（電気通信利用役務の提供取引を除く）

事業者が行う取引	国内取引	課税の対象	課税資産の譲渡等	課税取引
				輸出免税取引
			非課税取引	
		課税の対象外（＝不課税取引）		
	国外取引（＝不課税取引）			
	輸入取引	課税取引		
		非課税取引		

(2) 具体的な課税対象の内容

　消費税は，国内取引の場合，原則として以下の4要件のすべてを満たす取引について課税されます（消法4①）。

---

① 　国内取引であること
② 　事業者が事業として行うものであること
　　法人については，その法人自体が事業を行う目的で設立されていますので，すべての資産の譲渡，貸付け，役務の提供が，事業として行った取引に該当します（消基通5－1－1）。
③ 　対価を得ていること
　　消費税は，原則として無償取引には課税されません。
④ 　資産の譲渡，貸付け，役務の提供（＝資産の譲渡等）であること

　例えば，保険事故の発生により受領する保険金は，資産の譲渡等の対価に該当せず，課税対象外となります（消基通5－2－4）。また，心身または資産につき加えられた損害の発生に伴い，その損害を補てんするものとして受領す

る損害賠償金も，原則として資産の譲渡等の対価に該当せず，課税対象外となります（消基通5－2－5）。

(3)　資産の譲渡の範囲

上記(2)④の「資産の譲渡」とは，資産につき同一性を保持しつつ，他人に移転させることをいうとされています（消基通5－2－1）。消費税法上，資産の譲渡に該当するか否かは，その取引の法形式により判断するのが原則であり，法人税法上の資産の譲渡とは一致しない場合があります。

例えば，分割型分割に伴う分割承継法人の株式の交付について，交付を受けた分割法人の株主は，法人税法上，分割法人の株式の一部を譲渡した対価として分割承継法人の株式を取得したものとみなします（法法61の2④）。一方，会社法上は，分割法人の株主は，分割法人から剰余金の配当として分割承継法人の株式の交付を受けます。消費税法上は，法人税法のような分割法人株式のみなし譲渡規定はありませんので，剰余金の配当を受けたとして不課税取引となります（消基通5－2－8）。

一方，リース取引のように，消費税法上の取扱いを法人税法上の取扱いと一致させている場合もあります。リース取引は法形式上，資産の貸付けですから，消費税法上，特段の規定がなければ資産の貸付けとして取り扱うことになります。しかしながら，消費税法基本通達5－1－9において，事業者が行うリース取引が，当該リース取引の目的となる資産の譲渡もしくは貸付けまたは金銭の貸付けのいずれに該当するかは，法人税の課税所得の計算における取扱いの例により判定すると規定しています。したがって，リース取引については例外的に法形式によらず，法人税法上の取扱いに準じて消費税法上も取り扱います。

具体的には，法人税法上，売買があったものとされる，いわゆるファイナンス・リース（中途解約不能で，かつフルペイアウトのリース取引）については，消費税法上も賃貸人から賃借人にリース取引の目的となる資産を引き渡した時に資産の譲渡があったことになり，譲渡対価の額はリース料総額となります（法法64の2，消基通5－1－9(1)）。また，法人税法上，金融取引とされる，いわゆるセール・アンド・リースバック取引（法形式上は，賃借人が所有する資産を賃貸人に売却し，賃貸人からその資産のリースを受ける取引）については，消費税法上も資産の売買はなかったものとされ，リース取引の目的となる資産に係る譲渡代金の支払いの時に金銭の貸付けがあったものとされ，リー

料の支払いは借入金の返済と利息の支払いとされます。

(4) 内外判定基準

　上記(2)のとおり，消費税は国内取引を課税対象としていますが，その内外判定は，資産の譲渡または貸付けについては原則としてその資産の譲渡または貸付けが行われる時におけるその資産の所在地，役務提供の場合は原則として役務提供が行われた場所で行います（消法4③）。

　なお，国内および国内以外の地域にわたって行われる国際運輸，国際通信については，内外判定において国内取引とした上で[2]（消令6②一・二），結果として輸出免税の対象としています（消法7①三）。

　また，無形資産の譲渡のようにその資産の所在地が明確でないものについては，以下の①～③のように政令で特掲されており，特掲されていない場合には，その資産の譲渡または貸付けを行う者のその譲渡または貸付けに係る事務所等の所在地により内外判定を行います（消令6①）。例えば，外国法人の日本支店の事業を内国法人に譲渡する時に，事業譲渡の対象資産に営業権が含まれている場合には，営業権に係る消費税の内外判定は，下記③のように本店または主たる事務所の所在地で行うため国外取引となり，営業権の譲渡対価は通常消費税の課税対象とはなりません。なお，営業譲渡の対象資産に含まれる国内に所在する棚卸資産，有形固定資産等は課税取引，金銭債権，有価証券，土地等は非課税取引となり，外国法人が譲渡者となる場合も内国法人同様，原則として消費税の納税義務者になりますので留意が必要です。

---

① 　特許権，実用新案権，意匠権，商標権：権利の登録機関の所在地（同一の権利について2以上の国で登録している場合には，これらの権利の譲渡または貸付けを行う者の本店または主たる事務所の所在地）
② 　著作権：著作権の譲渡または貸付けを行う者の本店または主たる事務所の所在地
③ 　営業権：営業権に係る事業を行う者の本店または主たる事務所の所在地

　役務提供の場所が明らかでないものについても政令で内外判定基準となる場所が特掲されていますが，特掲されていない場合には，役務の提供を行う者の役務の提供に係る事務所等の所在地により内外判定を行うこととされています（消法4③二，消令6②六）。なお，[7]で説明する電気通信利用役務の提供の場

158

合は，原則的な考え方である役務の提供者の所在地ではなく，役務の提供を受ける者の所在地により内外判定を行います（消法4③三，下記[7]参照）。

3　非課税取引とは

消費税の課税対象となる取引であっても，消費税の性格から，課税することがなじまないものや，社会政策的な配慮から課税しないこととされているものがあり，このようなものについては下記のように非課税取引とされ，課税しないこととしています（消法6①，別表第一）。

なお，非課税取引については消費税が課税されませんが，仕入税額控除の計算において，課税売上割合を算定する上で分母に算入する必要があるため，課税売上割合に関係しない不課税取引とは明確に区別する必要があります。

【非課税取引の例示】

1．消費税の性格から，課税することがなじまないもの
①　土地の譲渡，貸付け
②　有価証券等，支払手段の譲渡
③　利子，保証料，保険料
④　郵便切手類，印紙，証紙，物品切手の譲渡
⑤　商品券，プリペイドカード等の物品切手等の譲渡
⑥　国，地方公共団体，公共法人，公益法人等が法令に基づき徴収する手数料等に係る役務の提供
⑦　外国為替および外国貿易法に規定する外国為替業務としての役務の提供

2．社会政策的な配慮から課税しないもの
①　健康保険法等の医療保険等や医療制度に基づいて行われる医療
②　介護保険法の規定に基づく居宅介護サービス，施設介護サービス等，社会福祉法の規定に基づく社会福祉事業，更生保護を行う事業等として行われる資産の譲渡等
③　助産に係る資産の譲渡等
④　埋葬料，火葬料を対価とする役務の提供
⑤　身体障害者用物品の譲渡
⑥　学校等における授業料，入学金，施設設備費，入学検定料，学籍証明書等の発行手数料を対価とする役務の提供
⑦　教科用図書の譲渡
⑧　住宅の貸付け

4 輸出免税取引とは

(1) 輸出免税取引

　資産の輸出や，国際輸送，非居住者に対する役務提供については，原則として輸出免税取引とされています。これは，輸出する資産や，非居住者に対する役務提供等の消費地が国内ではないため，消費地課税主義の考え方に基づいた取扱いになっています。輸出免税取引については，輸出証明書や非居住者との契約書等を原則として7年間保存することにより，輸出免税取引であることを納税者が証明する必要がありますので，留意が必要です。

　上記3の非課税取引と輸出免税取引はいずれも消費税は課されませんが，両者の違いとして，課税売上割合の計算上の取扱いと仕入税額控除があります。

　課税売上割合の計算上，非課税売上げは分母のみに入りますが，免税売上げは分母と分子の両方に入るため，非課税売上げが増加すると課税売上割合が低くなり，免税売上げが増加すると課税売上割合が高くなります。また，仕入税額控除の計算については，個別対応方式により計算する場合，非課税売上げに対応する課税仕入れに係る消費税は原則として控除できませんが，免税売上げに対応する課税仕入れに係る消費税は，原則として控除ができるところが大きな違いとなります。

　非居住者に対する役務提供を輸出免税とする日本の消費税制度は，「国際的商取引における中立性（neutrality in international trade）」を達成するために，非居住者でコストとなる仕入税額の発生を防ぐ制度であると考えられます（第3章①参照）。EUでは，非居住者に対する役務の提供は原則として課税地の問題として検討されます（第3章②3参照）。

(2) 非課税資産の輸出取引

　個別対応方式により仕入税額控除を行う場合に，非課税売上げに対応する課税仕入れについては仕入税額控除ができないのが原則です。ただし，非課税売上げであっても輸出取引にも該当する取引，具体的には，非居住者に対する金銭の貸付けや，預金の預入れに係る受取利息については，課税売上割合の計算上は輸出免税とみなして，分母と分子に算入することができます（消法31①）。

(3) みなし輸出取引

国内以外の地域における資産の譲渡等または自己の使用のため資産を輸出した場合に，その資産が輸出されたことにつき証明がされたときは，課税売上割合の計算上は輸出免税とみなして，輸出時におけるFOB価格を分母と分子に算入することができます（消法31②，消令51）。本来，海外支店などに資産を輸出する行為は，本支店間の内部取引ですので資産の譲渡等には該当せず，その後，海外支店において現地で資産の譲渡等が行われても国外取引のため消費税の課税対象外となります。一方，販売のために輸出した場合には輸出免税として取り扱われるため，両者のバランスをとるために，海外支店等に移送する場合も輸出免税としてみなすこととされています。この規定を適用することは納税者にとって有利ですが，輸出行為により売上げが計上されるわけではなく，FOB価格を別途集計する必要があることから，実務上，その適用を見落としているケースが見受けられますので留意が必要です。

5　納税義務者は誰か

(1)　課税事業者

国内取引の場合，国内において課税資産の譲渡等を行った事業者は，原則として消費税の納税義務者となります（消法5①）。この場合の課税資産の譲渡等は，国内において行った資産の譲渡，貸付け，役務の提供のうち，非課税取引以外の取引をいいます（消法2①九）。消費税法上，資産の譲渡や貸付けを行った事業者，役務提供を行った事業者，つまり売上げを計上する側が納税義務者となるのが原則ですが，事業者向け電気通信利用役務の提供については，当該役務提供を受けた事業者が納税義務者となる，いわゆるリバースチャージが適用されます。リバースチャージについては，「7クロスボーダー電子商取引の課税」で説明します。

また，納税義務者は内国法人に限定されていませんので，外国法人も国内において課税資産の譲渡等を行った場合は，原則として消費税の納税義務者となります。

輸入取引の場合は，原則として保税地域から課税貨物を引き取る者が納税義務者となります。国内取引の場合は，上記のように事業者のみが納税義務者と

なりますが，輸入取引を行った場合には，事業者に限らず，個人事業者でない消費者や免税事業者であっても，消費税の納税義務者となります。

(2) 免税事業者

その課税期間の基準期間における課税売上高が1,000万円以下の事業者は，原則として消費税の納税義務が免除されます（消法9①）。この事業者を一般的に「免税事業者」と呼びます。基準期間とは，法人の場合，原則としてその事業年度の前々事業年度をいいます。なお，免税事業者は，その課税期間に行った課税資産の譲渡等に係る消費税を納付しなくてよいことになりますが，一方で仕入税額控除もできなくなりますので，多額の設備投資を行ったり，輸出免税取引が多く還付ポジションになるような事業者については，「消費税課税事業者選択届出書」を提出することにより，課税事業者となることができます（消法9④）。消費税課税事業者選択届出書を提出して課税事業者になった事業者は，課税事業者となった日から原則として2年間は免税事業者になることはできません（消法9⑤）。

上記基準期間における課税売上高による免税事業者の制度は，租税回避に利用されることが多いことから，現在では，基準期間における課税売上高が1,000万円以下の事業者であっても，以下のいずれかの要件を満たす事業者については免税事業者に該当しないこととされており，免税事業者の制度は徐々に適用範囲が厳しくなってきています。

【納税義務が免除されない場合の例示】

① 特定期間における課税売上高が1,000万円超の事業者（この場合の特定期間とは，原則としてその事業年度の前事業年度開始の日以後6月の期間をいいます。）（消法9の2）

② 基準期間がない法人のうち，その事業年度開始の日の資本金額が1,000万円以上である法人（消法12の2）

③ 基準期間がない法人のうち，他の者に支配され，かつ他の者と一定の特殊関係にある者の基準期間相当期間の課税売上高が5億円超の法人（消法12の3）

④ 組織再編（合併，会社分割等）に係る合併法人または分割承継法人については，被合併法人または分割法人の基準期間相当期間の課税売上高を加味して免税事業者の判定を行う場合があります（消法11，12）

6 課税期間とは

　消費税法上，課税期間とは，納付すべき消費税額の計算の基礎となる期間をいい，法人の場合は原則として法人税法の規定における事業年度またはみなし事業年度，個人事業者の場合は原則として暦年（１月１日から12月31日）をいいます（消法２①十三，19①）。

　なお，消費税法上，課税期間の短縮制度が設けられており，事業者の選択により，３カ月ごとまたは１カ月ごとに課税期間を区分して短縮することができます（消法19①三～四の二）。なお，課税期間の短縮制度を利用するためには，「課税期間特例選択・変更届出書」の提出が必要とされており，当該届出書の効力については，原則として，当該届出書の提出があった日の属する期間の翌期間の初日以後に生ずることになります（消法19②）。

　ただし，新設法人については，設立事業年度において当該届出書を提出した場合には，当該届出書の提出があった日の属する期間から生ずることになります（消法19②，消令41①一）。

　課税期間の短縮制度は，多額な設備投資や輸出免税が多いため，還付ポジションとなる事業者が選択するケースが多くなっています。

7 課税標準

　課税標準とは税額計算の基礎となる金額をいい，その課税期間の課税標準の合計額に税率を乗じて，課税売上げに係る消費税額を算出します。国内取引に係る消費税の課税標準は，課税資産の譲渡等の対価の額とされ，対価として収受し，または収受すべき一切の金銭および金銭以外の物，もしくは権利その他の経済的な利益の額をいいます（消法28①）。通常は，取引当事者間で授受した税抜対価の額が課税標準となります。

　なお，外貨建取引に係る資産の譲渡等の対価の額は，外貨建取引の円換算に係る所得税または法人税の取扱いに準じて計算されます（消基通10－１－７）。

8 仕入税額控除の計算方法

(1) 概　　要

　事業者が納付すべき消費税額を計算する際には，課税仕入れ等に係る消費税

を控除することができます（消法30①）。これを仕入税額控除といいます。課税仕入れとは，事業者が事業として他の者から資産を譲り受け，もしくは借り受け，または役務の提供を受けることをいい，当該他の者が資産を譲渡し，もしくは貸付けまたは役務の提供をした場合に，消費税の課税対象となる取引をいいます（消法2①十二）。また，この場合の「他の者」には，課税事業者および免税事業者のほか消費者も含まれます（消基通11－1－3）。

仕入税額控除の対象となる課税仕入れ等の税額には，国内取引に係る課税仕入れのほか，特定課税仕入れに係る消費税額，保税地域から引き取る課税貨物に対して課された消費税額も含まれます（消法30②）。

このうち，実際に控除を行うことができる仕入税額控除の金額をどのように計算するかについては，その課税期間の課税売上高が5億円以下で，かつ，課税売上割合が95％以上である場合には，その全額について控除を行うことができます。しかし，それ以外の場合，つまり課税売上高が5億円超，または課税売上割合が95％未満である場合には，個別対応方式または一括比例配分方式により，課税売上げに対応する部分の金額として計算された金額についてのみ控除を行うことができます（消法30②）。

この場合における課税売上割合の計算を簡易的な計算式で示すと，以下のとおりです（消法30⑥，消令48）。

$$課税売上割合 = \frac{課税売上げの金額＋免税売上げの金額}{課税売上げの金額＋免税売上げの金額＋非課税売上げの金額}$$

なお，仕入税額控除の適用を受けるためには，下記(5)の帳簿および請求書の保存が必要です。

(2) 個別対応方式

仕入税額控除の計算を個別対応方式により行う場合には，課税仕入れ等により発生した消費税額について，その対応する資産の譲渡等の発生要因を以下の①～③の3つに紐付ける必要があります。課税仕入れに係る消費税額をこれら3種類に区分することを用途区分といいます。

① 課税売上げのみに要するもの

② 非課税売上げのみに要するもの
③ 課税売上げと非課税売上げに共通して要するもの

このうち，課税売上げのみに要するもの（①の金額）についてはその全額について仕入税額控除の対象になり，共通して要するもの（③の金額）については課税売上割合を乗じた金額について仕入税額控除の対象になります。②の非課税売上げのみに要するものは，仕入税額控除をすることはできません。

(3) 一括比例配分方式

一括比例配分方式については，個別対応方式のように用途区分をする必要がなく，課税仕入れ等により発生した消費税額に課税売上割合を乗じた金額により仕入税額控除の計算を行います。一括比例配分方式は，簡便的な仕入税額控除の計算方法といえますが，一度選択すると2年間は継続適用しなければならないことに留意が必要です。なお，個別対応方式については，継続適用のしばりはなく，いつでも一括比例配分方式に変更することができます。

(4) 簡易課税制度

基準期間における課税売上高が5,000万円以下の課税期間の事業者については，課税売上げに係る消費税額にみなし仕入率を乗じた金額により仕入税額控除の計算を行うことができるという簡易課税制度が認められています。この制度を適用するには，所定の期限までに届出書を提出することが必要です（消法37①）。なお，簡易課税を選択した事業者は，課税仕入れに係る消費税の実額が課税売上げに係る消費税額を上回った場合でも，課税売上げに係る消費税額にみなし仕入率を乗じた金額しか仕入税額控除できませんので，還付を受けることはできません。また，原則として2年間は継続適用しなければなりませんので，簡易課税を選択する場合には，適用後2年以内に多額の設備投資や，輸出免税取引が多く生じるなど，還付ポジションとなることがないかを慎重に検討する必要があります。

簡易課税制度の特例を受ける場合には，課税売上げに係る消費税額にみなし仕入率を乗じた金額により仕入税額控除の計算を行うことになります。この場合におけるみなし仕入率は，事業区分により図表4-3のように定められています（消法37①，消令57①⑤⑥）。

第4章 消費税の基本とタックスマネジメント　*165*

図表4−3 みなし仕入率

事業区分	みなし仕入率	該当する事業
第一種事業	90%	卸売業
第二種事業	80%	小売業
第三種事業	70%	農業，林業，漁業，建設業，製造業など
第四種事業	60%	第一種，第二種，第三種，第五種，第六種のいずれにも該当しないもの
第五種事業	50%	運輸通信業，金融保険業，サービス業
第六種事業	40%	不動産業

⑸　帳簿および請求書等の保存要件

①　帳簿および請求書等の保存

　仕入税額控除を適用するためには，原則として，課税仕入れ等の事実を記録した帳簿および事実を証する請求書等の両方の保存が必要とされています（消法30⑦）。帳簿および請求書等は，原則として7年間保存することが必要です（消法50①）。

②　帳簿の記載事項

課税仕入れに係る帳簿の記載事項は以下のとおりです（消法30⑧一）。
- 課税仕入れの相手方の氏名または名称
- 課税仕入れを行った年月日
- 課税仕入れに係る資産または役務の内容
- 課税仕入れに係る支払対価の額

③　請求書等の記載事項

課税仕入れに係る請求書等の記載事項は以下のとおりです（消法30⑨一）。
- 書類の作成者の氏名または名称
- 課税資産の譲渡等を行った年月日（課税期間の範囲内で一定の期間内にまとめて当該書類を作成する場合には，当該一定の期間）
- 課税資産の譲渡等に係る資産または役務の内容
- 課税資産の譲渡等の対価の額（当該課税資産の譲渡等に係る消費税額および地方消費税額に相当する額がある場合には，当該相当する額を含む。）

- 書類の交付を受ける当該事業者の氏名または名称

9　消費税の税率

　現行の消費税の税率は8％であり，国税の消費税6.3％と地方消費税1.7％で構成されています。なお，2019年10月1日より，消費税の税率は10％（国税7.8％，地方消費税2.2％）となる予定であり，その際，一定の飲食料品および新聞については軽減税率8％（国税6.24％，地方消費税1.76％）が適用されることになります。資産の譲渡等の取引段階において消費税は国税と地方消費税に区分することなく授受され，事業者による申告納税も一括して所轄税務署に対して行います。

10　申告納付手続

(1)　国内取引

①　確定申告

　課税事業者は，課税期間の末日の翌日から2月以内に，納税地の所轄税務署長に消費税の確定申告書を提出し，消費税額を納付しなければなりません（消法45）。消費税は，法人税と異なり，申告期限の延長制度がないため，注意が必要です。

②　中間申告

　消費税の中間申告は，原則として，直前の課税期間の確定消費税額（消費税の年税額）に応じて，課税期間開始の日以後1月ごと（または3月ごと，もしくは6月ごと）に区分した各期間の末日の翌日から2月以内に，中間申告書の提出および納付が必要になります（消法42，43，48）。
　中間申告には，次の2つの方法があり，提出期限までに中間申告書の提出がない場合には，下記ⅰ）の中間申告書の提出があったものとみなされます（消法44）。
　ⅰ）前年度実績による中間申告
　ⅱ）仮決算による中間申告

第4章　消費税の基本とタックスマネジメント　*167*

(2)　輸入取引

　輸入消費税については，原則として，課税貨物を保税地域から引き取る時まで
に，その保税地域の所轄税関長に輸入申告書を提出し，消費税額を納付する
こととされています。なお，課税貨物については，税関長の承認を受けること
により，納期限を延長できる制度があります。

11　納 税 地

　法人の消費税の納税地は以下のとおりです（消法22，消令43）。

(1)　国内取引の納税地

① 　内国法人の場合：本店または主たる事務所の所在地
② 　外国法人で，国内に事務所等を有する法人：事務所等の所在地
　　なお，外国法人で国内に事務所等を有しない場合には，納税管理人を選
　　任し，納税地を選択することができます。

　また，消費税は事業者単位で納税申告書を提出することとされているため，
その納税地である本店等の所在地で一括して申告・納付することになります。
支店や営業所ごとに申告することはできません。

(2)　輸入取引の納税地

　保税地域から引き取られる外国貨物に係る納税地は，保税地域の所在地とな
ります（消法26）。

3　バイ・セルモデル（輸入販売）とエージェントモデル（委託販売）

　外国企業が，日本で自社製品を販売しようとする場合の手法としては，バ
イ・セルモデル（輸入販売）とエージェントモデル（委託販売）が考えられま
す。採用する手法により，消費税の納税義務者が異なってきます。

1　バイ・セルモデル（輸入販売）

　バイ・セルモデルの場合について，一般的なケースとして外国企業A社から

日本企業B社に製品が輸入販売され，B社が日本国内でその製品を国内顧客に販売する例で消費税の取扱いをみていきましょう。A社からB社への所有権の移転時期は両社間の契約により決まりますが，輸入通関前にB社に所有権が移転する場合には所有権の移転時には消費税は課されず，B社は輸入引取り時に輸入消費税を税関に支払い，国内顧客への販売時に消費税を預かります。この場合，B社は販売時に預かった消費税と税関に支払った輸入消費税の差額を所轄税務署に申告納税することになります。この場合には，A社には消費税の納税義務は生じません。

　上記のバイ・セルモデルの場合で，日本企業B社が在庫リスク等を限定したいわゆるLimited Risk Distributor（"LRD"）となり，A社（プリンシパル）からB社への所有権の移転時期を国内顧客への販売が決まった時点とするケース（いわゆるフラッシュタイトル取引）があります。このケースでは，B社は輸入引取り時に輸入消費税を税関に支払いますが，国内顧客への販売が決まった時点で，国内にある製品をA社から仕入れるためA社に仕入れに係る消費税を支払うことになります。そして，国内顧客への販売時に消費税を預かります。この場合，B社は販売時に預かった消費税から，支払った輸入消費税およびA社からの仕入れ時の消費税との合計額を仕入税額控除し，その差額を所轄税務署に申告納税（または還付申告）することになります。一方，A社は国内でB社に製品を販売していますので，B社から預かった消費税を申告納税する必要があります。

　上記の一般的なケースとLRDのケースのように，資産の所有権移転時期により，消費税の取扱いが異なりますので，留意が必要です。

　LRDモデルでは，B社の在庫リスクを限定するために，プリンシパルである非居住者が資産を自己の所有権のまま日本へ持ち込み，保管する，いわゆる非居住者在庫が発生します。非居住者在庫は，上記のようにプリンシパルの消費税納付義務を原則として発生させる（免税事業者（本章①参照）の適用がある場合を除く）だけでなく，一般的に，プリンシパルの負担するリスクとコストが上昇する分，関税の課税価格を上昇させます。また，輸入消費税も課税価格の上昇と関税の上昇に伴って関税を含む課税標準に輸入消費税が課税されることによるタックス・オン・タックス効果で増加しますので，キャッシュ・フロー上の影響が生じます。関税率が高い品目では，単に直接税上の節税効果に着目したプランニングを行うと，課税価格の上昇に伴う関税の増額でその効果

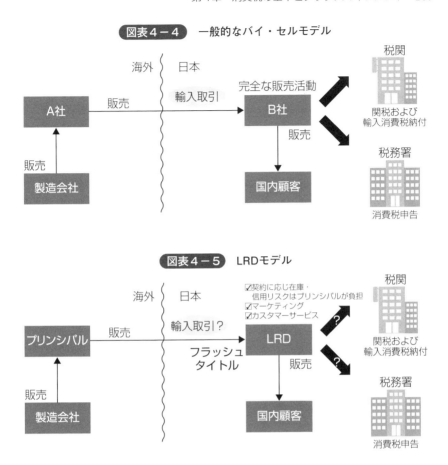

が減殺されてしまう恐れがあることに留意を要します。

2 エージェントモデル（委託販売）

　委託販売とは、資産の販売を第三者に委託して行う販売形態であり、販売の依頼側を委託者（またはプリンシパル）、代行する側を受託者（またはコミッショネア）と呼びます。委託者は資産の所有権を保有したまま、受託者に販売を委託することができ、販売した時点で資産の所有権は委託者から顧客に移転するため、受託者には所有権はいっさい移転しません。受託者は自らの名前で受託した商品を販売し、委託者から手数料収入を得ます。

　委託販売の場合について、外国企業A社（委託者・日本に支店等なし）が日

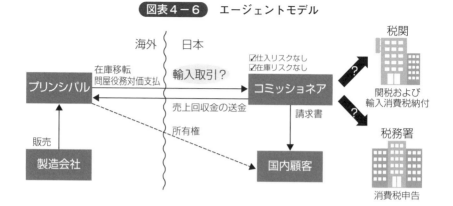

図表4-6　エージェントモデル

本企業B社（受託者）に製品の販売を委託し，B社が日本国内でその製品を国内顧客に販売する例で消費税の取扱いをみていきましょう。

　B社は輸入引取り時に輸入消費税を税関に支払います。国内顧客への販売時に，B社はA社が納付すべき販売に係る消費税を預かります（製品の所有権はA社から日本の顧客へ直接移転しますので，国内販売に係る仮受消費税の納税義務はA社にあります）。B社は自らの名前で請求書を発行しA社に代わって売掛金を回収しますが，顧客に対する売掛金は経済的にはB社ではなくA社に帰属し，B社は顧客から回収した売掛金をA社に送金し，A社から受託者としての販売手数料を受け取ります。B社が受け取るその販売手数料は，外国法人であるA社に対する役務提供の対価のため，輸出免税となり消費税は課されません。

　したがって，この取引により，A社は，国内で顧客に製品を販売していますので，顧客から預かった消費税を申告納税する必要があります。一方，B社は，輸入消費税につき還付申告を行うことになります。

第4章　消費税の基本とタックスマネジメント　*171*

4 関税法と消費税法の関係/輸入取引

1　輸入取引の課税対象と納税義務者

⑴　輸入取引の課税対象と納税義務者

　消費税法は，輸入取引に関する用語や課税標準の計算について，関税法等に準拠しています。

　輸入取引については，輸入される貨物が原則として国内で消費，使用されるため，消費地課税主義の見地から，輸入時に消費税が課税されます。国内取引に係る消費税は，１2に記載のとおり，原則として事業者が対価を得て行う資産の譲渡等を課税対象としていますが，輸入取引については，保税地域から引き取られる外国貨物が課税対象とされています（消法4②）。この場合，輸入貨物が無償で取引されても，課税の対象となります（消基通5－6－2）。

　また，輸入品を引き取る者が消費税の納税義務者となるため，個人や免税事業者であっても納税義務者となります。この場合，輸入品を引き取る者は輸入申告者であるので，通関業務を業者に委託して貨物を引き取る場合の納税義務者は，通関業者ではなく通関業務を委託した者となります。

⑵　輸入取引の非課税

　輸入取引についても，国内取引における非課税取引とのバランスを考慮して，以下のものについては非課税とされています（消法6②，別表二）。

【非課税物品】

> 有価証券等，郵便切手類，印紙，証紙，物品切手等，身体障害者用物品，教科用図書

2　輸入取引の課税標準の計算方法

　輸入取引の課税標準の計算方法を算式にすると，以下のとおりです（消法28④）。

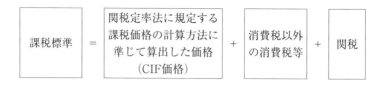

(1) CIF価格

「CIF」という用語はインコタームズから引用されています。インコタームズはInternational Commercial Termsのアンダーラインをした部分を組み合わせた合成語であり、国際商業会議所が貿易取引条件における、売買当事者間の費用負担の範囲と貨物の危険負担の範囲についての解釈に関する国際規則として制定した解釈規準です。

- 「C」はCost、つまり貨物の仕入価格（または製造原価）、梱包費、輸出国における国内輸送費、輸出者利益、その他の諸経費のことです。
- 「I」はInsurance Premium、つまりその貿易取引における損害保険料です。
- 「F」はFreight、その貿易取引に要した運賃です。

(2) 消費税以外の消費税等（国通法2三）

その輸入貨物に係る酒税、たばこ税、揮発油税、地方揮発油税、石油ガス税、石油石炭税のことです。

(3) 関　　税

主に外産品との競争から国内産業を保護する目的から、輸入される貨物に対して課される租税です。関税の課税標準および税率は関税定率法で規定されています。関税定率法では、輸入貨物の課税標準価格は売買者間における現実支払価格に、その含まれていない限度において運賃、保険等の額を加えた価格としています。その課税標準価格の意味合いが、上記のインコタームズにおけるCIF価格と合致しているため、一般にCIF価格が関税の課税標準価格といわれているのです。CIF価格に品目ごとに定められている一定の率を乗じて関税を算出します。

第4章　消費税の基本とタックスマネジメント　*173*

3　輸入消費税の仕入税額控除

(1)　輸入消費税の輸入申告と仕入税額控除の時期

　課税事業者は課税期間中における輸入消費税について仕入税額控除を適用できますが，仕入税額控除の時期については，輸入申告の種類に応じて定められています（消法30①，消令46①，消基通11－3－9・10）。

①　一般申告
　ⅰ）通常申告
　課税貨物を引き取った日の属する課税期間において，仕入税額控除を適用できます（消法30①三）。この場合の「課税貨物を引き取った日」とは，「輸入の許可を受けた日」と規定されています（消基通11－3－9）。
　ⅱ）輸入許可前における貨物の引取り（Before Permit申告）
　Before Permit申告，いわゆる「BP申告」とは，輸入申告時に関税の課税標準価格または税率等が確定しない場合，輸入者が見積りによる関税および消費税額等に相当する担保を提供し，税関長の承認を受けて輸入の許可前に課税貨物を引き取るものです（関税法73）。
　BP申告における輸入消費税の仕入税額控除の時期については，以下のように規定されています（消令46①，消基通11－3－9・10）。

> ・原則：実際に課税貨物を引き取った日の属する課税期間
> ・特例：引取りに係る消費税額を納付した日の属する課税期間

（注）BP申告を行った日の属する課税期間の末日までに輸入消費税額が確定しないときは，その引取りに係る見積消費税額により仕入税額控除の計算を行い，その後確定した輸入消費税額と見積額が異なるときは，その差額を確定した日の属する課税期間の課税仕入れ等の税額に加算または控除することにより調整することとなります。また，BP申告を行った日の属する課税期間の末日までに輸入消費税額を納付していないときは，納付した日の属する課税期間について仕入税額控除を適用することが可能です。

②　特例申告
　特例申告とは特例申告制度による輸入申告のことです。特例申告制度は，あらかじめ税関長の承認を受けている輸入者が，継続的に輸入しているものとして指定を受けた貨物について，法令遵守の確保を条件に，輸入申告と納税申告

を分離し，納税申告の前に貨物を引き取ることを可能とする制度です。特例輸入者になると，納税申告前に貨物を引き取ることが可能となり，同時に申告手続の効率化を図ることが可能となり，物流の一層の迅速化，円滑化を実現することができるのです。

しかし，この制度は法令遵守の考えが強く，かえって事務作業が煩雑になる傾向があります。そのため，当該制度を利用している輸入者は少ないのが現状です。

特例申告書は，輸入許可を受けた日の属する月の翌月末日までに提出することとなっています。そして，特例申告に係る輸入消費税の仕入税額控除の時期は特例申告書を提出した日となっています（消法30①四）。

③ 輸入消費税の納期限の延長制度

輸入消費税については原則として申告時に納付しなければなりませんが（消法50），輸入者の納税の便宜を図るため，納付を猶予する制度，すなわち納期限延長制度があります（関税法9の2）。ただし，納期限延長を適用している輸入者であっても，仕入税額控除の時期の特例はありませんので，上記①②のとおり，一般申告であれば輸入許可日，特例申告であれば申告書提出日が仕入税額控除の時期となります。

納期限延長制度には次の3つの方式があります。

ⅰ）個別延長方式（消法51①）

個々の輸入申告ごとに納期限を延長する方式で，輸入者が申告ごとに納期限延長申請書を提出するとともに担保を提供したときは，輸入許可日の翌日から3カ月以内の納期限の延長が認められる方式です。

ⅱ）包括延長方式（消法51②）

特定の月分の輸入申告に係る納期限をまとめて3カ月以内に延長する方式で，輸入者が特定月の前月末日までに納期限延長申請書を提出するとともに担保を提供したときは，特定月の末日の翌日から3カ月以内の延長が認められる方式です。

例えば，許可日が5月1日・5月15日・5月30日等については，1カ月分をすべてひとまとめにして，3カ月後の末日である8月31日までに納税すればよいこととなります。

ⅲ）特例延長方式（消法51③）

特例輸入者が特例申告書の提出期限内に納期限延長申請書を提出するとともに担保を提供したときは，特例申告書の提出期限から2カ月以内の納期限の延長が認め

第4章　消費税の基本とタックスマネジメント　*175*

られる方式です。上記2つの方式と異なり，なぜ2カ月以内の延長となるのかについては，そもそも特例申告制度上，すでに1カ月納期限が延長されているためです。

⑵　帳簿書類の保存の義務（消法30⑧三・⑨三，消令49⑤，同71，消規27，消基通11－3－11）

仕入税額控除の適用にあたっては，厳格な帳簿書類の保存の義務があります。輸入消費税についても規定が設けられているため，法令に遵守しているかの確認が必要です。

【(参考)　輸入消費税額の整合性のチェック】

消費税申告書作成を行う際に，会計上の仮払消費税額が，仕入額や費用計上額等に消費税率を乗じた金額と整合しているか計算チェックを行うことがあります。このとき，輸入貨物に係る費用勘定を加味してチェックをすると，理論値とかなりの誤差が生じる場合があります。

この誤差の原因には，例えば次のものがあります。

①　輸入仕入高の数値

会社経理による輸入仕入高は売手との取引レートを基に算出されています。また，その勘定には輸入運賃，保険料および関税が含まれている場合があります。

一方，輸入仕入れに係る消費税は輸入申告日の属する週の2週間前の週平均レートが使用され（関税定率法4の7，関税定率法施行規則1），さらに上記2⑴の計算方式により課税標準を算定しているため，会計上の輸入仕入額に消費税率を乗じた金額とは一致しません。

②　証憑書類からの費用のピックアップ

輸入業務を物流業者に委託している場合，物流業者から当該輸入業務に係る請求書が届きます。その請求書は業者によって明細表示が異なりますが，課税・免税の費用，輸入消費税・国内消費税が散りばめられています。経理担当者が当該費用および消費税を適正に仕訳処理しているかどうかがポイントとなります。

5 ┃ 移転価格調整と消費税

1　輸入事後調査と移転価格調整を原因とする輸入消費税の追徴

輸入時に係る消費税に関して留意が必要な点として，移転価格調整と輸入消

費税の論点があります。毎年，財務省は関税および内国消費税の輸入事後調査
（輸入貨物の通関後における税関による税務調査）の状況等として主な申告漏
れ等の事例も公表していますが，輸入者が支払った価格調整金（インボイス金
額以外の貨物代金）の申告漏れは毎年事例として挙げられています。過去３年
間の公表事例は図表４－７のとおりですが，金額が大きい事例では，追徴税額
が10億円を超えていることがわかります。

図表４－７ 申告漏れの公表事例

事務年度	公表事例
平成27年	輸入者Ａは，アメリカ等の輸出者から医療機器などを輸入しており，Ａは，輸出者との取決めに基づき，過去２年の間に輸入した貨物について遡及して価格を見直し，増額となった金額を価格調整金として支払っていました。本来，この価格調整金は課税価格に含められるべきものでしたが，Ａは修正申告を行っていませんでした。 　その結果，申告漏れ課税価格は198億9,168万円，追徴税額は11億7,634万円でした。
平成26年	輸入者Ｂは，アメリカの輸出者から自動車部品などを輸入しており，輸出者に対して輸入貨物の開発に必要な費用を支払っていました。本来，この開発に要した費用は課税価格に含めるべきものでしたが，Ｂは修正申告を行っていませんでした。 　その結果，その他の誤りも含め，申告漏れの課税価格は４億7,695万円，追徴税額は2,678万円でした。
平成25年	輸入者Ｃは，アメリカの輸出者から電源装置などを輸入しており，Ｃは，輸出者との契約により，国内での販売価格に応じて輸入時の取引価格が見直され，増額となった金額を価格調整金として支払っていました。本来，この価格調整金は課税価格に含められるべきものでしたが，Ｃは修正申告を行っていませんでした。 　その結果，申告漏れ課税価格は56億8,464万円，追徴税額は３億534万円でした。

2　価格調整金に係る法人税，関税および消費税の取扱い

(1)　価格調整金に係る法人税法上の取扱い

　法人が価格調整金等の名目で，すでに行われた国外関連取引に係る対価の額
を事後に変更している場合に，その変更が国外関連者に対する金銭の支払また

は費用等の計上（以下「支払等」という。）により行われている場合には，その支払等に係る理由，事前の取決めの内容，算定の方法および計算根拠，当該支払等を決定した日，当該支払等をした日等を総合的に勘案して検討し，その支払等が合理的な理由に基づくものと認められるときは，損金算入が認められます（移転価格事務運営要領3-20）。

　一方，その支払等が合理的な理由に基づくものと認められない場合には，その価格調整金は，国外関連者に対する寄附金として損金算入が認められないことになります（措法66の4③）。合理的な理由に基づくものと認められない場合の例としては，国外関連者に対する財政的支援を目的としている場合や国外関連者との間で取引価格を遡及して改定するための条件があらかじめ定められていない場合，支払額の計算が法定の独立企業間価格の算定方法に基づいていない場合，支払額の具体的な計算根拠がない場合が挙げられています（移転価格事務運営要領別冊事例26）。

⑵　価格調整金に係る関税および輸入消費税の取扱い

　前節で記載したように，関税および輸入消費税の課税標準となる課税価格は売買者間における現実支払価格が基礎となります（関税定率法4①）。輸入貨物につき，価格調整金の支払いがされた場合には，輸入申告価格の調整がされたものとされるため（関税定率法基本通達4-2の2⑵），修正申告が必要となります。修正申告にあたっては，不足関税額および不足輸入消費税額に加え，原則として過少申告加算税および延滞税の附帯税が課されます。ただし，税関の調査通知を受ける前に自主的に修正申告をした場合には，過少申告加算税は課されないため，移転価格調整が行われることが予期される取引を行う企業にあっては，附帯税負担の軽減の見地からも移転価格の税務調査に対応する部署と輸出入関連事務を行う部署との情報の連携が必要と考えられます。また，税関への修正申告は，原則として個別輸入申告ごとに行う必要がありますが，対象期間内の輸入回数が多く実務対応が困難な場合等には，具体的な修正申告の方法等につき，管轄の税関に事前相談することをお勧めします。

⑶　税関の事後調査による追徴税額

　税関の事後調査を受け，修正申告により税関に追加納付した輸入消費税は仕入税額控除の対象となります。なお，過年度分の課税貨物の引取りについて税

関に追加納付した輸入消費税については，所轄の税務署への更正の請求という
手続により仕入税額控除の対象とし，還付を受けることができます。更正の請
求ができる期間は，原則として当初申告の法定申告期限から5年以内ですが，
5年を経過した後であっても，税関への修正申告書を提出した日の翌日から2
月以内に限り提出することができます（国通法23，消法56）。税務署は，更正
の請求書が提出された場合には，更正の請求書に記載された内容に基づいて必
要な調査を行い，請求内容が正しいことを確認した場合には減額更正を行いま
す。税関への修正申告を原因とする税務署への更正の請求については，特に問
題なく減額更正され還付されるのが一般的です。

6 輸出免税取引の落とし穴

(1) 役務提供先の外国法人に日本支店がある場合

　上記「2 4　輸出免税取引とは」のとおり，資産の輸出取引については輸出
証明書の保存により輸出免税であることを判定することは容易であると考えら
れます。一方，役務の提供については，外国法人に対する役務提供がすべて輸
出免税となるとは限りませんので，注意が必要です。具体的には，役務提供先
の外国法人に日本支店または出張所等（日本支店等）がある場合は，日本支店
等への役務提供として輸出免税とならない場合があります。

　消費税法上，非居住者に対して行われる役務提供は，一定のものを除き輸出
免税とされていますが（消法7①五，消令17②七），非居住者の定義は外為法
の「非居住者」の定義に基づくため，外国法人の日本支店等は「居住者」とな
ります[3]。したがって，外国法人の日本支店に対する役務提供は免税とならず
（消令1②二，外為法6①五），役務提供先の外国法人が日本支店等を有する場
合には，原則として輸出免税の取扱いとはなりません。ただし，日本支店等を
有する外国法人への役務提供であっても，次の2つの要件のすべてを満たす場
合には，輸出免税として取り扱うことができます（消基通7－2－17）。

> ①　役務の提供が非居住者の国外の本店等との直接取引であり，その非居住者
> 　の国内支店等は，その役務の提供に直接的にも間接的にもかかわっていない
> 　こと。

② 役務の提供を受ける非居住者の国内支店等の業務は，その役務の提供に係る業務と同種，あるいは関連する業務でないこと。

⑵ 外国法人が日本において直接便益を享受するもの

消費税法上，非居住者に対して行われる役務提供は，一定のものを除き輸出免税とされていますが，いわゆる国内において直接便益を享受するものについては，輸出免税となりません（消法7①五，消令17②七）。

輸出免税の対象から除かれる非居住者に対する役務の提供には，例えば次のものが該当します（消基通7－2－16）。

① 国内に所在する資産に係る運送や保管
② 国内に所在する不動産の管理や修理
③ 建物の建築請負
④ 電車，バス，タクシー等による旅客の輸送
⑤ 国内における飲食または宿泊
⑥ 理容または美容
⑦ 医療または療養
⑧ 劇場，映画館等の興行場における観劇等の役務の提供
⑨ 国内間の電話，郵便または信書便
⑩ 日本語学校等における語学教育等に係る役務の提供

⑶ 輸出物品の下請加工等

輸出物品の製造のための下請加工や，輸出業者に対して行う国内での資産の譲渡等は，輸出には該当しませんので，輸出免税の取扱いを受けることはできません（消基通7－2－2）。

7 非居住者が日本国内で行う課税取引/免税事業者制度

我が国では，原則として，居住者と非居住者の区分により消費税法上の取扱いが異なることはありません。

上記1 2のとおり，国内取引については，事業者が事業として対価を得て行

う資産の譲渡等は消費税の課税対象となります（消法4）。この場合の事業者は居住者に限定されていませんので，非居住者が国内で行う資産の譲渡，資産の貸付け，役務提供であっても，それが事業として対価を得て行われるものであるときは消費税の課税対象となります（消基通5－1－11）。

　また，上記①5のとおり，消費税の免税事業者制度についても，居住者に限定されていませんので，非居住者が免税事業者に該当する場合には，課税事業者の選択届出書を提出しない限り，消費税の免税事業者となります。また，課税事業者の選択は，居住者だけでなく非居住者が行うことも可能です。例えば，外国法人が国内で原材料を仕入れて国内の工場で一次加工後，国外の工場で二次加工を行い国外で完成品を譲渡するようなケースでは，日本国内で原材料の仕入れ時に消費税が課されます。国内で課税売上げが生じず免税事業者となってしまう場合には，課税事業者を選択することにより，仕入れ時に課された消費税の還付申告を行うことが可能となります。なお，非居住者が日本に支店等を有しない場合には，日本において納税管理人を選任して申告書の提出等の手続を行います（国通法117）。

8 クロスボーダー電子商取引の課税

(1) 制度導入の背景

　2015年度税制改正により，国外事業者が国境を越えて行う電子書籍・音楽・広告の配信等の，いわゆる電子商取引に係る消費税課税の見直しが行われ，2015年10月1日以後に行われる電子商取引から適用されました。

　改正前の制度における，いわゆる電子商取引が消費税の課税対象となるか否かの判断基準（内外判定基準）は，役務提供者の事務所等の所在地によって判断することとされていました。そのため，同様のサービスであっても，役務提供者が国内事業者であれば国内取引として消費税が課税されますが，役務提供者が国外事業者であれば国外取引として消費税が課税されず，課税の不公平が生じ，国内外の事業者間の競争条件が不均衡となっていました。

　2015年度税制改正により，その内外判定基準について役務提供を受ける者の所在地に転換し，改正前は消費税が課されなかった国外事業者からの電子商取

引を国内取引として課税対象とすることにより，役務提供者の所在地の違いによる内外判定の差異が解消されることとなりました。

(2) 電気通信利用役務の提供の内容

インターネット等の電気通信回線を介して行われる電子書籍・音楽・広告の配信等の役務の提供については，消費税法上「電気通信利用役務の提供」と定義づけられますが，その具体的範囲は，対価を得て行われる以下のようなものが該当します（消基通5－8－3，国税庁Q&A問2－1）。

---

① インターネット等を介して行われる電子書籍・電気新聞・音楽・映像・ソフトウェア（ゲームなどのさまざまなアプリケーションを含む）の配信
② 顧客に，クラウド上のソフトウェアやデータベースを利用させるサービス
③ 顧客に，クラウド上の顧客の電子データの保存を行う場所の提供を行うサービス
④ インターネット等を通じた広告の配信・掲載
⑤ インターネット上のショッピングサイト・オークションサイトを利用させるサービス（商品の掲載料金等）
⑥ インターネット上でゲームソフト等を販売する場所を利用させるサービス
⑦ インターネットを介して行う宿泊予約，飲食店予約サイト（宿泊施設，飲食店等を経営する事業者から掲載料等を徴するもの）
⑧ インターネットを介して行う英会話教室
⑨ 電話，電子メールによる継続的なコンサルティング

なお，「電気通信利用役務の提供」に該当しないものとしては，電話，FAX，電報，データ伝送，インターネット回線の利用など，他者間の情報の伝達を単に媒介する通信そのものや，その電気通信回線を介する行為が他の資産の譲渡等に付随して行われるもの，例えば，国外に所在する資産の管理・運用等で，依頼を受けた事業者が，その管理等の状況をインターネットや電子メール等を利用して依頼者に報告するもの（資産の管理・運用等という他の資産の譲渡等に付随してインターネット等が利用されたもの）などとされています。

また，著作物に係る著作権の所有者が，著作物の複製，上映，放送等を行う事業者に対して，当該著作物の著作権等の譲渡・貸付けを行う場合に，当該著作物の受渡しがインターネット等を介して行われたとしても，著作権等の譲渡・貸付けという他の資産の譲渡等に付随してインターネット等が利用されて

いるものですので，電気通信利用役務の提供に該当しないとされています（国税庁Q&A問２－１）。しかしながら，実務上は著作権の譲渡・貸付けか，電気通信利用役務かの判断は難しい場合もありますので，そのような場合には，法務専門家に著作権の譲渡・貸付けに該当するか否かの助言を求める必要があります。

⑶　電気通信利用役務の提供に係る内外判定基準

　電気通信利用役務の提供に係る内外判定基準は，役務の提供を受ける者の所在地（個人の場合は住所または居所，法人の場合には本店または主たる事務所の所在地）とされています。上記①２⑶のとおり，役務の提供に係る内外判定は，役務提供を行う者の役務の提供に係る事務所等の所在地とするのが消費税法の原則的な考え方ですが，電気通信利用役務については，役務提供を受ける者（受益者）の所在地に内外判定基準が逆転されています。

　したがって，国外事業者[4]から国内事業者または国内の消費者に対する電気通信利用役務の提供は消費税の課税対象となり，一方，国内事業者から国外事業者または国外の消費者に対する電気通信利用役務の提供は，消費税の課税対象外となります。

⑷　電気通信利用役務の課税方式（リバースチャージ方式）

　電気通信利用役務の提供を，事業者向け（Ｂ２Ｂ）電気通信利用役務の提供とそれ以外のもの（消費者向け（Ｂ２Ｃ）電気通信利用役務の提供）に区分し，前者については，国外事業者から役務の提供を受ける国内事業者が申告納税義務を負う，いわゆる「リバースチャージ方式」となっています。後者については，その役務の提供を行った国外事業者が申告納税義務を負います。

　消費税法上，上記①５⑴のとおり，役務の提供については役務の提供を行った事業者が申告納税義務を負うのが原則です。しかしながら，国外事業者による「事業者向け電気通信利用役務の提供」については，役務の提供を受けた側である国内事業者が消費税の申告納税義務を負うという新たな課税方式が導入されました（リバースチャージ方式）。これは，日本国内に拠点を持たない国外事業者に対して日本の消費税の申告納税義務を課す従来の制度では，適正な税務執行の確保に自ずと限界があるためとされています。

　「事業者向け電気通信利用役務の提供」とは，国外事業者が行う電気通信利

用役務の提供のうち，その電気通信利用役務の提供に係る①役務の性質から，または②その役務の提供に係る取引条件等から，その役務の提供を受ける者が通常事業者に限られるものをいい（消法２①八の四），例えば以下のようなものがあります（消基通５－８－４，国税庁Q&A問３）。

① 「役務の性質」から「事業者向け電気通信利用役務の提供」に該当するもの

　インターネットのウェブサイト上への広告の掲載や，インターネット上でのゲームやソフトウェアの販売場所を提供するサービスのように，その役務の性質から通常事業者向けであることが客観的に明らかなもの

② 「取引条件等」から「事業者向け電気通信利用役務の提供」に該当するもの

　役務の提供を受ける事業者に応じて，各事業者との間で個別に取引内容を取り決めて締結した契約に基づき行われる電気通信利用役務の提供で，その契約で役務の提供を受ける事業者が事業として利用することが明らかなもの

　上記の「役務の性質」からは事業者向けと限定できない取引でも，相対で個別に契約を締結し，その契約に基づき一対一で取引を行っており，役務の提供を受ける者が事業者であることが明確な取引であれば，「事業者向け電気通信利用役務の提供」に該当することとされています。

　なお，インターネットのウェブサイト上に掲載した規約等で事業者のみを対象とする旨を明示していても，消費者からの申込みを事実上制限できないものは，「事業者向け電気通信利用役務の提供」に該当せず，「消費者向け電気通信利用役務の提供」となります。

　上記のとおり，「事業者向け電気通信利用役務の提供」の範囲は限定的に規定されたため，結果として，「消費者向け電気通信利用役務の提供」には，国内事業者も利用するさまざまなサービスが含まれることになります。これは，現行消費税の制度上，課税事業者番号制度がないことを前提に，リバースチャージ方式により確実に申告納税を行うことが見込まれる国内事業者に対する取引であることが明確なもののみを「事業者向け電気通信利用役務の提供」とし，それ以外（消費者向け電気通信利用役務の提供）については，原則どおり国外事業者に申告納税義務を課す制度としたものと考えられます。

⑸ リバースチャージ方式による処理方法

国外事業者から，「事業者向け電気通信利用役務の提供」を受けた国内事業者は，消費税の申告納税義務（リバースチャージによる納税義務）を負います（消法4①，同5①）。同時に，その国内事業者は，その課税仕入れに係る仕入税額控除を行うことになります（消法30②）。つまり，1つの取引に係る消費税額が，納税（仮受消費税）と控除（仮払消費税）の両方で登場することになります。

① リバースチャージに係る課税標準

リバースチャージに係る消費税の課税標準は，国外事業者へ支払う対価の額となります（消法28②）。支払を受ける国外事業者は，上記のとおり消費税の納税義務者とはならないため，その国外事業者への支払対価の額は消費税の税抜金額となっています。したがって，他の国内取引に係る課税標準の計算と異なり，税抜計算を行う必要はありません。

② リバースチャージに係る仕入税額控除

リバースチャージに係る仕入税額控除額は，納税義務者が適用している個別対応方式または一括比例配分方式のいずれかの方式により計算することになります（消法30②）。特定課税仕入れとは，その電気通信利用役務の受領に関する取引をいいますが，個別対応方式において，当該特定課税仕入れを非課税売上対応または共通対応に区分している場合，または一括比例配分方式を適用している場合には，その特定課税仕入れにつき，税負担となる控除対象外消費税が発生することになります。税負担額が大きい場合には，適用する計算方式や用途区分の精緻化など，税負担額の削減余地について検討することが考えられます。

③ 課税売上割合の計算

上記①のように課税標準額に含められた支払対価の額は，課税売上割合の計算上，分母に含められることはありません（消法30⑥，国税庁Q&A問29）。これは，リバースチャージ方式により，便宜的に役務提供を受けた側が納税義務を負いますが，役務提供を受けた側の課税売上高ではないからと考えられます。

第4章　消費税の基本とタックスマネジメント　**185**

　また，国外事業者においても，課税売上割合を計算する際の資産の譲渡等（分母）および課税資産の譲渡等（分子）から「事業者向け電気通信利用役務の提供」が除かれているので，それを除いたところで課税売上割合の計算を行うこととなります（消法30⑥，消令48①，国税庁Q&A問29）。

④　帳簿記載要件

　消費税法上，仕入税額控除に際しては，上記□8(5)のとおり，原則として，請求書等の保存および帳簿への記載が必要とされていますが，「事業者向け電気通信利用役務の提供」に係る取引については，帳簿記載のみで足りることとされています（消法30⑦）。ただし，帳簿記載事項には，他の課税仕入れと同様の記載事項のほかに，「特定課税仕入れに係るものである旨の記載」が加えられました（消法30⑧二）。この「特定課税仕入れに係るものである旨の記載」とは，事後にその課税仕入れが特定課税仕入れに該当することが確認できる表示であればよく，例えば帳簿に「特定」と付記するといった方法も認められます（国税庁Q&A問28）。

⑤　リバースチャージの適用除外

　国外事業者から，「事業者向け電気通信利用役務の提供」を受けた国内事業者であっても，その役務の提供を受けた国内事業者の課税売上割合が95％以上である場合や，その国内事業者が簡易課税制度の適用を受けている場合については，当分の間，特定課税仕入れは「なかったもの」として取り扱われます。つまり，その課税期間の課税売上割合が95％以上である場合，あるいは簡易課税制度の適用を受けている場合には，その国内事業者は，その提供を受けた「事業者向け電気通信利用役務」に係る消費税につき，リバースチャージ方式による申告納税義務を負わないとともに，仕入税額控除も行わないということになります（H27改正附則42，44②）。したがって，原則課税制度を適用している国内事業者であって恒常的に課税売上割合が95％以上である者においては，リバースチャージに係る事務負担は発生しません（何ら消費税に係る処理は必要ありません）。

　一方，課税売上割合が毎課税期間95％前後という不安定な状況で，その課税期間が終了するまで課税売上割合が95％以上かどうかわからない国内事業者は，リバースチャージに係る特定課税仕入れの取引金額について事後的に確認でき

186

るようにしておくことが望ましいと考えられます。なお，免税事業者は消費税
の申告納税義務が免除されているため，「事業者向け電気通信利用役務」を受
けた場合でも申告納税を行う必要はありません。

(6) 国外事業者が行う消費者向け電気通信利用役務の提供に係る仕入税額控除の制限

消費者向け電気通信利用役務の提供については，役務の提供を行った国外事
業者が申告納税義務を負うことになりますが，その国外事業者からの消費者向
け電気通信利用役務の提供を受けた国内事業者は，当分の間，当該役務の提供
に係る仕入れを仕入税額控除の対象とすることができないこととされています。

(7) 登録国外事業者制度の創設

上記(5)のとおり，国外事業者から消費者向け電気通信利用役務の提供を受け
た国内事業者は，当分の間，当該役務の提供に係る仕入税額控除を制限されま
す。ただし，登録国外事業者制度に基づき国税庁長官の登録を受けた国外事業
者からの消費者向け電気通信利用役務の仕入れについては，登録番号等が記載
された請求書等の保存を要件に仕入税額控除を行うことが認められます。

登録国外事業者からの課税仕入れについては，その国内事業者の仕入税額控
除方式（個別対応方式または一括比例配分方式）に従って，控除対象消費税額
を計算することになります。また，「登録国外事業者」からの課税仕入れに係
る仕入税額控除に際しては，帳簿・請求書に，上記[1]8(5)の課税仕入れに係る
記載事項に加えて，次の事項の記載が必要とされました（消法30⑧⑨，平成27
改正附則38②）。

---

① 帳簿：「課税仕入れの相手方の登録番号」
② 請求書：「書類作成者の登録番号」，「課税資産の譲渡等を行った者が消費税
　を納める義務がある旨」

実務上は，「消費者向け電気通信利用役務の提供」を受けた場合，国税庁の
ホームページで登録国外事業者であるかを確認し，さらに，請求書に「登録番
号」，「課税資産の譲渡等を行った者が消費税を納める義務がある旨」の記載の
有無を確認し，記載がある場合に限って，帳簿に登録番号を含めた法定記載事
項を記載した上で，仕入税額控除の対象とするという処理が必要となります。

なお，登録国外事業者が，請求書に登録番号を含めた法定記載事項を記載していなかった場合には，請求書の修正・再交付を受けることにより，仕入税額控除の対象とすることが可能となります（平成27改正附則38④⑤）。

■注───────────────────────────────────
1　多段階一般消費税については，第3章①図表3－2「多段階一般消費税としての付加価値税」参照。
2　国際運輸については発送地または到着地，国際通信については発信地または受信地が国内の場合に国内取引に該当することとされている（消令6②一・三）。
3　外国法人の日本国内にある支店，出張所等の事務所は，法律上の代理権があるかどうかにかかわらず，その主たる事務所が外国にある場合であっても居住者とみなされる（消基通7－2－15）。
4　国外事業者とは，所得税法第2条第1項第5号に規定する非居住者である個人事業者および法人税法第2条第4号に規定する外国法人をいう（消法2①四の二，消基通1－6－1）。したがって，国内に支店等を有する外国法人も国外事業者に該当する。

第5章

グローバルバリューチェーン (Global Value Chain)

　本書を執筆するにあたり，バリューチェーン（value chain）を取り扱うか，サプライチェーン（supply chain）を取り扱うかが，まず議論となりました。サプライチェーンが生産から消費までの供給の過程を意味しているのに対して，バリューチェーンとは生産の各段階で創出される付加価値が積み上げられていく過程を意味していると考えられます。

　どちらがより現在の企業の経済活動に即しているかという観点から考えると，現在ではバリューチェーンの考え方が主流となりつつあるといえます。その理由として，経済活動の多様化があります。企業が物を作って売る，という生産を中心とした統合型のサプライチェーンから機能の細分化と分業をモデルとする経済活動に移行しつつあります。また，経済活動のグローバル化に従い，細分化された機能である生産の各段階が複数の国で行われるようになり，また生産からサービスの要素だけが切り離され，さらに別の国で行われるようになると，個々の機能が創出する付加価値の連鎖として企業の経済活動を捉えるほうが適していると思われます。世界経済がこの20年間にどのような変化を遂げたか，および，この世界経済の変化がグローバルバリューチェーンにどのような影響を及ぼしたかを概観します。

1　経済のグローバル化

　経済のグローバル化（economic globalisation）とはどういうことでしょうか。ノーベル経済学賞受賞者のジョセフ・スティグリッツの言葉を借りるならば，「物流コストおよび通信コストの著しい削減，および資産とサービス，資本，知識，人々の国境を越えた移動の流れを妨げる人為的障壁が破壊されることに

よって引き起こされている世界の国と民族の融和」であると表現されます。世界経済のグローバル化が，地球上の貧富の格差に拍車をかけ，貧困によって引き起こされる汚職，不公平，政治不安，極端なナショナリズムの勃興，ひいては戦争とそれに伴う経済の破壊を招くものであるのかが国連の場で議論されています。

　経済のグローバル化が大きな現象であるとするならば，その一部として観察される国際貿易（international trade）の隆盛は顕著であり，国際貿易は，過去四半世紀の間に，世界経済に占める割合を著しく増大させています。資産とサービスの国際貿易が世界のGDPに占める割合は，1990年の39％から2015年には57％まで拡大しています。経済規模に占める国際貿易の比率の拡大は，発展途上国と先進国に一様に観察されますが，特にバングラデシュ，ブラジル，メキシコ，中国といった発展途上国で伸長の度合いが高く，米国は1995年の20％から2015年の28％に変化したにとどまり，国際貿易の影響が少ないことが観察されています。

　国際貿易に占める先進国の割合は，1995年の80％から2014年には54％まで低下しており，これを補う形で発展途上国が占める割合は，1995年の20％から44％に拡大しています。中でも，北アメリカ，アメリカ中南部，アフリカの占める割合は低下しており，これに比べてアジア地域の占める割合が14％から32％に伸長していることは，アジア地域の国際貿易における重要性の高まりを顕著に表しているといえます。また，発展途上国の輸出産品の変化も顕著であり，従来の一次生産物に依存する体質から，特に，中国，メキシコ，インドはハイテク製品と労働集約型の産品の両方を輸出する体質に変化しつつあります[1]。興味深いことに，EU加盟国を中心とする西欧諸国が世界の国際貿易に占める割合は，第二次大戦直後の1948年（35.1％）と2015年（36.8％）でほとんど変化していません。戦後のアメリカ大陸を中心とする国際貿易の体制が欧州を素通りしてアジアにシフトしつつあることがわかります。

　経済のグローバル化のコンテクストで，注目すべきは国際貿易の性質の変化です。国際貿易の性質の変化は，サプライチェーンの変化によって引き起こされています。従来は，国際貿易の主要な品目といえば，一次生産物か完成品でした。古代世界では，塩や絹が交易の主要産品であったことを考えれば明瞭です。現代においても，発展途上国に生産拠点があり，先進国である消費地に輸

出されるという単純なサプライチェーンは存在します。しかし，多くの産品のグローバルバリューチェーンはさらに細分化され，最終製品に至るまでの生産過程は複数国に寸断され，それぞれの領域で付加価値が生み出されます。バリューチェーンを構成するサービスの要素が切り離され，他の国からサービスが供給される「サービスの輸出」が日常的に行われています。

WTOとOECDが2013年に共同で立ち上げた付加価値の貿易に関するデータベース（Trade in Value-Added database，略称「TiVA」）によれば，国際貿易の20％はサービスの貿易です。国際貿易の性質は，単純な一次産品と完成品の貿易から，部品や役務の国際貿易に変化しています。

このような国際貿易の性質の変化は，通信手段，金融，IT技術の向上により，世界中の生産活動をコーディネートすることが可能となったことに端を発し，輸送技術の向上，WTOの創設等，国際貿易に関する規範整備により法的安定性，予見可能性が生まれたことによりさらに促進され，最終段階としてインド，中国が市場経済に参画したことによって労働力が供給されたことにより飛躍的な発達をみたと観察されます。このような要因から生産プロセスを世界中に分断することが可能となったことによって，より平易な技術で行える加工工程が発展途上国に移転され，これらの国に産業と経済的発展のチャンスがもたらされたと考えられます。

2　生産段階の細分化とグローバルバリューチェーン（GVC）の台頭

私たちの経済活動の中で，生産と消費がすべて同一国内で起こる地産地消型の経済活動は，例えば，国産の野菜を買って食べる，美容院で散髪をしてもらうなどですが，この地産地消型の経済活動が今日においても生活の重要な位置を占めていることはいうまでもありません。加えて，スーパーで国産の豚肉と並んで米国産の豚肉が売られているように，古典的な貿易である，生産がすべてある国内で行われ，消費が他の国内で行われるようなケースが「国際化」として肌で感じられる時代です。

実際，これら2つのカテゴリー，すなわち純粋に国内で行われる生産消費（図表5－1「pure domestic production」）と古典的な貿易は，世界の経済の主要な部分を構成しています。1995年の世界経済における純粋に国内で行われる生産消費の割合は，実に約85％を占めていました。これに，古典的な貿易の

5％を加えると経済活動の約90％が説明可能だったのです。2014年の統計数値はこれと若干様相を異にしています。純粋に国内で行われる生産消費の割合は2008年のリーマンショックまで顕著に下がり続け、その後若干盛り返しましたが、2014年時点で80％程度となっています。古典的貿易は6％程度で推移し、その隙間を埋めるように、生産が2カ国に及ぶ比較的シンプルなグローバルバリューチェーンと生産が3カ国以上で行われる複雑なグローバルバリューチェーンが台頭してきています[2]。

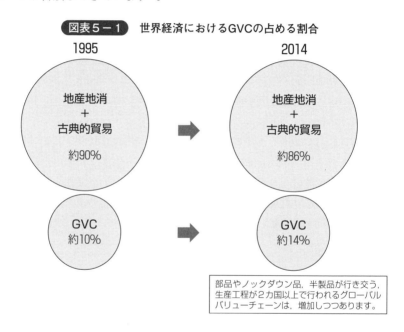

図表5-1　世界経済におけるGVCの占める割合

3　グローバルバリューチェーンの構造

　グローバルバリューチェーンの台頭は、発展途上国に経済発展のチャンスをもたらします。これは完成品を一から生産する技術を自国で持つようになることはリソース上の制約から困難であっても、生産の一段階を担える技術を持つことは可能であるからです。

　通信技術と輸送技術の発達、世界貿易の法的安定性を背景に、生産段階が細分化されるようになると、労務コストの低い発展途上国で特定の加工工程が行われるようになりました。特に複雑なグローバルバリューチェーンをもつとい

第5章　グローバルバリューチェーン（Global Value Chain）　*193*

われる通信機器を例にとると，高付加価値分野である生産企画，デザイン設計はほぼ米国，日本で行われ，高機能コンポーネントの生産は台湾，組立は中国，タイ，完成品は欧米，日本などの先進国市場が消費地となるというグローバルバリューチェーンがあります。

　実際に特定の製品の生産工程を，労務単価を縦軸にとり，設計からより消費者に近い段階の販売，アフターマーケットまでの段階を横軸にとったグラフにプロットしてみると，スマイルカーブを描きます（図表5-2）。高度の技術力を要する設計は労務単価の高い先進国で行われ，販売，アフターマーケットなども先進国で行われる一方，実際の生産工程はより労務単価の低い国で行われる傾向がみられます。この事実は，先進国，発展途上国のいずれから見ても脅威として映ります。米国，日本などの先進国では低賃金雇用が失われ，一部の高いレベルの技術を有する人材に雇用が集中し，これらの人材不足が感じられる反面で，失業問題，価格プレッシャーによる低賃金雇用のさらなる低賃金化や，所得格差を増大させます。

　発展途上国では低賃金雇用が増えて全体として経済が発展する反面，高い付加価値を生み出す生産活動を行う技術力を有していない国としての不満が生じます。例えば，近年の中国の状況を観察すると，労働生産性の驚くべき向上が観察され，賃金水準も低賃金層から高賃金層まで一様に上昇しているにもかかわらず，GDPの70％超が賃金としてではなく投下資本に対する再配分に充てられており，しかもその割合が1995年から2009年にかけて上昇しています。つまり，経済発展の恩恵は投資家に回され，賃金の上昇は豊かな労働力供給を背景に労働生産性の向上に比較して比較的緩やかに保たれている構造がうかがえます。

　このような国は，まだまだ投資を引きつけるポテンシャルを有しています。なぜなら，生産拠点を選択する際，有意な差を生じさせるのは，単に低賃金であることではなく1人当たりのGDPに対する賃金の割合が低いことであることが統計上明らかになっています[3]。つまり，絶対的労務コストが低いことではなく，そこそこ技術力を持った人材が「割安に手に入る」ことが重要であるといえるでしょう。

　このような世界的「分業体制」は，今後も続くことが見込まれ，これに合わせて日本の国内産業構造，グローバルバリューチェーンも引き続き変化していくことが予想されます。

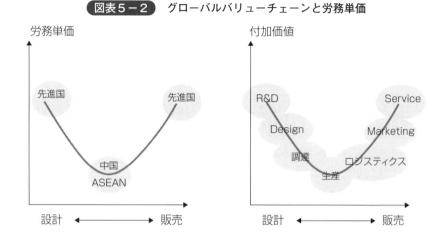

図表5-2　グローバルバリューチェーンと労務単価

4　ロジスティクスの効率の重要性

　生産工程の世界レベルでの細分化は，情報通信技術と輸送技術の発展を背景としています。情報通信技術の発達は，世界の生産拠点と販売拠点の活動を日本からある程度コントロールすることを可能にしました。また，管理だけでなく，生産活動からサービスの要素を切り離して，別の拠点から実行することも可能としました。例えば，アフターマーケットを実際に行う技術者に対して新製品の技術情報をウェブ上で提供することなどです。

　どんなにデジタル経済が発達しても，私たちの生活は最終的には実体のあるモノに依存して成り立っています。このため，グローバルバリューチェーンの発展には情報通信技術の発達と並んで輸送技術の発達が必要不可欠です。グローバルバリューチェーンに介在する国の条件として，①地理的優位性と②相当程度に発達したロジスティクス機能を提供できる国であることが必要となります。

　世界各国のロジスティクス機能を図るインデックスとしてWorld BankのLogistics Performance Indexがあります。図表5-3にその抽出データを掲載しますが，2016年の数値で，日本は第12位，米国は第10位，中国は第27位，インドは第35位です。この点から圧倒的な強さを見せるのはドイツです。ドイツはロジスティクス機能が第1位であるだけでなく，周囲を先進国に囲まれた地理的な優位性もあり，先進国としての高い技術力も有しています。その結果，

米国，中国と並んで部品生産の中核的拠点を成しています。

　日本は第12位という結果に甘んじることなく中国，韓国，台湾，香港といった周辺国との関係での地理的優位性を活かし，ロジスティクス機能のさらなる向上を図ることにより，グローバルバリューチェーンでのポジションを保つことが必要でしょう。このための取り組みは非常に多岐にわたります。関税制度１つをとってみても，日本の国内関税制度の改良のみならず，第２章で述べた自由貿易協定の締結国，対象品目のカバー率を向上させるなどの努力が必要です。

　特に複雑なグローバルバリューチェーンを持つ産業である自動車産業，機械産業などにおいて，運送費用，保険費用など非関税コストは関税コストのおよそ４倍といわれています。この他，いわゆる非関税障壁といわれる規制，権利保護，法務といった分野の複雑さ，法的予見可能性がグローバルバリューチェーンへの参画に影響を及ぼします。このような分野での国全体での制度改革が難しい場合に国際貿易を促進するために活用される政策が経済特区の導入です。

　ロジスティクス機能が世界第35位のインドのspecial economic zone（SEZ）のように，関税，法人税のみならず，機能的なロジスティクスを保障し，各種規制への対応から解放することによりグローバルバリューチェーンへの自国の参入障壁を引き下げる狙いで経済特区制度を導入しているアジア諸国は多いのですが，経済特区外の国内に立地するサプライヤーとの関係が引き続き「国内レベル」のロジスティクスや法的不確実性にさらされるため，あくまでも国全体の制度改革が困難な国での政策的選択肢です。

　中国のように，特定の経済特区からスタートしてその特区を中国全土に拡大させた国も特記に値します。特区間の競争がさらなるロジスティクスの改善，非関税コストの削減インセンティブとなって国内の民間企業の経済活動を活性化させることに大いに貢献しています。輸送技術のさらなる発達は今後，グローバルバリューチェーンが世界貿易の中に占める割合を増加させ，ひいては私たちの生活にも大きく影響を及ぼすことを予告しています。

図表5－3 各国のロジスティクス機能

国名	順位	関税制度	インフラ	国際輸送	ロジ能力	追跡可能性	適時性
ドイツ	1	2	1	8	1	3	2
ルクセンブルク	2	9	4	1	10	8	1
スウェーデン	3	8	3	4	2	1	3
オランダ	4	3	2	6	3	6	5
シンガポール	5	1	6	5	5	10	6
ベルギー	6	13	14	3	6	4	4
オーストリア	7	15	12	9	4	2	7
英国	8	5	5	11	7	7	8
香港	9	7	10	2	11	14	9
米国	10	16	8	19	8	5	11
スイス	11	10	7	14	14	12	14
日本	12	11	11	13	12	13	15
アラブ首長国連邦	13	12	13	7	18	18	18
カナダ	14	6	9	29	15	9	25
フィンランド	15	4	16	30	16	11	16
フランス	16	17	15	20	19	15	13
デンマーク	17	14	24	15	9	25	30
アイルランド	18	25	22	10	20	16	29
オーストラリア	19	22	18	21	17	19	21
南アフリカ	20	18	21	23	22	17	24
イタリア	21	27	19	17	21	20	22
ノルウェー	22	20	17	25	24	22	39
スペイン	23	24	25	22	23	23	26
韓国	24	26	20	27	25	24	23
台湾	25	34	26	28	13	31	12
チェコ共和国	26	19	35	18	26	21	28
中国	27	31	23	12	27	28	31
イスラエル	28	23	30	37	28	26	10
リトアニア	29	28	27	31	30	27	17
カタール	30	21	28	26	29	35	35
ハンガリー	31	49	32	34	34	41	33
マレーシア	32	40	33	32	35	36	47

ポーランド	33	33	45	33	31	37	37
トルコ	34	36	31	35	36	43	40
インド	35	38	36	39	32	33	42
ポルトガル	36	30	49	47	47	29	27
ニュージーランド	37	37	29	80	41	32	19
エストニア	38	29	44	56	46	48	20
スロバキア	41	32	39	36	51	55	36
台湾	45	46	46	38	49	50	52
チリ	46	35	63	43	56	34	44
ギリシア	47	55	37	64	60	30	34
エジプト	49	65	50	45	43	54	48
スロベニア	50	53	43	53	44	46	60
クロアチア	51	47	53	51	42	52	67
サウジアラビア	52	68	40	48	54	49	53
クウェート	53	56	56	24	70	53	55
メキシコ	54	54	57	61	48	42	68
ブラジル	55	62	47	72	50	45	66
ルーマニア	60	50	58	57	67	64	81
インドネシア	63	69	73	71	55	51	62
ベトナム	64	64	70	50	62	75	56
フィリピン	71	78	82	60	77	73	70

（出典：Logistics Performance Index 2016, World Bank）

5 グローバルバリューチェーンの深化が税務に与える影響

　グローバルバリューチェーンの深化は企業に新たなチャンスをもたらします。今後予想されるさらなる情報通信技術と輸送技術の発達により，企業には新しい市場に参入し売上を伸ばし，生産工程の再配置によって生産コストを削減する可能性が生まれます。第6章に述べるように，グローバルバリューチェーンの深化はチャンスであると同時にこの潮流に乗れるかどうかが，日本企業のビジネスの行く末を左右する大きな分かれ道となります。多くの日本企業は，すでに中期経営計画の中でこの課題をどのように自社ビジネスに取り込むかを明らかにしています。

　このような環境のなかで，グローバルバリューチェーンに踏み出すことに

よって生じる新たなコストがあります。典型的な見えるコストは輸送費，保険費，そして関税に代表される間接税です。これらのコストは，グローバルバリューチェーンが創出する全体の付加価値を減殺させます。また，関税に代表される間接税は，加工工程を分散させればさせるほど，前段階で課税された間接税がコストに含まれることで次の輸入国での課税ベースを構成し，税に税が課されるカスケード効果をもっています。

　グローバルバリューチェーンに付随するこれらのコストは，輸送距離，輸送時間，税率に比例して拡大します。通常，輸送距離が大きくなればなるほど輸送コストはかさみますが，輸送費用は輸送方法，貨物の性質により大幅に異なります。グローバルバリューチェーンの導入により生産から消費までにかかる時間が伸長すると，投資から回収までのファイナンスコストが増大します。輸送コストとリードタイムは，多くの場合において二者択一の関係にあります。例えば，リードコストを削減しようとすると航空便のようにコストの高い輸送手段を選択しなければならない，現地にコンサインメント・ストックを保有するための倉庫管理費が発生する等，ロジスティクスコストを上昇させます。
　また，これらの税以外のコストと税コストの比重は産業によって異なります。一般的に，食品産業は，輸送コストが高く保護関税によって税コストも高いため，グローバルバリューチェーンに踏み出すインセンティブは低いといえます。これに対して，例えばコンピュータ産業にみられるWTO情報技術協定（Information Technology Agreement）により関税の撤廃が図られている産業では，税コストは低く，複雑なグローバルバリューチェーンを導入するインセンティブは高いといえます。
　OECD-WTOのValue Added databaseに含まれる66の経済地域の全産業を平均した場合，2011年のデータで輸入製品に付随して発生する税金以外のトレードコストが最終価格に占める割合は17.1％，FTA特恵税率を計算した関税コストは3.1％となっています。FTA特恵税率を適用しないMFN税率の場合，関税コストは5.5％に増大します[4]。つまり，グローバルバリューチェーンで発生するトレードコストの物流・保険費：関税の割合は，およそ3：1ということになります。
　グローバルバリューチェーンが複雑化し，加工工程が3カ国以上にまたがる場合には，乗数的にコストが増加します。機能が国境を越えて分散すれば関連

者間取引を対象とする移転価格の問題が生じ，さらに，付加価値税コンプライアンスが企業に重くのしかかります。グローバルバリューチェーンにおける関接税プランニングでは企業における緊急の課題であるといえるでしょう。

■注
1　以上，データは，The Law and Policy of the World Trade Organization, Cambridge University Prcssより抜粋。
2　Measuring and analyzing the impact of GVCs on economic development（2017），World Bank Group et al.
3　Measuring and analyzing the impact of GVCs on economic development（2017），World Bank Group et al, chapter 3.
4　Measuring and analyzing the impact of GVCs on economic development（2017），World Bank Group et al, chapter 4.

第6章

サプライチェーンマネジメントの潮流

まとめ

- デジタル化の加速は，各業界の従来のサプライチェーンの構造そのものを大きく変化させるものであり，全体最適化されたサプライチェーンのさらなる構築が可能となってきています。
- 事業環境や事業戦略より，各バリューチェーンの要件を洗い出し，企業の競争力に寄与するサプライチェーンモデルを設計することが重要です。
- 上記に加えて，サプライチェーン上のリスク，環境/社会的責任を考慮して，サプライチェーンモデルを設計する必要があります。
- 全体最適化されたサプライチェーンを構築する際には，調達，製造，物流コストに加えて，法人税，関税などの税コスト，リスク対応コストを含めたサプライチェーントータルコストにより評価することが重要です。

　本章では，サプライチェーンを調達/生産/物流といった狭義の範囲で捉えるのではなく，R&D/設計，および販売/アフターサービスも含めたバリューチェーン全体を広義のサプライチェーンと捉えます。第1章から第5章まで述べてきた，タックスマネジメントによるソフト面での対応に加え，サプライチェーンに関連する最新のトレンドを機能別，業界別に事例を交えて紹介し，拠点再編，機能再編等のハード面での取るべき対応を解説します。

1 機能別のサプライチェーンマネジメントの潮流

1 情報通信技術の進歩

　近年，各企業は，過去の延長線上にある差別化に限界を感じ，「単純なモノづくりではない，新たな付加価値の提供」や「他社のまねできない，圧倒的効率化」を目指してデジタル化を志向しています。デジタル化により圧倒的に変化するのは情報量であり，情報は，今や，将来の成功に必要な栄養素を運ぶ時代のライフラインを流れる「血液」となりつつあります。そして，不可欠な血液である情報やその情報を活用するテクノロジーに支えられたダイナミックなビジネス戦略や業務オペレーションに加え，最適化されたサプライチェーンを築けるかどうかが将来の成功を大きく左右することとなります。

　昨今のデジタル革命によってビジネスや日常生活における既存秩序の破壊が続いていますが，それを受け入れるペースもまた加速しています。今や世界のスマートフォンのユーザー数は10億人を突破し，2020年までに接続デバイス台数は500億に上ると予想されています。さらに5年後には80％の企業が何らかの形のデジタル化されたサプライチェーンを持つようになると考えられています。

　デジタル化はサプライチェーンの各機能（R&D，設計/開発，調達，生産，物流，販売，アフターサービス）に対して大きな変革をもたらし，従来のサプライチェーンの構造そのものが大きく変化していきます。今後，生産拠点等の物理的な拠点の再編や，グループ会社内での機能の再編が各企業にて検討，実施されることが予想されます。

　このようなサプライチェーン構造や機能の変化の際には，これまで述べてきたようなタックスマネジメントもあわせて検討することで，最適化されたサプライチェーンを構築することが可能となります。

　重厚な既存の資産基盤に縛られているような企業は，新興企業が過去からの課題を抱えずに事業を発案し即座に行動するのを傍目に，イノベーションのジレンマと苦闘しています。

　新興企業の革新的なデジタルイノベーションの優位性を活用しないことは，競争上不利になります。現実にいくつかの企業は，新世代のサプライチェーン

における破壊的イノベーションによって衰退の危機にさらされています。

　デジタルイノベーションの優位性を活用した例としては，スマートフォンを活用した配車サービスのウーバー（Uber），空室シェアのエアービーアンドビー（Airbnb），ストア・ファクトリー・コンセプトの活用を検討しているアディダス（Adidas）などが挙げられます。

　自動車業界では破壊的イノベーションによって，根本的な（モビリティがサービスへと進化するトレンドのような）サプライチェーンの革新が起きています。この例は，アメリカの自動車会社ローカルモーターズ（Local Motors）の成功に見て取れます。

　ローカルモーターズ社は，設計から市場投入までの期間が業界平均で5年から7年かかっていたのを，18カ月以内にまで短縮させました。この米アリゾナの自動車メーカーは，デジタル技術により自動車マニアのグループを自動車設計に巻き込み，マイクロファクトリーと呼ばれるカスタム生産工場で購入者とともにカスタムカーの製造を行うことで，納期短縮を実現しました。このようにローカルモーターズ社は従来のサプライチェーンモデルを，自立した供給エコシステム[1]へと飛躍させたのです。新たな供給エコシステムが自動車業界で競争優位となるかどうかの判断は時期尚早ですが，他の業界においては，エコシステムを重視する企業の業績は業界平均を大幅に上回っています。極めて競争の激しいファッション小売業界において，ザラ（Zara）は際立った情報主導型のアプローチによりカスタマー・インティマシー（顧客との親密さ）を，サプライチェーン上の製品デザインナレッジを統合することで実現しています。

2　企業が抱える課題と先進技術活用による解決の方向性

　可能な限り少ないリソースで，大きな成果が求められるサプライチェーンにおいて，長年にわたってコスト削減と効率化に取り組んできたものの，今なおコスト削減と成果向上を求める声は衰える気配がなく，出口の見えない状況にあります。こうした相反する課題は企業の利益を圧迫するだけに，経費削減と新規設備導入のジレンマに陥りがちであり，サプライチェーンの責任者にとって頭痛の種となっています。

　企業の多くがサプライチェーンにおいて，長年にわたってコスト削減と無駄の排除に取り組んできたものの，このまま改善活動を続けていけば収益は先細り状態になります。このことから，サプライチェーンの経営幹部はもっと革新

的な解決策を見出す必要があります。図表6－1は，2014年にDeloitteが実施したサーベイ結果であり，参加企業は小規模企業から大企業まで多岐にわたり，年間売上高1億ドル以上の企業が半数，同100億ドル超の企業は11％を占めています。

サーベイ結果によると，各企業が抱えるサプライチェーンの課題について，サプライチェーンに責任を持つ経営陣や専門家が「非常に困難」，「極めて困難」と回答した上位3項目は，顧客からの値下げ圧力（51％），対応時間の迅速化への要求（50％），顧客側のサービスに対する期待値の上昇（49％）となっています。

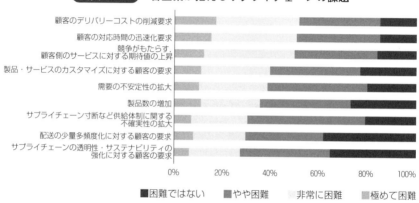

(出典：DeloitteおよびMHI発行「Supply Chain Industry Report 2015」)

こうした課題に取り組むため，多くの組織がフルフィルメント戦略[2]を見直し，在庫を主要顧客や市場の近くに確保して，専用の高機能な物流施設を構築しています。この戦略の方向性自体は間違ってはいませんが，フルフィルメント戦略だけでは，サプライチェーンが直面する現行の課題や今後待ち受けている課題に対応することは難しくなります。

例えば，需要が不透明な場合，一定の在庫を確保しておけば，いざというときの調整弁やクッションとして効果が見込めますが，同時にコストを押し上げる要因にもなります。先進の在庫最適化ツールなどの先端テクノロジーを活用すると，どこに在庫の調整弁を置くのが最も効果的なのかをサプライチェーン

の責任者が的確に意思決定を下すことが可能となります。

　同様に，大口製品専用の高速物流施設を建設すれば，あらゆる販路を駆使したオムニチャネル出荷体制が最適化され，配送コスト総額の削減につながります。しかし，そのようなフルフィルメント戦略の効率と実効性を同時に高めるには，自動化・自動認識技術を組み合わせて，計画系と実行系の高度な情報連携を実現するテクノロジーに投資する必要があります。

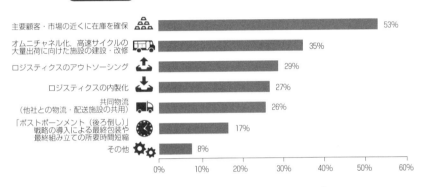

図表6-2　顧客の期待に応えるフルフィルメント戦略

- 主要顧客・市場の近くに在庫を確保　53%
- オムニチャネル化，高速サイクルの大量出荷に向けた施設の建設・改修　35%
- ロジスティクスのアウトソーシング　29%
- ロジスティクスの内製化　27%
- 共同物流（他社との物流・配送施設の共用）　26%
- 「ポストポーンメント（後ろ倒し）」戦略の導入による最終包装や最終組み立ての所要時間短縮　17%
- その他　8%

(出典：DeloitteおよびMHI発行「Supply Chain Industry Report 2015」)

　サーベイ結果では，「対応時間の迅速化に対する顧客の要求」について，回答者の50％が「極めて困難」または「非常に困難」と答えています。企業がグローバルに事業活動を展開するようになり，取引の流れを調整しながら，対応時間短縮を求める顧客の期待に応えようとしています。

　そうした状況のなか，刻々と変化する市場のニーズに応えるには，複雑化したサプライチェーンネットワークをすばやく評価して設計し直す必要があります。これを支援するような先進テクノロジーや機能があれば，積極的に投資していくことが重要となります。

　多くの企業はすでにサプライチェーンのコストを大幅に削減しています。コスト削減策に頼り続ければ，利益が目減りしてしまい，企業側は経済的にも競争力の面でも目標に届かないことになります。

　このため，投資対象と投資タイミングの判断が成果を大きく左右します。特

に，対象が黎明期にあるテクノロジーともなればなおさらです。サーベイ結果によれば，新たなテクノロジーやイノベーションへの投資を阻む要因として第1位に挙げられた回答は，「投資効果が不明確」（36％）でした。逆に，投資にあたって最も難易度が低かったのは「資本を確保できない」（25％）でした。つまり，企業側に投資する余力はあるが，支出の根拠となる投資効果を定量化する方法がはっきりしないことにあります。

テクノロジーの飛躍的な進歩はイノベーションを育む豊かな土壌となり，これが従来型のサプライチェーンの変革につながります。こうした進歩をいち早く導入した企業は，劇的な効率化や業績アップを達成します。場合によっては，イノベーションによって競争の土台自体が破壊されることもあります。

それだけではなく，イノベーションのペースが上がっていけば，早期に導入した企業と出遅れた企業との格差が広がり，リーダー企業やイノベーション志向の企業は持続的な競争力を手に入れることになります。この結果，従来型サプライチェーンを抱える企業にとって競争や追撃は難しくなります。

サーベイ結果をもとに，Deloitteは，次世代サプライチェーンの促進につながる8つのテクノロジーに着目しました。

- 在庫＆ネットワーク最適化ツール
- センサー・自動認識
- クラウドコンピューティング＆ストレージ
- ロボット・自動化技術
- 予測分析
- ウェアラブル＆モバイル技術
- 3Dプリンティング
- 自動運転車・ドローン

これらのテクノロジーの導入の動きはまだ浸透していませんが，サーベイ回答者の大部分（75％）は，10年後に少なくとも上記テクノロジーの1つが業界での競争力の源泉になるか，既存の枠組みの破壊につながると考えています。特にその可能性が高いと期待されている4つの技術が在庫＆ネットワーク最適化ツール，センサー・自動認識，ロボット・自動化技術，予測分析です。図

表6-3が示すように，この4技術のうちの3つはすでに現時点でサプライチェーンに広く浸透しています。

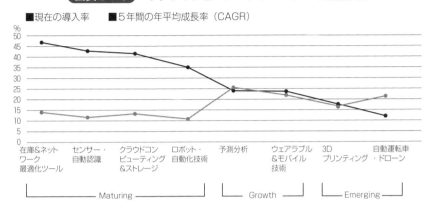

(出典：DeloitteおよびMHI発行「Supply Chain Industry Report 2015」)

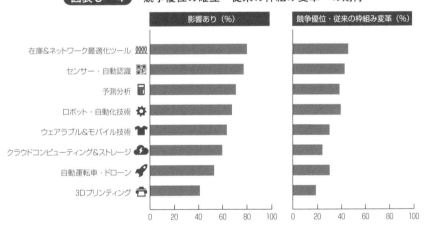

(出典：DeloitteおよびMHI発行「Supply Chain Industry Report 2015」)

　新しいサプライチェーン・テクノロジーやイノベーションへの戦略投資を実施する企業は，市場で持続的な競争優位の獲得に積極的に取り組む可能性が高くなります。大企業ほど投資額を増やせる強みがありますが，従来の枠組みを破壊するようなテクノロジーは，競合他社に付け込む隙を与えかねないだけに，

投資対象が適切な分野かどうかの見極めが重要となります。

3　デジタル化がサプライチェーン上の各機能へ与える影響

　近年のテクノロジーの進歩により，サプライチェーンマネジメントの革新が起こりつつある状況のなか，サプライチェーンの各機能において，どのようなテクノロジー活用の可能性があるか，その全体像を図表6－5に示します。

図表6－5　サプライチェーンの各機能への適用可能性のあるテクノロジー

設計プロセスの最適化	製品の最適化	需給計画/在庫の最適化	リスクの予防/緩和	サプライヤーコラボレーション	オペレーションの効率化	ロジスティクスの最適化	販売の最適化	アフターサービス
センサー/データを活用した設計の改善	生産やサービスへのデータの活用	アナリティクス活用による需要予測高度化	アナリティクス活用による能動的な品質対応	アナリティクス活用による調達の高度化	ARを活用したオペレーションの効率化	ARを活用したロジスティクスの最適化	在庫と連動した価格設定	ARを活用したカスタマーエクスペリエンスの向上
オープンイノベーション/クラウドソーシング	3Dプリンティング	生販状況と連動した在庫補充計画	トレーサビリティーの確保	資源共有	生産の自動化	ロジスティクスの自動化	センサー情報に基づいた補充計画	製品・サービスの透明性確保・情報開示
試作期間の短縮	顧客個別要件に応じた製品の生産	POSデータに基づいた自動補充	アナリティクス活用による能動的リスク対応	ブロックチェーンを活用した取引の透明性確保	能動的な設備保全	ラストワンマイルの効率化	マーケティング活動の高度化	3Dプリンティング
バーチャル設計シミュレーション		リアルタイム在庫最適化		クラウドソーシング基盤形成	ウェアラブルを活用した作業者管理	自動運転による輸送		能動的なアフターサービスの提供
		センサー情報を活用した計画策定		サプライヤーエコシステム形成		最新の状況と連動した輸送ルートの策定		サプライチェーンの変革 施策例

　これらのさまざまなテクノロジーの活用により，サプライチェーンマネジメントにおいては，大きく3つの変化が起こります。1つ目は，テクノロジーを活用した業務の効率化・少人化であり，これまでマニュアルで多くの工数をかけて実施していた作業を機械が肩代わりすることにより，企業はコストメリットを享受できます。2つ目は，テクノロジーを活用した品質の向上であり，これまではデータが膨大かつロジックが複雑であるため難しかった分析が，AIやビッグデータ分析の活用によって，より実態を正確に数値化することが可能となり，結果として販売計画や生産計画の精度が向上し，企業の投資効率が飛躍的に改善されることになります。3つ目は，スピードの向上であり，インターネットの高速化，企業間のデータがシームレスに連携するエコシステムの形成が加速度的に進み，結果として，よりスピーディーに，よりダイナミックに，より広範囲にわたりサプライチェーン上の数値が可視化され，迅速な意思決定と顧客への適切なサービス提供が可能となります。

　本書は，タックスとサプライチェーンマネジメントに特に重点を置いたものであり，その観点から，考慮するべきサプライチェーンの変化は，物理的な拠

点の統廃合や物流ルートの変更，各企業間での機能の再編です。これらの変化が今後，各機能においてどのように発生するかを以下に示します。

⑴ R&D

① サプライチェーンマネジメントに関わる拠点の統廃合

新製品の企画，開発は，サプライチェーンマネジメントにおいて売上げを左右する非常に重要な機能となります。

顧客のニーズをいかにタイムリーにくみ取り，製品へ反映させ，スピーディーに市場へ投入するかが重要となります。従来のやり方だと，より市場や顧客に近い位置にR&D拠点を置くことでマーケティング活動を効率的に実施してきましたが，今後は，市場や顧客のニーズをAIやビッグデータ分析を活用し，より多面的に分析できること，また，そのインプットとなる情報が市場の近くにいなくとも，SNS等の社外ソース，営業情報等の社内ソース等，さまざまな情報チャネルを介して活用可能になることにより，R&D拠点の場所を選ばなくなるようになります。設計・開発機能も，モジュール化の促進，３Dプリンティング等の技術による試作のスピードアップ，バーチャルでのデザインの刷り合わせにより，分業化が加速することが考えられます。

② 企業間の機能分担の変化

マーケティング活動の仕組み化の促進や，消費者ニーズの移り変わりが激しいなか，従来の自社に閉じたR&Dから，外部への依存割合も増加することが想定されます。

今後，オープンイノベーション化が促進し，クラウドソーシングなどを活用した自社，外部の協業により，より希少性の高い技術の開発や，大量の技術開発を短期間で実施する状況になると予測されます。

⑵ 調達（在庫管理を含む）

① サプライチェーンマネジメントに関わる拠点の統廃合

今まで以上に企業とサプライヤーとのエコシステムの形成が進み，情報連携がよりスピーディーでオープンになることが予測されます。設計・開発段階における技術のオープン化により，特定のサプライヤーと長く付き合うモデルから，部材を調達するためにQCD[3]の観点で最適なサプライヤーを都度選択でき

るモデルに移行することにより，グローバルソーシングが今以上にダイナミックな形で進展すると考えられます。

また，企業間の情報連携が促進することで，調達計画の精度が向上し，より少ない部品在庫での運用が可能となり，部品在庫のストックポイントの集約も加速します。

②　企業間の機能分担の変化

調達部品の標準化[4]，コモディティ化[5]が加速することが想定され，企業グループ内での調達機能の集約によるメリットが大きくなり，中央集権的な調達のコントロールが加速すると考えられます。

(3)　生　　産

①　サプライチェーンマネジメントに関わる拠点の統廃合

デジタル化の恩恵を大きく受けるサプライチェーンの機能の1つであり，特に，センサー類の高度化により，より詳細な製造情報の収集・分析が可能となり，特定の技能や属人的な判断に頼ることが少ない生産が可能となります。つまり，今以上に生産の自動化や標準化が加速して，従来の直接労務費や人依存の生産拠点選定から，よりサービスレベルを重視した顧客に近い場所での生産へシフトしていく可能性が高くなると考えられます。

②　企業間の機能分担の変化

生産の標準化，効率化が促進することにより，特殊で希少性の高い技術を必要とする製品でない限りは，生産そのものの付加価値が低くなり，結果，アップルのようなファブレス[6]の企業が増加し，外部との協業度合いが高くなることが考えられます。

(4)　物流（在庫管理を含む）

①　サプライチェーンマネジメントに関わる拠点の統廃合

生産や調達機能の変革により，より少ない在庫での運用が可能となり，在庫拠点そのものの集約が加速することが考えられます。また，港の混雑状況や渋滞情報等を考慮した最適なルート設定，物流企業とのエコシステムの形成により，QCDの観点で最適な物流手段を都度選択可能となり，現状より短いリー

ドタイムでのモノの移動が可能となります。

いわゆる「シェアリングエコノミー[7]」が促進し，トラックや倉庫等の物流関連の資産やサービスの企業間での共有化が促進され，荷主企業は，物流管理を意識することなく，物理的な拠点やトラック等の配送手段を保有しなくなる可能性があります。

② 企業間の機能分担の変化

現在においても，他のサプライチェーンの機能と比べて物流の外部への依存度は高いですが，今後一層高くなることが予想されます。加えて，唯一残る物流の企画・管理機能も，物流企業とのエコシステムの形成等により，調達機能へ統合されることになると考えられます。荷主企業においては物流管理を意識しない物流へ変化し，一般製造業では物流の機能が調達機能とほとんど同義になる可能性があります。一方，物流企業側は，荷主企業に物流を意識させないようなサービスの提供，シェアリングエコノミーのプラットフォーム構築が重要なミッションとなります。

(5) 営業・販売

① サプライチェーンマネジメントに関わる拠点の統廃合

デジタルサプライチェーンの視点では，特にマーケティング情報の分析がさらに高度化することにより，高い精度の需要予測が可能となります。これにより，顧客へのより短いリードタイムでの製品の提供が可能となります。

そのため，これまでのように，長い供給リードタイムを補完するための製品在庫バッファを保有する必要がなくなり，在庫拠点の集約が加速すると考えられます。

② 企業間の機能分担の変化

サプライチェーン全体としての効率化，標準化が促進するなか，顧客接点となる営業・販売については機能再編は考えにくく，今後，効率化して得た原資を企業が投入する先として，より付加価値を高める機能となると考えられます。

(6) アフターサービス

① サプライチェーンマネジメントに関わる拠点の統廃合

すでに，市場や顧客へ納入した製品の情報がインターネットやGPS等の情報チャネルを介して入手および分析が可能となり，積極的にアフターサービスを提供することが可能となります。サービス提供の自動化・機械化は進むはずですが，サービス員によるサービス提供がゼロになる可能性は低く，サービス提供の効率化は進むものの，拠点の統廃合は発生しないものと考えられます。サービスパーツの在庫という視点だと，どの程度，修理が発生するかの予測精度が向上し，結果として少ない在庫運用が可能となります。

② 企業間の機能分担の変化

営業・販売と同様，より付加価値を高めていく機能であると考えられるため，機能の再編は発生しないものと考えられます。一方で，限られた資産を最大限に有効活用したいという企業のニーズに応えるために，新製品の開発・販売から，既存製品の修理・改造へシフト，または，「モノ売りからコト売り[8]」へとシフトし，一度，市場に出た製品を継続的にモニタリングする機能，能動的に新たなサービスを仕掛けるサービス開発が重要な機能となると考えられます。

2 業界別のサプライチェーンマネジメントの潮流

前節で説明したデジタル化の潮流を受け，各業界別のサプライチェーンもそれぞれの業界特性を踏まえて，変化しつつあります。本節では，生産も含めたすべてのバリューチェーン上の各機能がどのように変化しつつあるかを，代表的な業界に絞って，事例も含めて説明します。

1 化学品・プロセス系製造業界

化学産業は装置型産業[9]です。このため，デジタル技術の活用は，予測メンテナンスやデジタルメンテナンスを通じた保守管理コストの最適化と資産効率の向上に役立ちます。タービン，コンプレッサー，押出成形機等の重要な設備機器に取り付けたセンサーから継続的に稼働実績データを取得し，アナリティ

第6章　サプライチェーンマネジメントの潮流　*213*

クスツールを活用することで，パターンを特定して故障の可能性を予測・診断できるようになります。そのような「スマート機器」が，工場のオペレーターにメッセージを送信して，メンテナンスの必要性，故障の可能性，部品注文や配達のスケジュール等を知らせることができます。この結果，定期メンテナンスと事後対応型の業務から，予測メンテナンス型の業務へと進化できるようになります。また，複数の事業所に設置された同様の設備機器からデータを収集して比較し，予測メンテナンス，パフォーマンス最適化，新事業所の設計等に活用することも可能になります。

①　研究開発：新製品開発を通じた売上拡大

　研究開発は，おそらくバリューチェーンにおいて最も重要な領域です。どのようにその製品が作られるかだけでなく，その後の改良にも影響を及ぼします。研究開発には多大な投資が必要となることから，化学企業は，投資の成果を予測するためビッグデータや他のツールを使おうとしています。例えば，材料ゲノム解析の分野では，既存のデータを使用して既存の材料の化学的特性を理解し，顧客にとって望ましい特性をもった新素材を開発するための組み合わせを検討するために，アナリティクスツールが使われています。

②　需要予測

　化学企業は，需要予測とそれに対応するスケジュール管理を通じて，生産キャパシティの最適化を志向してきました。この領域に対しても，当該技術の適用が進みつつあります。例えば，BASFは，自社の統計データを経済データと組み合わせる予測分析のアプローチを使用して，需要を予測できるようにしています。この予測モデルでは，季節変動，国全体や地域レベルの顧客業界のマクロ経済データ，規制環境の変化といった外部要因，およびBASFの事業拡大，合併買収，事業撤退，その他の取引といった内部要因をパラメータとして包含しています。この予測モデルを使用することで，BASFは，需要の変化に合わせて工場の稼働状況を計画し調整することができます。

　需要予測モデルは，化学バリューチェーンの下流にある企業のほうが最終顧客に近いことから，比較的簡単に導入することが可能です。例えば，小売店のPOSデータを活用して，需要のない塗料に関係するオペレーションリスクと売れ行きの悪い在庫を抱えるコストの削減に役立てている事例もあります。需要

予測モデルの活用は，例えば建築用塗料であれば，建設会社と協力するだけで
なく，ソーシャルメディアの建設関連のディスカッションをモニタリングする
ソフトウェアを活用して，住宅の新築，改装，購入に関する顧客感情について
推論を導くことができます。こうして収集したデータは，事業所，地域，人口
統計等，多数の規準ごとに分類して，さまざまな購入動向を理解するのに役立
てられます。不動産の物件情報，検索データ，国勢調査や第三者からの過去の
統計実績といった情報とソーシャルメディアから収集した情報を比較すること
で，需要の兆候を確認することが可能となります。この種の予測情報の活用は，
化学企業が需要の指標を特定して，生産キャパシティを拡大・縮小するのに役
立つと考えられます。

③　サプライチェーンの可視性
　化学企業は概ねB2Bの事業を営んでいて，販売する製品は，顧客が何か別
の製品を作るために使用されています。場合によっては，製品を一定範囲の温
度や圧力で納品するよう顧客が要求することもあります。その後の製造工程に
とって適切な状態を保つためです。状況の監視と管理が難しい輸送中の化学品
をモニタリングするため，バリューチェーンの上流と下流の多くの企業が，鉄
道輸送用の衛星モニタリングといったコネクテッドシステムを使用しています。
このシステムは，GPSで鉄道車両の位置情報を把握しながら，複数のセンサー
を使って化学品の状態を測定し，また衝撃データ等を介して貨車内の状況をモ
ニタリングします。データは地球低軌道衛星を介して収集されるため，接続が
常に保たれます。このシステムは，車両が顧客の事業所に近づくと，もしくは
車両が衝撃を受ける・衝突する・特定の値があらかじめ設定した範囲を超える
と，アラートを送信し，自動対応や人間の介入を求めます。鉄道車両と化学企
業の間で直接的なやりとりが常に行われることによって可視化が進み，サプラ
イチェーンプランニングの精度が向上するだけでなく，危険な化学品の安全な
輸送状態を確認しやすくなります。
　この例は，化学企業が主導で作り出せるデジタルエコシステムの構築可能性
を示しています。輸送業者，センサーのベンダー，衛星ネットワークのオペ
レーター，クラウド上のデータストレージ技術のベンダー，データ分析・可視
化技術のベンダーといった複数の関係者が，共通の事業目標の下に協力するエ
コシステムです。

2 自動車業界

　これまでの自動車産業は，自動車メーカーを頂点にサプライヤーが連なるピラミッド産業構造を維持してきました。ところが昨今，取り巻く環境の変化を背景に，業界は大きな変貌を遂げようとしており，異業種企業が入り乱れた新しい競争を強いられようとしています。

　バリューチェーンの各領域で新しい競争がすでに始まっています。例えば，部品領域では，電機・電子部品メーカーと自動車関連企業の競合・協業が加速しています。完成車組立領域では，テスラやフィスカーといった新興メーカーの参入が相次いでいます。自動車関連企業は，既存/新規を問わず，あらゆる事業領域において，新しい競争を余儀なくされています。

　そして，今後の主戦場となるのが川下の情報領域です。これまでスタンドアロンで成立してきた自動車は，情報通信技術の進歩や石油から電力へのエネルギー源シフトを背景に，情報通信網やエネルギー網といった社会ネットワークに接続される「端末化」が進展します。かつてのパソコンのように自動車でもスマイルカーブ化[10]が進むとすると，情報領域は自動車バリューチェーンの主要な付加価値源となる可能性があり，自動車関連企業は将来を見据えた対応を迫られると考えられます。

① 情報プラットフォーム領域（車載機・テレマティクス）の進化

　これまで各自動車メーカーが主導してシステムを構築してきたテレマティクス[11]領域に，IT企業が参入しつつあります。Fordは，Microsoftと構築したシステムSyncを搭載しており，今後はこれをベースに，iPhoneにアプリを追加するように車載情報端末もアップグレードできるような仕組みを構築しようとしています。また，中国ではGoogleのAndroidをベースにしたカーナビが，すでに上海汽車の車両に搭載されています。

　かつてPC業界では，ウィンテル（ウィンドウズ＋インテル）がCPUとOSの標準化を進め，業界の主導権を握りました。今後，車載器領域においても，同様の流れが加速し，IT企業が主導権を握る可能性があります。

　このように，自動車にまつわるさまざまな情報をタイムリーにサプライチェーン上の各企業が共有できるプラットフォームが整備されつつあります。これらの情報を活用し，例えば，自動車の稼働状況をモニタリングし，故障の

予測を行い，予防的なサービスオペレーションも可能となります。サプライチェーン上の各企業はそれらの情報を活用し，さまざまなサービスの展開や効率化を進めることが可能となります。

②　機能分担の変化とエコシステムの形成

すでに電機業界では「コモディティ化」の伸張は著しく，基本的な機能のみを求める限りにおいては均質化が進んでおり，製造元や販売会社については細かく比較する必要がありません。つまり，メーカーのブランド価値，消費電力，操作性，デザイン等からどの会社の製品を購入するか選択することになります。各社が付加価値を乗せる以前の基本部品については，EMS[12]が生産を受けることも珍しくなく，同一のEMSから多数のメーカーにOEM[13]供給がなされている事態もしばしば発生します。

自動車産業でも同様に，「コモディティ化」の潮流は訪れており，カナダ大手部品メーカーMagna社のグループ企業Magna Steyr Group等，一部車種の製造を請け負う業種が登場しています。

これらの潮流から今後は商用車業界においても，製造委託という業態が入り込んでくることは大いに考えられます。今後，グローバル化がさらに進展していくなかで，製造委託は先進国メーカー，新興国メーカーを問わず，当たり前の光景となる可能性があります。

他社製品の製造も引き受けることができれば，各製品当たりの生産量を維持，もしくは拡大することが可能となります。元々，乗用車に比べると絶対的な生産台数が少ない商用車においては，共通部品の大量購入により大きいバーゲニングパワーを発揮することは，価格競争力の向上を含め，多くのメリットを生むことにもなり得ます。

自社の製品のみならず，他社の部品を設計・製造する製造委託対応機能を保有する，もしくは自社で生産を行わないモデルが主流になる可能性があります。デジタル化を背景に，製造委託元，製造委託先，サプライヤー間でのエコシステムの形成と情報の共有が容易になることで，この動きは一層加速するものと考えられます。

ドイツではフォルクスワーゲンやダイムラー，BMW，BOSCH，SIEMENS，SAPといった企業，米国ではGEやIBM，インテル，シスコシステムズ，マイクロソフト，グーグルといった企業がいくつかのコンソーシアムを立ち上げて，

各分野でのエコシステムの形成やデジタルプラットフォームの標準化などの活動を進めています。

このようなエコシステムの形成やそれを支えるデジタルプラットフォームが構築されることにより，自動車業界の水平分業化がさらに加速し，サプライチェーン上の各機能の統合・再編が進むと考えられます。

③ 情報活用によるプロアクティブなサプライチェーンの運営

情報の活用という文脈においては，SNS上のつぶやきやサプライチェーン上に散らばっている品質不具合情報を集めて，AI等を活用することにより分析し，重大な不具合を事前に予見し，リコールのリスクを回避することもできる可能性があります。

コネクテッドカー等，インターネットと自動車がタイムリーに情報を連携するデジタルプラットフォームの確立により，自動車の不具合や使用状況が細かく可視化され，自動車業界サプライチェーン全体に共有されるようになります。これにより，企業は能動的なアフターサービスを利用者に提供できるようになります。

タイヤメーカーのMichelin（ミシュラン）社では，運送会社向けにトラックとタイヤにセンサーを装着し，燃料消費量やタイヤの空気圧，気温，スピード，ロケーション情報を収集・分析することにより，最大で走行距離100km当たり2.5リッターの節約を可能とするような，燃料消費量の削減サービスを提供しています。走行距離に応じた使用料を支払うサービスも同時に提供するなど，自社の位置づけを，タイヤを売る企業からタイヤを媒体としてより効率の良い走行サービス（Tire as a Service）を提供する企業へと再定義したのです。顧客との接点をタイヤ販売時点から，タイヤの利用期間全体に拡大し，さらに顧客に寄り添ったサービス提供が可能となっています。

また，これらの情報とAIは，どの地域でどれだけの車種の需要が見込まれるかの高度な需要予測にも活用することができます。需要予測情報は，当然ながら，OEMからサプライヤーまで密に連携して，さまざまな部品や製品の需給を最適な状態に管理することも可能です。必要なものを必要なだけつくる，または必要なものを予測し先回りして製造するというような時代が始まろうとしています。

3 ライフサイエンス業界

ライフサイエンス業界は今，世界中で大きな変革期を迎えています。高騰する医療費，後発薬の急拡大，新たなテクノロジーであるデジタル，インターネット，ビッグデータ，AI，ロボット等によるヘルステック対応，そこからの新たな競争相手の出現，医療バリューチェーンの分化・進化，M&Aやアライアンス，会計や税に関する問題，新興国・途上国への対応などです。

このような環境変化が，今まではゆったりとした時間の中で大型新薬や新製品の出現を待っていればよかった企業に全く違った動き方を取るように促しはじめています。

世界中で意思決定のスピード，改革のスピードが早まり，劇的な変化が起こっています。

全般的に見ると，ライフサイエンス業界において技術の適用は非常に進んでいます。しかし，オペレーションに関していうと，これまで新技術の導入に極めて慎重であって，今なお従来のサプライチェーンと製造という枠組みに依存しているのが現状です。大きな理由の1つは，製薬企業の事業に対する規制環境にあります。もう1つは，利益率の高さを追求するために，これまでは新製品の開発と販売に重点が置かれ，オペレーションの最適化は後回しだったことにあります。

しかしながら，産業動向の変化は製薬業界に大きな課題を突きつけています。特に，オペレーションとサプライチェーンについての課題は増大しています。以下はその例です。

- 市場のグローバル化によって，企業は複数の地域にまたがって事業を展開するようになった。そのため，SKU[14]の数が増え続け，サプライチェーン管理，規制順守，ライフサイクル管理が複雑化している。
- サプライチェーンのパートナー（サプライヤー，製造受託機関（CMO），サードパーティーロジスティクス業者（3PL），卸売業者，物流業者など）の数がかつてないほど増加している。ネットワーク全体に関する統合プランがないため，リアルタイムの意思決定がなかなかできない。
- 競争価格（それに伴うコスト）の圧力が高まり，オペレーションやサプライチェーン管理の効率化が求められている。現在，多くの企業が用いているネットワークは，煩雑で効率が悪く，需要/供給のダイナミックな変化に対応しき

れていない。
- 製品ポートフォリオの複雑化と個別化医療の増加に対応するには，顧客やサプライチェーンの分類が必要であり，多品種少量生産の効率化が企業の課題となっている。
- 偽薬のリスクの増大により，バリューチェーンの透明性を高め，追跡できるようにし，企業がサプライチェーンを最初から最後まで監視できるようにする必要がある。
- 世界中で規制当局による監視が厳しくなっているため，管理の質を高め可視化を進める必要がある。
- 企業は，輸送中の製品や世界各地の配送拠点にある製品のデータに，容易にアクセスできるようにしなければならない。

　製薬企業がこうした課題に取り組む上で，デジタル化は非常に有効であると考えられます。製薬産業にとって，デジタル化はサプライチェーンのオペレーションを大きく変え，プロセスを根本から改善し，生産性を高める可能性があります。具体的にいうと，サプライチェーンのデジタル化によって，以下のようなことが可能になり，先に述べたいくつもの課題に取り組めるようになります。

①　オペレーションのプロセスとメンテナンスの向上

　製薬工場はダウンタイム[15]の発生率が高いのが普通です。しかし，デジタル化と解析によって，このダウンタイムを30～40％減らすことができ，総合設備効率（OEE[16]）を大幅に高めることができます。革新的なソフトウェアソリューションや解析によって，データを統合し，情報を行動につながる指標に変えることができます。また，機械間通信と機械学習アルゴリズムによって，一貫性のあるプロセス，予知保全，自動修正行動が可能になります。

②　End to Endのサプライチェーン統合とネットワークの拡張性の向上

　製薬企業のサプライチェーンは非常に複雑で，原材料（医療品原料から包装材まで）のサプライヤー，製造受託機関（CMO），サードパーティーロジスティクス業者（3PL），卸売業者，物流業者から，病院，薬局，医師，患者まで，すべてが含まれています。企業はクラウドコンピューティングなどのデジタル化によって，グローバルな統合サプライチェーンのネットワークを展開することができます。例えば，倉庫では，スキャン機能のあるドローン，梱包ロ

ボット，自動誘導車両などが，高度な自動作業を行います。材料や製品はネットワークを通じて位置情報を発信し，スマート機能のついた病院や薬局の収納キャビネットや冷蔵庫は，消費データを調べて補給の必要があれば補充依頼が発信されます。

③　製造効率と生産性の向上

　自動化とデジタル化は，製造業における充填，積込，補充，補給，トラブル対応などの分野の効率を大きく高めることができます。何千ものセンサーを備えた製造ラインをもったスマート工場を想定します。スマート工場では，これらのセンサーによって作動状況が追跡報告されるため，調整を逐次行うことができます。機械間通信や機械学習アルゴリズムによって，高度に統合された製造プロセスや自動修正行動が可能になります。また，３Ｄプリンティングのような技術革新によって，少量であっても費用効率の高い分散生産ができるようになります。

　つまり，サプライチェーンのデジタル化は，製薬企業のサプライチェーンや業績を大幅に改善し，最終的には財務見通しを強化するのに効果があるということになります。サプライチェーンのデジタル化は，製薬企業にとって競争優位を生み出す真の源泉になる可能性があります。

④　サプライチェーン上のデータの連携と意思決定スピードの向上

　原料サプライヤー，CMO，工場，倉庫，流通業者，物流パートナー，病院/薬局/医師など，サプライチェーンのあらゆる要素や拠点のデータは，データ解析ツールで処理され，コンピューターや携帯デバイスからアクセスできるようになります。サプライチェーンマネジャーは産業向けアプリケーションと最適化ツールを使ってデータを解析し，オペレーションとサプライチェーンのあらゆる面，例えば，需要/供給状況，在庫量，輸送中の製品，工場・ライン・個々の機械ごとの製造効率，稼働率，その他多くの基準に関する洞察を導き，リアルタイムで決定を下すことができます。

　こうしたツールを随所に配置して，製品，工場，生産ライン，サプライヤー，あるいはビジネスパートナー別の比較もできます。企業内部だけでなく，相互接続しているサプライチェーンのすべての要素について，リスクの影響度分析や，現在のプロセスやサプライチェーンネットワークをさらに改善することも

できます。

4　ハイテク業界（テクノロジー，メディア，通信業界）

　他の業界に比べて製品ライフサイクルが短いハイテク業界では，市場の変化をいかに敏感に察知し，迅速な対応を行っていくかが非常に重要です。また，そのためには最新のテクノロジーによって市場のスピードに負けないシステムを構築していく，リアルタイムビジネスへの取り組みが求められます。そして，ここで重要なキーワードとなるのが「グローバル」，「ソリューションビジネス」，「柔軟な生産体制」の3つだと考えられます。

①　グローバル化

　最近は「グローバル化」という言葉を耳にしない日がないほど，このテーマは業種を超えた共通の経営課題となっています。ところが，欧米ではすでにこの言葉はごく当たり前のものとしてとらえられるようになっています。一方，我が国におけるグローバル化はまだまだ発展途上であり，それゆえに人々は口々に「グローバル化」を叫んでいるのが実情なのです。

　ビジネスがグローバル化すれば，当然ながらその拠点も海外のさまざまな場所に広く展開されます。個別最適でなく，グローバル全体最適の視点に立って，サプライチェーンを再構築することが重要となり，デジタル化が謳われている昨今において，グローバル化を推進する日本の企業にとって「いかにデジタル化の展開スピードを加速していくか」が，事業の成否に関わる重要な命題の1つだということを，再認識する必要があります。

②　ソリューションビジネス

　従来の単なる「製品」販売から，市場の変化や各国の地域性に即応した付加価値をバンドルした「ソリューション」の販売へとビジネスのあり方そのものが変化しています。

　電気・電子を中心としたハイテクの世界では，製品の売り方（＝ビジネスモデル）そのものが大きく変わりつつあり，グローバル競争が激化するなかで，最先端の技術を搭載したハイテク製品といえども，製品単体の強みだけではもはや勝ち残ることができません。これは，グローバルで同時進行する競争の中で，日本企業も例外でないことはいうまでもありません。

こうしたソリューションビジネスへの転換を示す典型的な事例として，コピー機メーカーのビジネスモデルがあります。コピー機だけを販売する従来のモデルはすでに過去のものとなり，セキュリティソフトをバンドルして，保守サービスを組み合わせた包括的なメニューとして提供する，さらにはオフィス全体の最適化を支援するコンサルテーションまでも含めた提案が，最近では当たり前になりつつあります。

ハイテク業界では，こうしたコピー機メーカー以外にも，従来の業態や分野にとらわれず，新規ビジネスを積極的に模索するケースが多くみられるようになっています。例えば，プリンタやデジカメの要素技術をベースに医療機器分野にシフトする，あるいは家電系の技術を応用して自動車のハイテク化の波に乗るといった試みです。また，B2CからB2Bに進出していくといった，まったく異分野に踏み出すケースも非常に多くなってきています。

とはいえ，こうした新規参入には既存の競合他社がいるだけに，製品単体の強みだけでは差別化につながりません。そこで，多くの企業は新しいサービスなどの付加価値をつけて，ソリューションとしての存在感を打ち出していくことに活路を見出そうとしているのです。

このような事業展開においてスピードが求められるため，いかにスピーディーにこの複雑なバリューチェーンを連携させるかが重要であり，その手段としてデジタルソリューションが必要となるはずです。

③　柔軟な生産体制
変化する市場のニーズにフレキシブルに対応していくための生産体制は，ハイテク関連の製造業にとってビジネスの生命線ともいえる重要な収益基盤です。

「柔軟な生産体制」というキーワードを突き詰めていくと，製造業にとって永遠のテーマである「コスト削減」に行き着きます。もともと原価低減や生産の効率化は日本の製造業が得意とするところであり，いわゆる「カイゼン」などはその典型でしょう。

しかし，これだけ市場がドラスティックに変わっていく時代において，これまでのように既存の拠点の中だけで改善活動を進めても，大きなコスト変動を吸収しきれなくなってきます。しかも，グローバル化の中では原価だけでなく，為替変動のようなリスクにも対応しなければなりません。結果として，国内に自社工場を構えてそこでコスト削減と効率化の道を探っていくモデルから，海

外の低賃金の国や地域に生産拠点を移すといった新しい選択肢も出てきます。

ハイテク製造業におけるEMSの存在感は，アジアを中心に日増しに強くなっています。最近では単なる受注生産だけでなく，設計やデザインまで手がける企業も出てきています。そうなると，こうしたEMSとうまく付き合っていくことで，需要変動にいち早く対応する，あるいは市場への製品投入スピードを高めるなどの課題に対しても，外部に委託して解決するほうが賢明といった判断もあるでしょう。

もちろん，時代の状況に応じて企業の戦略には違いがありますが，いずれにせよ市場対応におけるアジリティ[17]向上やリスクヘッジを考えた場合に，１．自社で生産する，２．自社の海外拠点で生産する，３．外部の企業に委託する，といった選択肢を有効に使い分けることが重要になってきます。

例えばアップルのように，自社工場を持たずにすべてEMSに委託するという方針を採るのであれば，いかに外部の生産工場とのコラボレーションを確立するか（＝いかにバーチャルな生産管理体制を構築できるか）が，デジタル化におけるチャレンジとなります。

④　複雑化するサプライチェーンのコントロール

ここでは，そうしたチャレンジのヒントとして，「垂直統合と水平分業」を重要なキーワードに挙げたいと思います。もし生産を自社工場だけで行う場合，当然その管理は垂直統合型となります。この場合の課題は，いかに生産管理を細分化された領域にまで徹底していくかということです。

一方，海外の自社拠点であれEMSであれ，他の製造拠点に委託する場合は，分散した拠点をバランスよく配分し，なおかつ高品質かつ低コストの生産体制を維持・運用していく「水平分業」の視点が必要になってきます。

そして，実際の生産管理でも，やはり「ハイブリッド構成」が求められます。垂直統合と水平分業の双方を同時にマネジメントしながら，状況の変化に応じてどちらに比重をかけるか，どのタイミングで現在の配分を変更すべきかといった中・長期的な戦略を立てることが必要です。しかも，同時に目の前の市場動向をにらみながら直近の製販計画をコントロールしていくといったアジリティも要求されます。ここでも複眼的，多重思考的な同時並行のマネジメントが求められてきているのです。

垂直統合では，生産計画から製造指図，作業実績までの情報をシームレスに連携させ，業務のスピードアップと現場オペレーションの可視化が求められます。一方，水平分業では，部品サプライヤーと自社との間の情報フローを同期することにより，在庫管理情報や発注情報といった一連のビジネスプロセスにおける情報を共有・管理することが必要となります。

これらの要件に対して，自社内，サプライヤーを含めて，サプライチェーンネットワーク全体の情報をリアルタイムに収集・可視化することにより，例えば垂直統合型管理では計画の変更時にもタイムリーに情報を共有し，水平分業型管理の部分では市場の変化をすぐにすべてのサプライヤーに伝達・共有することも可能になります。この結果，トータルで俊敏な製販体制というものが確立できるようになるのです。

さらに，収益性の視点で，製品は自社生産なのか，それとも外部委託するのかといった判断も問われます。同時並行的に市場の変化やさまざまな制約事項を勘案しながら，「収益を最も高く保つためには，どの製品を，どの拠点で，どのタイミングで，どれだけ作ったらよいのか」ということを掘り下げていき，最終的に「垂直統合の拠点で作るのか，水平分業の外部へ委託するのか」といった具体的な決定を下していくのです。

⑤　デジタルサプライチェーンを支えるエコシステム

他の業界と比べて，製品ライフサイクルが短く，市場の変化にタイムリーに追随して，サプライチェーンを柔軟に変化させることが重要であることを説明してきましたが，そのためのプラットフォームとして，エコシステムがあります。

エコシステムは，サプライチェーン上の企業群の情報管理において，ハード，ソフト，コンテンツおよびそれらを利用するためのプラットフォームやサービスです。例えば，Uberはモバイルアプリを利用した配車サービスによりタクシー業界に衝撃を与えました。また，Netflixはクラウド・インフラストラクチャを活用して，コンテンツの収集・管理および消費者への提供を実現し，通信事業者や放送事業者の提供する価値およびその方法に影響を与えました。このように，エコシステムは，将来にわたって持続可能な差別化を追求する企業にとって必須となるものです。

また，エコシステムを活用する企業は，ハイテク業界におけるイノベーショ

ンを牽引するだけではなく，その他の業界をも変革し，より幅広い競争環境を育むための土壌となりつつあります。例えば，AmazonはEコマース業界を革新するだけでなく，Wal-Mart StoresやCostco Wholesale等の実店舗を中心とする小売大手との競争関係を激化させました。GoogleやAppleは，自動車や金融サービスなど他業界のサービスの基礎となる強固なテクノロジー基盤を提供しています。

このように，今までのどちらかといえば閉鎖的だった産業系の世界も，エコシステム戦略を積極的に採用するトレンドがあります。社外との協力体制を作ることが当たり前になってきています。

3 "全体最適化"に向けたサプライチェーン設計のアプローチ

1　サプライチェーンを設計する上での各企業の課題

前節までで，最新のテクノロジーにより，これまで構築してきたサプライチェーンがさらに効率的で，より競争力のあるものへ変化する可能性があることを説明しました。このようなデジタル化を背景に，各企業は，従来のサプライチェーンそのものを最適な形へ再構築するタイミングに来ているといえます。

サプライチェーンは，前述のとおり，設計・開発，調達，生産，物流，販売と複数の機能が絡み合っています。例えば，工場の立地選択1つをとっても，需要地からは遠いが，製造コストの面で，新興国で生産することを選択した場合，結果として製造コストは削減されたが，需要地から遠く，顧客対応のための在庫を多く保有することとなり，倉庫費を従来よりも多く負担する結果になりかねません。加えて，輸送費も従来と比べて負担が増え，製造コストを削減した分を物流費の増加分が上回り，結果として，営業利益が悪化することとなる場合もあります。また，在庫増となることから，キャッシュ・フローも悪化するという最悪の結果を招くこととなる可能性があります。

これは1つの例ですが，工場，倉庫拠点等，物理的な立地と，どこにどれだけ在庫を保有するかという中身の話は，実はバラバラに考えるのではなく，各企業がどのマーケットへ，どのように製品を届けるかという戦略に従い，1つのシナリオとして設計するべきなのです。

226

| 図表6－6 | 各企業が抱えるサプライチェーン設計上の課題 |

サプライチェーン 再編の要因	サプライチェーンモデルデザインにおける課題
グローバル化 活発な M&Aによる事業再編 水平分業化	☑サプライチェーンが複雑化し，コスト・サービスレベルが正しく把握できず，それらを最適化するための効果的な施策を打てない（コスト，リードタイム，資産効率等の可視性） ☑事業戦略の遂行に対して貢献できるサプライチェーンモデルをデザインできない（適合性評価） ☑サプライチェーン上のリスクが全体視点から判断できず，リスク対応のための効果的な施策を打てない（リスク） ☑法人税や関税などのサプライチェーンと密接に関わる税コストが見えず，トレードオフを解消できない（TAX）

　昨今の拠点の分散や，サプライチェーンの分業化によりコスト，リードタイムなどの可視性が低下しています。また，M&A等の事業再編も活発であり，事業再編に伴い，効果的にサプライチェーンモデルを見直し，スピーディーにシナジー効果を創出することも求められています。また，グローバル化により，TAXやリスク対応への比重が相対的に増加してきています。このように，企業が適切なサプライチェーンモデルを設計するためには，さまざまな観点からサプライチェーンモデルを評価することが必要になってきています。

2　サプライチェーンモデル設計において考慮すべき要素

(1)　基本的な考え方

　企業が競争力を維持・向上するためには，常に事業戦略と適合したサプライチェーンを保有しておく必要があります。そのためには，事業戦略と適合した拠点の配置，物流ルート，生産拠点への製品アロケーションなどを適切に設計することが必要です。しかしながら，グローバル化の進展，水平分業化の推進などにより，企業のサプライチェーンは複雑化しており，事業戦略との適合性を維持することは容易ではありません。また，サプライチェーンの重要な評価

指標であるコストについては，グローバル化に伴い，調達，製造，物流コストだけではなく，法人税・関税などの税コストやリスク対応コスト等も考慮する必要があることが，さらにその維持を困難にしています。

　事業戦略をベースにしたサプライチェーンモデルの仮説に対して，データを活用し，従来のオペレーションコスト視点にとどまらず，税コストを含めた最適化コスト，リードタイム，投資回収，在庫効率，サプライチェーンにおけるリスクファクタ（天災や社会リスク）を考慮した検証を行い，事業戦略に適合した最適なサプライチェーンモデルを設計することが必要です。

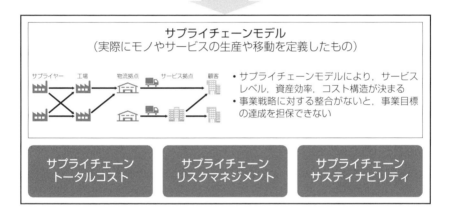

図表6-7　サプライチェーンモデル設計の考え方

　サプライチェーンモデルを設計する上では，まずは，当該事業の目標を明確にする必要があります。つまり，中期経営計画のように，将来，どれだけの売上，利益を上げるのか，目標とする事業規模や収益性を定義する必要があります。これらに基づき，事業戦略として，どの市場に対して，どのような製品やサービスを提供し，どれだけのシェアを獲得するかの戦略を描きます。

　そして，設計・開発，調達，生産，物流，販売に求められる要件へ落とし込みます。例えば，製品がコモディティ化した事業においてはデリバリー，つまり，いかに短納期で顧客へ製品を届けることができるかが競争優位につながると定義したならば，徹底的に生産から納品までのリードタイムを短縮すること

を，バリューチェーンの調達，生産，物流，販売の機能への要件として定義します。

　こうした要件が出揃って初めて，その要件に沿ったサプライチェーンモデルを定義します。そもそもサービスレベル（注文を受けてから，顧客への納入リードタイム）と在庫や物流コストは，トレードオフの関係にあり，事業目標や事業戦略，バリューチェーンへ各機能の要件を明確にせずに定義することは困難です。サービスレベルを徹底的に上げないと勝てない市場において，在庫やコストに偏ったサプライチェーンモデルを設計して，計画上，コストが下がったと喜んでも，結果は明確であり，結局，製品は売れず，事業として悪化の道をたどることとなります。

　どこで作って，どこで売るかは，市場・顧客，競合と自社のポジションと戦略，この戦略を実現するための各機能への要件が明らかになることにより解が絞られます。

　サプライチェーンの観点から企業活動の変化を見ると，サプライチェーンの水平分業化，市場拡大や新興国地域の供給力の向上によるサプライチェーンのグローバル化により，サプライチェーンネットワークの複雑化が，これまでにないスピードで進んでいます。

　これまでのサプライチェーン戦略は，サプライチェーンのリードタイム，コスト，在庫を指標基準にして，オペレーションやプロセス，組織にフォーカスして策定されてきました。しかし，上記のようなグローバル化，水平分業化，ネットワーク複雑化に対応したサプライチェーン戦略を立案し，今後競争力のあるサプライチェーンを構築するためには，事業戦略/ビジネスモデルを明確化した上で，サプライチェーンモデルを設計することが必要です。

⑵　前提となる事業戦略/ビジネスモデル

　設計・開発，調達，生産，物流，販売等のバリューチェーン上の各機能に求められる要件を明確にするためには，図表6－8のようなフレームワークで，前提となる事業戦略/ビジネスモデルを定義する必要があります。この核となるのが，Value Proposition（提供価値）です。つまり「顧客の視点から見て意味ある価値」，「他社と比べて自社が提供できる優れた価値」，「社会・環境の側面で意味のある価値」，「ビジネスパートナーにとって意味のある価値」ということで，これらを明確にすることにより，自社の事業戦略やビジネスモデルを

明確にすることができます。

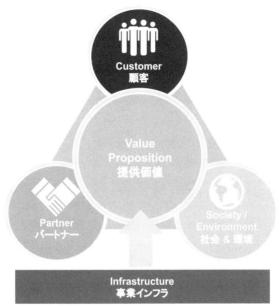

図表6－8　事業戦略/ビジネスモデル分析

①　顧　　客
　顧客とどのような関係を築くかを明確にします。どのような顧客セグメントへ，どういった販売チャネルを活用して製品・サービスを販売するかを明確にします。製品については，競争環境を踏まえ，取り揃える製品ラインナップや各製品性能および販売価格を定義します。サービスについては，製品の販売のみならず，アフターサービス等の能動的なサービス提供機会を創出することもポイントになります。

②　パートナー
　ここでいう「パートナー」とは，バリューチェーン上で協業する各企業のことを指します。どの機能において，外部企業との連携を図るか，各企業とどのようにWin-Winとなるパートナーリレーションを構築できるかが重要となります。資本関係上，自社ではないものの，製品・サービスを顧客へ提供するバ

リューチェーン上の機能の一部である以上，長期にわたり，価値を生み出し続ける関係性を明確にする必要があります。例えば，製薬業界のようにR&D機能において外部企業との協業をする場合もあれば，ハイテク業界のEMSのように製造機能において協業する場合もあります。また，販売機能においても各販売代理店との協業体制をいかに構築していくかも重要なパートナーリレーションの構築となります。

③ 社会 & 環境

昨今，従来のCSR（企業の社会的責任）に代わる新しい概念として提唱されているCSV（Creating Shared Value：共通価値の創造）を経営の重要な柱としている企業も少なくありません。利益を追求することは当然の企業の目標の1つですが，一方で，社会貢献や環境保全等，いかに持続可能な事業を構築できるかが重要となっています。例えば，社会問題を解決するための製品やサービスの開発など，製品を生産する視点に立った場合，希少な天然資源を使用していないか，労働者の人権，工場が立地している地域との共存，製品を輸送する際の環境負荷の少ない輸送モードの選択などが挙げられます。これらも企業の事業戦略/ビジネスモデル上の重要な要素である一方，サプライチェーンを構築する上でも重要な前提となります。

④ 事業インフラ

事業を継続する上での，売上規模，コスト構造の定義を明確にする必要があります。通常の企業においては，事業計画や中期経営計画において数値化されるものです。また，事業上のさまざまなリスクに対してどこまで備えておくべきかについても重要な事業インフラとして定義するべき要素となります。例えば，BCP（事業継続計画）のように，災害時においてスピーディーに事業を復旧し，製品・サービスを顧客へ届けることを担保するために，製品の複数拠点への保管や複数サプライヤーからの購入なども事業戦略/ビジネスモデル上の重要な要素である一方，サプライチェーンを構築する上でも重要な前提となります。

(3) 事業戦略/ビジネスモデルに適合したサプライチェーンモデル

事業戦略/ビジネスモデルを明確化し，顧客，パートナー，社会＆環境，事

業インフラを具体化することにより，原材料，製品の流通経路や顧客へ納品するまでに求められるスピード，また，これらをどれだけのコストで調達，生産，輸送するかなど，R&D，設計/開発，調達，生産，物流，販売，アフターサービスの各機能に対する要件も具体化されます。

　これらを前提として，具体的なサプライチェーンモデルをどのように構築するかを設計します。

　サプライチェーンモデルは，企業としての提供価値を創出するプロセスであるバリューチェーンを，物理的な拠点と物流ネットワークで定義したものです。

　サプライチェーンモデルがバリューチェーン上での価値を生み出していなければ，企業の競争力を創出することはできません。

　しかしながら，バリューチェーンを意識したサプライチェーンモデルの設計を実践している日本企業は少なく，生産，購買，物流などの各拠点や各機能の改革活動として実践している企業が大多数です。サプライチェーンが自社のみで完結している垂直統合モデルである場合や，提供価値の源泉が製品製造コストなどに集約されているケースでは，十分それで対応可能だったのですが，近

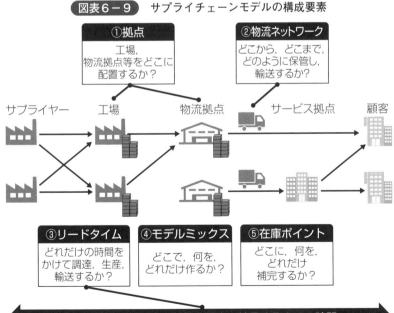

図表6-9　サプライチェーンモデルの構成要素

年は水平分業化の進展，同業による積極的なM&Aにより，さらなる価値を生み出すサプライチェーンモデルが必要になっています。

　サプライチェーンモデルは，①拠点，②物流ネットワーク，③リードタイム，④モデルミックス，⑤在庫ポイントの5つの要素で構成されます。

①　拠　　点

　どこに工場や物流拠点を立地するかを定義します。工場，物流拠点を立地する際の論点としては，以下のようなものがあります。

工場
・生産キャパシティ制約
・生産能力の優位性
・開発拠点，調達拠点との連携優位性
・生産設備の充実度
・事業特性の機能充足度
・立地地域の労務費
物流拠点
・最短リードタイムのルート
・倉庫の設置，充実度
・安全性，リスクの低さ
・コストの優位性

②　物流ネットワーク

　製品や原材料を①で定義した各拠点のどこに保管するか，また，その保管している製品や原材料をどのような経路で輸送するかを定義します。サプライヤーからの原材料の調達～顧客への製品の納品までのすべてのモノの流通経路を定義することになります。加えて，どのように輸送するかの輸送手段も明確にします。

③　リードタイム

　原材料を発注してから納入するまでの時間，製造に着手してから製品ができ上がるまでの時間，倉庫を出荷してから顧客に納入するまでの時間，サプライチェーンモデルを定義する上では，これらのリードタイムを明確にする必要があります。拠点の立地や，輸送手段，どこのサプライヤーから購入するか，ど

のように計画し製造するかで，リードタイムが変化します。最終的には，顧客が求めるリードタイムを実現することが起点となり，それぞれのリードタイムに対する要件が決まります。

④　モデルミックス

①〜③までのすべてに関連しますが，どの製品を，どの拠点で，どれだけ製造するかを定義するものです。製品の需要地や，製造コスト，製造設備の制約，キャパシティ等，さまざまな要素に分解されます。

⑤　在庫ポイント

工場，物流倉庫，サービス拠点等，どれだけの拠点で，どれだけ在庫を保有するかを定義します。在庫には，「オペレーション在庫」と「安全在庫」の大きく2種類があります。「オペレーション在庫」は，サプライチェーンモデルの構造上，最低限必要な在庫量のことです。一方，「安全在庫」は，必ずしも必要ではないが，不測の事態（顧客からの緊急な受注，サプライヤーの納期遅延，製造ラインの停止等）に備えて，事業戦略上保有する在庫量のことです。サプライチェーンモデルの構造や業務の精度を踏まえて，統計的に安全在庫量の理論値を算出することになります。

以上，5つの要素を具体化することが，サプライチェーンモデルを定義することとなりますが，これら5つの要素は相互に依存関係にあり（例：物流ネットワークと輸送リードタイム），拠点数や製品数によっては，非常に複雑なシミュレーションを実施しないと定義できない場合があります。昨今では，そういった場合のシミュレーションツールがあり，これらを有効に活用することは選択肢の1つとして考えられます。

(4)　サプライチェーントータルコスト

サプライチェーンモデルを定義しようとすると，選択可能ないくつかのパターンに集約されます。最終的にこれらを絞り込む際には，あくまでも顧客へのサービスレベルが満たされていることが前提となりますが，調達から顧客への納品までに発生するすべてのコスト（サプライチェーントータルコスト）をシミュレーションにて算出し，評価することにより，最適なサプライチェーン

モデルを選択することができます。

図表6-10は，サプライチェーン上で発生し得るコストの例となります。

図表6-10　サプライチェーントータルコストのコスト項目

【凡例】□生産拠点関連コスト
■物流拠点関連コスト
■輸送経路関連コスト

拠点ごと：拠点ごとにインプットするコスト
製品ごと：製品ごとにインプットするコスト

生産コスト項目		コスト分類 拠点ごと	コスト分類 製品ごと
労務費	直接労務費		○
	間接労務費		○
材料費	原材料費		○
	買入部品費		○
	燃料費	○	
	工場消耗品費	○	
経費	減価償却費	○	
	水道光熱費	○	
	賃貸料	○	
	外注加工費		○
	特許権使用料	○	

税コスト項目	コスト分類 拠点ごと	コスト分類 製品ごと
関税額	－	○
法人税	－	○
付加価値税	－	○

物流コスト項目		コスト分類 拠点ごと	コスト分類 製品ごと
人件費	出荷		○
	入荷		○
	その他サービス		○
配送費	支払運賃		○
	センターフィー		○
	車輛費	○	
	車輛維持費	○	
保管費	支払保管料		○
	支払作業料		
	包装材料費		○
	自家倉庫費	○	
	倉庫内機器費	○	
	在庫金利	○	
情報処理費	情報機器費	○	
	消耗品質	○	
	通信費	○	
その他	事務所費	○	

　業態によって変化しますが，調達，生産，物流の各機能にて発生するコストが，拠点単位で発生するものなのか，製品単位で発生するものなのかを分類したものです。

　また，ここでは，これまでの章で解説してきた，法人税，関税，付加価値税等の税項目もコストとして要素に加えています。グローバルでの拠点の再編を検討する企業においては，当然ながら，税項目も含めて，トータルで最適な拠点の再配置が必要だからです。

第6章　サプライチェーンマネジメントの潮流　*235*

　考え得る複数のサプライチェーンモデルについてこれらのコスト項目情報を収集し，シミュレーションツール等を活用し，サプライチェーントータルコストを評価します。

　また，拠点の新設や廃止，それに伴い発生する移管費用等，サプライチェーンモデルの変更に伴う一時費用が発生する場合には，その投資対効果についても検証します。

⑸　サプライチェーンリスクマネジメント

　バリューチェーンの分業化，ネットワーク化に伴い複雑化したサプライチェーンに潜んでいるリスクを抽出し，リスクについて客観的に評価して，対策をとることが必要です。東日本大震災以降，多くの企業ではBCPについての検討も進み，災害発生時においても，事業活動を早期に復旧し，継続するための方策について取りまとめられています。災害発生等を代表とするリスクマネジメントは，サプライチェーンモデルを設計・評価する上で，非常に重要な観点となります。社会や市場に対して，どれほどまでに事業の継続性を担保するかは，重要な事業戦略であり，一方で，前述のサプライチェーントータルコストとのトレードオフの関係にあります。

　例えば，各都道府県に同一製品を同じ量だけ倉庫を借りて保管しておけば，どこかの倉庫が災害等の理由により使用不可能となった際でも，ほぼ，通常どおりの顧客への納品が可能となります。ただし，物流費の観点では，膨大なコストを負担することになります。

　何をリスクとして，どこまでを備えとして準備するかをDeloitteのフレームワークを用いて解説します。図表6－11は，Deloitteが提唱するサプライチェーンリスクを分類するためのフレームワークです。

　企業が考慮すべき，潜在的なサプライチェーンリスクは，4つに分類されます。

①　マクロ環境リスク

　過去のリーマンショック等の経済状況，地域紛争等，自然災害など，マクロ環境に対するリスクをいいます。

図表6−11 サプライチェーンリスクを分類するためのDeloitteフレームワーク

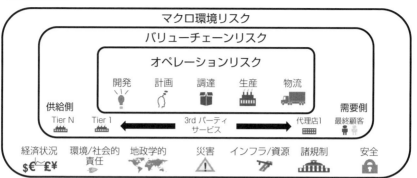

② バリューチェーンリスク

サプライチェーン上の顧客から工場，サプライヤーまでのEnd to Endでのサプライチェーン上の自社，パートナー企業におけるリスクのことであり，例えばサプライヤーの統廃合，顧客の統廃合，生産パートナー企業のキャパシティ不足などがこれに該当します。

③ オペレーションリスク

開発，調達，生産，物流等，単一企業内の各機能におけるリスクのことであり，例えば生産ラインの停止や開発の遅れ等がこれに該当します。

④ 組織機能リスク

各企業の組織機能，特にサプライチェーンを支えるコーポレート機能におけるリスクのことであり，例えば情報セキュリティー管理の脆弱性等がこれに該当します。

これらのサプライチェーン上のリスクを可視化し，対策を講じることで，リスクを予防する，もしくはリスクが顕在化した際の回復力を高めることが必要です。図表6−12は，回復力を高める主な対策例です。

図表6-12 回復力を高める主な対策例

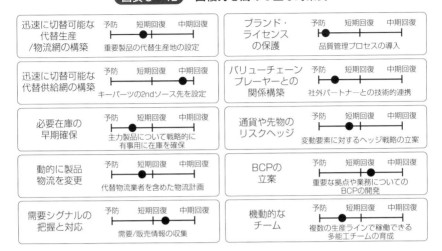

　サプライチェーンモデルを設計・評価する際に，上記のようなリスクの可視化と対策が講じられているか，リスクが顕在化した場合の回復力がどの程度であるかを併せて評価することにより，事業戦略の実現に向けた確実なサプライチェーンモデルを構築することができると考えられます。

(6) サスティナビリティ

　昨今，環境/社会的責任のリスクとして，企業はいかに，サスティナブルな経営をしているかを問われるようになってきています。例えば，サスティナブルな原材料で製造された製品の需要は増加傾向にあり，投資家の注目も高まっています。サプライチェーンモデルを構築・評価する上で，今後は貧困，環境，資源などの課題に焦点を当てることも必要です。生産や調達に対する制約は一層厳しくなっており，特に調達に関していうと，調達コストが低い国からの調達量が増加するほど，サプライチェーン全体のサスティナビリティの維持が一層困難となります。人権問題や環境問題を内包している可能性が非常に高いからです。水平分業化が進み，サプライチェーン上の機能の一部を外部委託することは，今後，どの企業にもありうることですが，委託元としては，委託先の業務をしっかりと監視し，サスティナブルなサプライチェーンであるかをしっかりと見極める必要があります。

3 あるべきサプライチェーン設計のアプローチ

　前項では，事業戦略，コスト，リスク，サスティナビリティの視点で最適な
サプライチェーンを構築する上での考え方について説明してきました。

　最後に，これらをどのようなステップで進めるべきかのアプローチについて
触れたいと思います。

　図表6－13は，あるべきサプライチェーンモデルを設計する上でのアプロー
チの例となります。

図表6－13 あるべきサプライチェーン設計のアプローチ

ステップ1 Assess：調査	ステップ2 Analyze：分析	ステップ3 Define：モデル定義	ステップ4 Plan：計画
・事業戦略ヒアリング ・検証シナリオ策定 ・業務基本情報（物流・商流）のヒアリング ・収集項目，収集元，データ品質確認	・サプライチェーンモデル，事業シナリオ仮説の作成 ・シミュレーションツールを用いたインタラクティブな検証	・コスト，リードタイム等によるサプライチェーンモデル評価 ・採用すべきサプライチェーンモデルを選択，定義	・サプライチェーンモデルの移行に必要な施策の抽出・優先度付け ・サプライチェーンモデル移行ロードマップの策定

① ステップ1：Assess

　中期経営計画の確認や当該事業の商流・物流の調査を通じて，事業戦略やビ
ジネスモデルの確認，サプライチェーンの各機能への要件を明確化します。

　また，事業戦略やビジネスモデルを可視化するとともに，現状のサプライ
チェーンを定性・定量的に可視化し，サプライチェーンモデルを変更するにあ
たっての現状の課題を可視化します。

　図表6－14は，Deloitteのサプライチェーン成熟度評価フレームワークです。
　バリューチェーン上の各機能の現状の業務レベルの定性・定量評価を行い，
成熟度モデルに基づき，客観的に評価します。事業の目指す方向性を踏まえて，
各機能が目指す姿，KPIを設定し，サプライチェーンモデルへの要件として具
体化します。

② ステップ2：Analyze

　ステップ2では，サプライチェーンモデルへの要件に基づき，想定されるサ
プライチェーンモデル仮説を定義します。顧客データや拠点データ，コスト情
報（税情報を含む）等，前提条件を収集し，定義したサプライチェーンモデル

図表6-14　Deloitteサプライチェーン成熟度評価フレームワーク

検討領域	内容
戦略	商物流，輸送戦略，倉庫拠点戦略などサプライチェーンの最適化を図るための戦略立案/保有状況
関税，貿易，法人税	法人税や関税など，サプライチェーン上影響がある税減免に対しての対応/対応可能状況
プロセス	サプライチェーンマネジメントに必要な計画業務，実行業務，管理業務の品質，効率性，可視性の状況
テクノロジー	システム化の状態，マスタ管理，管理帳票，分析ツールなどのIT化状況
人	必要な人材の確保状況や業務改善に向けた企業文化の成熟状況
ビジネスライセンス	ビジネス上必要となるライセンスの保有状況

仮説が，求められる要件を満たしているかをシミュレーションにて検証します。

シミュレーションを，前提条件を変更しながら何度も実施し最適化モデルを選定します。

シミュレーションでは膨大なデータを取り扱い，かつ何度も前提条件を変更しながら複雑な計算をするため，シミュレーションツールの活用が有効な手段の1つとなります。

③　ステップ3：Define

新しいサプライチェーンモデルへの変更には，工場や倉庫等の拠点の統廃合や，機能移管，設備や在庫の移管などの一時費用が発生します。選択したサプライチェーンモデルが，どれだけの投資を必要として，将来どれだけの効果を生み出すかを時間軸の視点を入れて，図表6-15のように投資対効果により最終評価します。

前提とする事業戦略，ビジネスモデルが想定する事業計画を達成できることを確認し，今後，どのような活動を行い，このサプライチェーンモデルへ到達するかを整理し，ロードマップを作成します。もし，事業計画を達成できないようであれば，再度，サプライチェーンモデルやその前提となる事業戦略/ビ

ジネスモデルの見直しも必要となる場合があります。

図表6−15 投資対効果によるサプライチェーンモデル比較イメージ

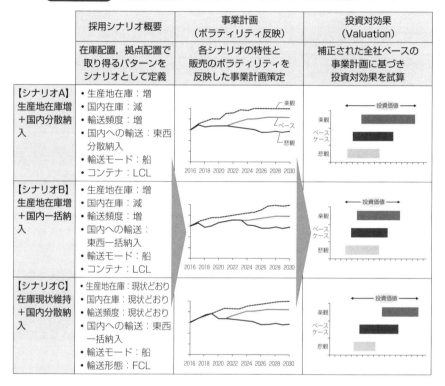

④ ステップ4：Plan

現状のサプライチェーンモデルから，将来のあるべきサプライチェーンモデルへ移行するために，この先数年，どういった活動を実施する必要があるかを図表6−16のようにロードマップとして取りまとめます。ロードマップには，物理的な工場や倉庫等の拠点の新設，統廃合のための活動計画がありますが，これに加えて，組織の役割・責任，各機能の業務，新たなるシステム基盤へどのように移行するかも非常に重要な活動となります。

また，限りあるリソースでの取り組みになることが予想されます。可能な限り早く実現することが必要ですが，各活動には事業戦略を達成するという視点に立ち，優先度をつけて取り組む必要があります。

図表6-16 あるべきサプライチェーンモデルに向けたロードマップ（例）

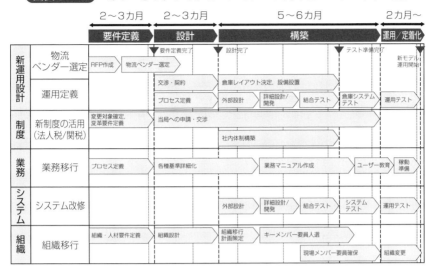

（注）RFP（Request For Proposal）：提案依頼書

　以上のステップを経て，最適なサプライチェーンモデルの構築に向けた計画を策定します。

　デジタル化が進む昨今，どの業界でもサプライチェーンの変革の機会が訪れています。競合に先んじて，物理的な拠点再編や機能再編を行い，最適なサプライチェーンを構築することにより，描いた事業目標の達成を確実なものとし，市場における競争優位性を高めることができます。

■注
1　エコシステムとは，複数の企業が商品開発や事業活動などでパートナーシップを組み，互いの技術や資本を生かしながら，開発業者・代理店・販売店・宣伝媒体，さらには消費者や社会を巻き込み，業界の枠や国境を越えて広く共存共栄していく仕組みをいう。
2　フルフィルメント戦略とは，顧客から求められるサービスレベルを満たすために，「どこに」，「どれだけ」の製品在庫を保有するかの方針をいう。
3　Quality（品質），Cost（コスト），Delivery（納期）。
4　企業内における設計の統一・共通化が進むこと。
5　調達部品の製造技術がより一般化し，供給可能なサプライヤーの裾野が広がること。
6　自社の工場を持たず，マーケティング，研究開発，設計・開発，販売に特化すること。

7 個人や企業が保有する遊休資産（スキルのような無形のものも含む）の貸出しを仲介するサービスであり，貸主は遊休資産の活用による収入，借主は所有することなく利用ができるというメリットがある。

8 製品の販売により収益を上げるだけでなく，例えば，製品を利用した分だけ課金するようなサービスの販売により収益を上げるビジネスモデルへのシフトのこと。

9 一定以上の生産やサービスの提供のために大規模な装置（システム）を要する産業。

10 バリューチェーンの上流工程（商品企画や部品製造）と下流工程（流通・サービス・保守）の付加価値が高く，中間工程（組立・製造工程）の付加価値は低いという考え方。

11 移動体に携帯電話などの移動体通信システムを利用してサービスを提供することの総称。

12 Electronics Manufacturing Service：自社では生産設備を持たない企業に対する電子機器などの受託生産サービス。

13 Original Equipment Manufacturing：顧客ブランドによる受託生産方式

14 Stock Keeping Unitの略：商品の最小管理単位。

15 稼働停止時間。

16 Overall Equipment Efficiencyの略：生産設備の稼働効率の指標。

17 Agility：機敏さ，俊敏さ。

第7章

総括事例集

最終章である第7章では，これまでの検討の結果を総括する意味で，実際に行われているグローバルサプライチェーンを定型化して，どのようなことが問題になるかを考えていきます。

先述したように，関税，付加価値税，移転価格税制は，国際的なフレームワークがあっても最終的には各国の税法が根拠となって課税が行われます。このため，グローバルサプライチェーンを設計，変更する前には現地専門家による税法の検討が必要です。

この総括事例集は，「こんなところが論点になるかもしれない」というヒントを得て，さらなる専門的検討を行うための思考の整理の一助となることを目的としています。

◆ **ケース1** 販売・製造子会社の機能の見直し①
機能・リスク限定型子会社であるLRD（リミテッドリスクディストリビューター）の導入

基礎となる事実関係

　大手メーカーA社は世界各地の販売子会社の機能の見直しを行い，現地法人は原則としてリミテッドリスクディストリビューター（LRD）とすることをグローバル戦略として決定しました。LRDとは，販売会社が典型的に負担する在庫リスク，信用リスクを軽減した販売会社です。在庫リスクを軽減するために，親会社からの仕入在庫の所有権の移転時期を，自らの在庫の販売が実現する時点とするいわゆるフラッシュタイトル取引を行います。

　A社はこれによって日本に在庫リスク，信用リスクを集め，タックスリスクの一元管理をすることが狙いです。LRDは，一般的にはLRDである法人が負担するリスクが軽減されることに伴って，LRDが稼得するマージンも減少させます。

関税法上の論点

☑ 　販売会社であるLRDのマージンが減少するため，LRDの仕入価格が上昇し，販売会社であるLRDに対する製品の販売が輸入取引となる場合，関税評価をする際の課税価格が上昇し，関税が課税される品目にあっては，関税負担を増大させる。

☑ 　LRDが輸入者とならず，非居住者であるA社が輸入者となる場合，日本の居住者を税関事務管理人に指名することで非居住者が輸入者となることができる日本と異なり，EUのように，原則として非居住者が輸入者となれず，居住者である間接代理人を擁立する必要がある場合もある。

☑ 　輸入時の製品に対する所有権が現地販売子会社ではなく非居住者のA社にある取引は，他人資産の輸入通関が認められない国では違法となる。

☑ 　現地販売子会社が出荷した時点でA社から販売会社に商品の所有権が移転するフラッシュタイトル取引では，国境をまたぐ時点では取引が起こらないため，非居住者である輸入者のA社とその仕入先の取引は輸入取引と認められず，当該二者間の取引価格を課税価格とする原則的な方法の適用はできない。

付加価値税法/消費税法上の論点

- ☑ 関税評価の課税価格が上昇することにより，輸入付加価値税/消費税の課税標準も増大し，税額が上昇する。
- ☑ LRD所在国で行われるフラッシュタイトル取引は，製品がすでにLRD所在国に物理的に存在する状態での資産の譲渡のため，着荷国で非居住者であるA社に当該資産の譲渡に係る国内付加価値税を納付する義務を発生させる可能性がある。
- ☑ 輸入時の製品に対する所有権が現地販売子会社ではなく非居住者のA社にあるため，現地販売子会社で輸入付加価値税の控除を受けることができず，また，非居住者であるA社でも輸入付加価値税の控除還付が受けられない場合がある。

移転価格税制上の論点

- ☑ 販売会社（LRD）のリスクが限定されるため，LRDに割り当てられるべき利益が減少する。
- ☑ 販売会社（LRD）の機能・リスクは契約および移転価格文書によって記録し，実際に実行される必要がある。

サプライチェーンインパクト

- ☑ LRD導入に伴い，適正な倉庫の配置と適正な在庫保有高を再設計する必要がある。
- ☑ LRDが負担すべき機能とリスクを再検討し，グループ会社内での集中または分散させるべき機能とリスクを特定し，独立第三者による水平分業も視野に入れてLRDの必要性を検討する。

246

◆ ケース2 販売・製造子会社の機能の見直し②
機能・リスクの集中を行うコミッショネアモデルの導入

基礎となる事実関係

　大手メーカーA社は，スイスを中心としたコミッショネアモデルの導入を検討しています。リスクと機能を集中させたプリンシパル（本人）と呼ばれる法人をスイスに置き，各地にコミッショネア（Commissionaire）を置いて販売活動を行います。コミッショネアとは，「自己の名義で他人の計算により商売を行う者」と定義されます。日本では商法第551条から第558条に問屋の規定があり，「問屋とは自己の名を以って他人のために物品の販売又は買入を為すを業とする者」とされ，「自己の名を以ってする」とは，自己が直接に行為の当事者となり，その行為から生ずる権利義務の主体となること，「他人のためにする」とは，他人（委託者）の勘定においてするということであり，行為の経済上の効果，すなわち損益が委託者に帰属することを意味する，とされています。コミッショネアの権利と義務の帰属関係は，各国の商法によって規定されているため，債務不履行が生じた場合の義務などは，コミッショネア契約の依拠する法に従います。

　製品の所有権はプリンシパルからコミッショネアを介して顧客へ直接引き渡され，この過程において，いかなるときも製品の所有権がコミッショネアに渡らず，コミッショネアは自らの名前で請求書を発行しプリンシパルに代わって売掛金を回収しますが，顧客に対する売掛金は経済的にはコミッショネアではなくプリンシパルに帰属し，コミッショネアは顧客から回収した売掛金をプリンシパルに送金し，プリンシパルから問屋役務対価を受け取ります。

　コミッショネアは，LRDよりさらに製品の出荷先にある販売子会社が負担するリスクが軽減されることにより，コミッショネアである法人が稼得する利益を減少させます。この手法により，例えば，軽税率国にプリンシパルを置くと，そこに機能と利益を集中してグループ全体の法人税負担を下げることができます。

関税法上の論点

☑　資産が国境を越える時点でその所有権が移転しないため，課税価格の決定

に用いる取引価格を算定するための輸入国への輸出販売取引が存在しない。このため，プロフォーマインボイスに記載された価格ではなく，輸入国での販売価格または輸出国での簿価など，課税価格の選択肢が複数ある。

付加価値税法/消費税法上の論点

☑ コミッショネアとプリンシパルの間に資産の譲渡が付加価値税法上，擬制される場合がある。

☑ コミッション（販売手数料）に対する付加価値税/消費税の課税の有無

☑ プリンシパルとコミッショネアが関連者である場合には課税ベースの妥当性

☑ プリンシパルが輸入国に所在する資産の譲渡を行うため，原則として資産の譲渡に対して国内付加価値税/消費税の納税義務が輸入国において発生し，非居住者であるプリンシパルがコンプライアンス義務を負う。

移転価格税制上の論点

☑ プリンシパルとコミッショネアが関連者である場合にはその価格の妥当性

☑ コミッショネアが輸入国におけるプリンシパルのPE（恒久的施設）と認定されるリスク

サプライチェーンインパクト

☑ コミッショネアモデルの導入が需要地から離れた生産拠点の導入に伴って行われる場合は，製造コストの削減メリットとコミッショネア所在国での倉庫費の増加，生産拠点からの輸送費の増加，在庫増によるキャッシュ・フローの悪化等を比較検討する必要がある。

☑ コミッショネアが負担すべき機能とリスクを再検討し，グループ会社内での集中または分散させるべき機能とリスクを特定し，独立第三者による水平分業も視野に入れてコミッショネアの必要性を考える。

◆ ケース3 移転価格文書の関税法上の課税価格の証明における有用性

基礎となる事実関係[1]

製造会社A社は，100％子会社である海外の販売会社B社に対して製品を販売しました。A社は，独立第三者に対して同じ製品または同類の製品を販売していません。

2012年に，B社は同製品を請求書に記載された取引価格を課税価格として輸入通関申告を行いました。B社は，独立第三者から同じ製品または同類の製品を購入していません。関連者間取引であるという点を除いて，取引価格を課税価格として使用することを阻む事由はないと仮定します。

B社の輸入国で関税調査が行われ，課税価格の妥当性が問題となりました。納税義務者による検証価格の提出は行われず，2011年までを対象期間とする税理士が作成した移転価格文書が提出されました。B社は移転価格の算定方法としてTNMM（取引単位営業利益基準法）を用いています。

B社は当該製品に関して2.5％の営業利益率を計上しています。A社とB社はAPAを申請し，A社とB社の間で取引されるすべての製品についてAPAが合意されました。このAPAの中で，両国の税務当局は，当該製品の販売からB社が稼得する利益率は同業界で独立第三者の販売代理店が稼得する利益率と概ね一致していることを立証する資料がB社により提供されたと認定しました。

ベンチマークスタディではB社と比較可能な機能，リスク，資産を持つ8企業が比較対象企業として選定されました。2011年を対象とするこれらの比較対象企業の営業利益率のレンジは0.64％から2.79％であり，中位値は1.93％でした。このため，B社の実際に稼得する利益率である2.5％は妥当であるということが認められました。

関税法上の論点

☑ 関税法上は，特殊関係により影響されていない場合にのみ，取引価格を課税価格として用いることが認められる。輸入者が検証価格を提示していないため，販売状況基準によりこのことを証明することが必要となる。

☑ 販売状況基準の検証において，同産業における一般的な価格慣行に従って

支払われた対価であるということができるための一要素として，ベンチマークスタディは一定の有効性をもつと考えられる。特に，比較対象会社との機能・リスク・資産分析の結果の類似性，製品の比較可能性があることは，営業利益率の妥当性を示唆する。

☑ APA，移転価格文書は課税価格の妥当性を検証する際の参考資料にすぎず，税関は独自の基準を用いて判断することが可能である。

付加価値税法/消費税法上の論点

☑ 輸入付加価値税，消費税の課税標準は，関税評価の課税価格に従う。

■注

1　この事例は，Use of Transfer Pricing Documentation when Examining Related Party Transactions under Article1.2 (a) of the Agreementをもとに作成。

◆ ケース4　海外商流への日本本社の介入

基礎となる事実関係

　日本の製薬メーカーであるA社は，B国に子会社である製造法人B社を有しています。A社は，B社が製造する薬品の原料を調達するフローに介在することを企画しています。B国内・B国外からの原薬の調達を親会社である日本法人A社が行います。A社はB社に対して原薬を販売します。

　B国外から調達する原薬は日本を介することなく，生産地から工場へ直送されます。

関税法上の論点

☑　B国外からの原薬の輸入は関連者間取引であるため，関税法上の価格の調整が必要となる。

付加価値税法/消費税法上の論点

☑　B国内から調達する原薬を，日本親会社A社がB国現地法人に現地で転売しているため，原則として販売に対して現地付加価値税が課税される。取引金額が課税最低限度を超える場合，A社はB国において付加価値税の納税義務を負う。リバースチャージの適用がある場合には，現地法人B社に付加価値税の納付義務が転嫁される場合もある。

☑　非居住者であるA社はB国内で行われる仕入れに係る前段階税の控除は受けられない場合がある。

☑　B国内外における原薬の取引は関連者間取引であるため，B国付加価値税の規定による価格の調整が必要となる場合がある（公正市場取引価格）。

移転価格税制上の論点

☑　B国内外における原薬の取引は関連者間取引であるため，移転価格税制上の価格の妥当性が求められる。

☑　移転価格税制上の文書化義務が課される。

サプライチェーンインパクト

- ☑ 日本本社による原薬の集中購買による価格交渉の優位性が期待できる。
- ☑ 輸送契約の集中購買による価格交渉力の増大を上記タックスリスクおよびコストと比較する必要性が生じる。

◆ ケース5 部品調達地の変更を伴うサプライチェーンの見直し

基礎となる事実関係

自動車メーカーA社は，タイで製造した完成車をASEAN向けに輸出していました。その際にASEAN域内のFTAであるATIGA[2]を使い，関税コストをセーブしていましたが，新モデルについては高額な基幹部品を日本から調達することになり，その結果，ATIGAの利用条件である原産地基準（付加価値基準）を満たせなくなってしまいました。

A社は，利用するFTAをATIGAから日本－ASEAN包括的経済連携（AJCEP）に切り替え，日本から調達した基幹部品を，いわば「Made in AJCEP」としてタイにおける原産割合に累積することで，引き続き，莫大な関税コストの支払いを回避することができました。

ATIGAからAJCEPへの切り替えにあたっては，日本にある基幹部品のサプライヤーから，当該部品がAJCEPの原産地基準を満たす旨の証明書を取得する必要がありましたが，調達部門の協力を得てサプライヤーへの説明を行い，無事，原産性の確認を実施したサプライヤーから証明書を受け取ることができました。

関税法上の論点

- ☑ 輸出品の一部を構成する部品，原材料等の調達地の変更により，すでに利用していた自由貿易協定による協定税率が適用できなくなる。
- ☑ サプライチェーンの変更時にこの点に気がつかなかった場合，事後の関税調査で指摘を受けるリスクがある。
- ☑ 二国間協定，多国間協定など，締結されている協定を網羅的に検討し，他に利用できる協定がないかを確認する。
- ☑ すでに利用している自由貿易協定が最も有利であるかどうかを確認する。
- ☑ 付加価値基準を利用している場合，付加価値割合に変更がないかを常にモニタリングする必要性がある。

付加価値税法/消費税法上の論点

- ☑ 輸入国における輸入付加価値税の課税標準が関税込みである場合，利用す

るFTAの変更による関税率の変更は輸入付加価値税額の変更をもたらす。

☑ 関税が輸入付加価値税の課税標準に含まれる国では，事後の関税調査で適用税率の誤りを指摘された場合，輸入付加価値税額の更正も付随する。

移転価格税制上の論点

☑ 部品の調達先が関連者である場合には，価格の妥当性の検証，文書化が必要となる。

☑ 移転価格税制上の配慮から調達拠点の変更を行う場合は，あわせて関税法上のインパクトの確認が必要となる。

サプライチェーンインパクト

☑ 部品調達地の変更による新しい調達フットプリントの定義。

■注

2　ASEAN自由貿易協定（AFTA）の物品貿易に関する協定（ASEAN Trade in Goods Agreement）。ATIGA包括的投資協定，サービス協定とともにASEAN経済共同体の基盤となる物品の自由な移動を実現するための物品貿易に関する基本的協定。2010年8月発効。

◆ ケース6 現地法人設立と使用料の支払い

基礎となる事実関係

　A社は日本の化学品メーカーB社の在スペイン販売会社です。これまでは日本のB社が製造した完成品を輸入し，それをEU域内に販売していましたが，人件費と輸送費を下げること，また，スペインにおける部材の安定調達が見込めるようになったことから，A社の製造子会社としてC社を設立し，C社で完成品を製造することになりました。

　C社は完成品の製造にあたり，一部の部材を日本から輸入していました。また，A社は，B社との間に取り交わす製造委託契約に基づき，B社にロイヤルティを支払うことになりました。

　当初，C社はこのロイヤルティを関税評価上の加算要素としてC社が輸入する部材に含める予定でしたが，製造委託契約において，上記ロイヤルティはスペイン国内で完成品を製造・販売する権利を受けるためのものであり，輸入品である部品に関するロイヤルティではない旨を明確にし，またその点を事前に税関にも十分に説明して了解を得ていたことから，申告価格への加算は不要であることが認められ，部材の輸入申告価格を抑えることに成功しました。

関税法上の論点

- ☑ ロイヤルティを関税評価上の加算要素としてC社が輸入する部材に含めるかどうか。
- ☑ 税関当局に対して事前に事案を周知し，了承を取得することを怠った場合，税関当局が調査に入り，「輸入品に関するロイヤルティではない」点を十分に税関に反論できず，追徴課税を支払わされるリスク。

付加価値税法/消費税法上の論点

- ☑ ロイヤルティを関税評価上の加算要素として含めないことに成功した場合，輸入付加価値税（消費税）の課税標準も下がる。
- ☑ 当初，課税標準に含まれないと考えて輸入付加価値税を納付していた場合，過少申告となり輸入付加価値税（消費税）に対しても延滞利子等を課税されるリスク。

移転価格税制（法人税）上の論点

- ☑ 従来は第三者間取引であったが，関連会社の設立により関連者間取引となり移転価格税制の適用対象となるため，ロイヤルティの計算方法，価格の決定に関して十分な文書化を行い，独立企業間価格であることを主張できる十分な証拠を持つことが必要となる。
- ☑ 移転価格税制上の観点からロイヤルティの収受を始める場合には，関税上の課税価格に影響を与えないか確認を行う。
- ☑ 製造委託契約の対価への現地源泉税の課税の有無を確認。

サプライチェーンインパクト

- ☑ 現地生産開始によるリードタイムの圧縮，輸送費の削減，人件費の削減。

◆ ケース7 地域統括倉庫の設立

基礎となる事実関係

　機械メーカーのA社は，中国で製造した製品をASEAN向けに輸出していました。ASEANでは比較的高い関税率が適用されていたため，中国からASEAN各国に製品を直送し，ASEAN−中国FTAを利用してきました。

　シンガポールに地域統括倉庫を設置し，リードタイムの短縮を図りました。地域統括倉庫を経由するサプライチェーンを検討するにあたり課題の1つになったのが，FTAの継続的な活用です。FTAの利用要件の1つに，「原産国から輸入国までモノが物理的に直送されること（積送基準）」というものがあり，地域統括倉庫を設立した場合，A社としてはFTAが活用できなくなることが懸念されました。

　Back to Back CO（Certificate of Origin）を利用するにあたっては，モノと書類（通関書類や原産地証明書等）を適切に紐付けることが求められますが，予定していた地域統括倉庫の管理工数では難しいことが懸念されたため，事前に必要な工数を割り出し，FTAの利用により工数増加による追加コストが十分にペイできることを確認し，さらに想定輸入国で試験出荷等を実施することで，Back to Back COを使ったハブ倉庫経由のオペレーションに切り替えることに成功しました。

　この結果，リードタイムの短縮とFTAによる関税の減免，双方のメリットを得ることができるようになりました。

関税法上の論点

- ☑ 地域統括倉庫を利用すると，原産国から輸入国までモノが物理的に直送されること（積送基準）を充足できなくなる。
- ☑ この場合，Back to Back CO（Certificate of Origin）の利用条件の確認が必要となる。
- ☑ 利用した場合に追加的に発生するオペレーションコストの試算を行う。
- ☑ 事後の検認等に備えて継続的に適用できるコンプライアンス体制整備。

付加価値税法/消費税法上の論点

- ☑ 原則としては地域統括倉庫設置地での輸入付加価値税の課税，支払った輸入付加価値税の仕入税額控除のための要件を確認する必要がある。
- ☑ 特に非居住者が保有する在庫の場合，税務代理人の設置など，特殊な制限が多い。
- ☑ オペレーションに適した税務代理人を選定し，優良な3PLを任命することが重要。
- ☑ 地域統括倉庫をFTZ（Free Trade Zone）に設置した場合，地域統括倉庫への入庫時点で輸入付加価値税を課税されなくなるというメリットがある。
- ☑ 不良品，余剰在庫などを地域統括倉庫に戻してからサプライヤーに返却・廃棄するフローの場合，FTZであれば輸入付加価値税の課税や再輸出手続が不要となる。

移転価格税制（法人税）上の論点

- ☑ 非居住者在庫を地域統括倉庫で保有する場合，PEを構成しないためのリスク管理が必要となる。

サプライチェーンインパクト

- ☑ リードタイムの削減。
- ☑ アジア全体で在庫を管理することによる在庫レベルの圧縮。
- ☑ 在庫管理コストの削減。

◆ ケース8 商社任せの調達・販売

基礎となる事実関係

　食品卸売業のA社は，扱う食品の調達を商社に任せていましたが，2年前に自社調達に切り替えました。その際，ASEAN各国から調達する食品につき，2年間，FTAを使わずに高い通常関税率を払い続けてしまっていました（事例1）。

　大型機械製造メーカーのB社は，カナダへの大型機械の輸出に際して15年ほど前まで商社を利用していましたが，現地法人を設立し自社での供給に切り替えました。切り替え後，カナダでの輸入付加価値税，現地で新たに開始したコンサインメント・ストックオペレーションに課税される付加価値税など，高額な付加価値税が申告漏れとなりました（事例2）。

　大手メーカーC社は，南アフリカへの工事を伴う大型機械の出荷に際して，大型機械本体の輸出に商社を介在させました。設置・据付工事はC社の子会社である現地法人と業務委託契約を締結して行いました（事例3）。

関税法上の論点

☑　商社任せにすることによる関税法上のノウハウの蓄積の欠如（事例1，事例2，事例3共通）。

付加価値税法/消費税法上の論点

☑　商社が介在しなくなることによって輸入国での輸入付加価値税，現地付加価値税リスクを管理する機能が失われる（事例2）。

移転価格税制（法人税）上の論点

☑　BEPSにより，事例3にみられるようないわゆるPE認定回避のための細分化（フラグメンテーション）は否認リスクが高まっている（事例3）。

サプライチェーンインパクト

☑　商社を介在しないことによる口銭の節減（事例2）。

終わりに

　日本は戦後，グローバルバリューチェーンの主要国としての地位を築いてきました。日本はローコストな生産拠点としてのグローバルバリューチェーンへの関与ではなく，日本製品に対する信頼に裏打ちされた，生産技術立国として高付加価値の作業工程が行われる国としてのポジションを占めています。しかしながら，グローバルバリューチェーンに介在するための3つの要素である地理的優位性，技術的優位性，ロジスティクス効率を日本に当てはめて観察すると，日本は地理的には極東に位置し，ロジスティクス効率では世界第1位であるドイツに大きく後れを取っています。つまり，日本はその技術力にグローバルバリューチェーンに介在するためのすべてがかかっている，といっても過言ではありません。高い人件費，高齢化する人口を抱える日本にとって，現在の生活レベルを維持するためには，限られた若い人材がよりよい教育を受け，豊かな発想力と知識を養えるための政策が必要です。

　我が国の企業の競争力を考える上でも，高い生産技術力が最も重要です。高い生産技術力に裏打ちされた優秀な製品がより安価に販売できれば，市場で負けることはありません。コスト削減に真剣に取り組んでいる我が国の企業が，最終販売価格の3％～5％を占める間接税コストを把握すらしていない現状は，憂うべきことでもあり，またチャンスでもあると考えられます。世界経済のグローバル化は今後一層進むことが予想されます。なぜならば，我々が今直面している世界経済のグローバル化は輸送技術と情報通信技術の発展の結果だからです。サプライチェーンにどのような奇策が生まれようとも，それは輸送技術と情報通信技術の発展の基礎の上に築かれるものです。税の世界もまた，このような潮流を予期し，管理手法を変えていくことが必要となります。経済，ビジネス，税という相互に連携する要素を的確に把握し，旧知の管理に固執せず，新しい体制と施策を実行していくことがこれからのタックスプランニングのあるべき姿であると考え，本書の筆を置きます。

【執筆者紹介】

溝口　史子

デロイト トーマツ税理士法人　ドイツ税理士

東京大学法学部卒業，ロンドンスクールオブエコノミクス欧州社会政策学修士。1996年自治省入省。2001年に渡独，2005年ドイツ税理士登録。15年間ドイツ大手税理士法人にて日本企業の税務を担当。日本企業の海外オペレーションで発生する付加価値税に関する税務アドバイス，欧州組織再編に関する税務アドバイス，タックスデューディリジェンスなど組織買収関連税務サービス，移転価格文書の作成，税務調査対応を行う。2015年より海外の間接税およびトレードオートメーションを専門に扱うディレクターとして現職に従事。
【主要著作】『EU付加価値税の実務』（中央経済社，2017年）等。

纐纈　明美

デロイト トーマツ税理士法人　税理士

勝島敏明税理士事務所（現デロイト トーマツ税理士法人）に入社。日系企業及び外資系企業の国内及び海外取引に関する消費税の税務アドバイス業務，国内のグループ内再編に係る消費税シミュレーションを含む税務アドバイス業務，特定のインダストリーを対象とした専門的な消費税の削減プランニング，及び消費税データ分析を活用した消費税コスト削減と消費税のコンプライアンス管理に係る税務アドバイス業務等に従事している。
【主要著作】『組織再編・グループ内取引における消費税の実務Q&A』（共著，中央経済社，2012年），『Q&A事業承継をめぐる非上場株式の評価と相続税対策』（共著，清文社，2017年）。

福永　光子

デロイト トーマツ税理士法人

大手メーカーで勤務後，2015年税理士法人トーマツ（現デロイトトーマツ税理士法人）に入社。約15年間，関税に関するアドバイザリー業務に従事。国内外の関税案件に関する実務経験を活かして，グローバルにビジネスを展開する日系企業に対して自由貿易協定の戦略的活用，関税評価プランニング，関税分類の適正化，関税コンプライアンス体制の導入支援，物流ネットワークの再編に係る関税アドバイス，海外における税関調査対応等に関わる。主なプロジェクトとして，アジアSCM再編に係る関税アドバイス提供，関税コンプライアンス体制構築支援，タイにおける関税事後調査対応支援，組織再編に伴う関税アドバイス提供，TPP原産地証明制度普及・啓発事業支援等。

金澤　透

デロイト トーマツ コンサルティング合同会社

外資系および国内系コンサルティングファームを経てデロイト トーマツ コンサルティング合同会社へ入社。現在，ストラテジー＆オペレーション部門の責任者として現職に従事。
ハイテク業界をはじめとする製造業に対してグローバルでの経営管理およびサプライチェーンマネジメントの業務改革，情報システムの構想立案・導入・定着化コンサルティングを数多く手掛けている。
【主要著作】『ハイリターン・マネジャー』（東洋経済新報社）等。

徳永　数寿

デロイト トーマツ コンサルティング合同会社

外資系コンサルティングファームを経て，2010年にデロイト トーマツ コンサルティング合同会社へ入社。業界問わず，企業の事業戦略策定および，サプライチェーンマネジメントを中心としたオペレーション改革，デジタル改革に数多く従事。
事業再編やM&Aに伴うサプライチェーンネットワーク再編，昨今の物流環境変化に伴う，荷主企業，運輸企業への事業戦略のアドバイザリー等，事業戦略とサプライチェーンマネジメントを結びつけるテーマを得意とする。

【編者紹介】

デロイト トーマツ税理士法人

デロイト トーマツ税理士法人は，日本最大級のビジネスプロフェショナル集団「デロイト トーマツ グループ」の一員であると同時に，「デロイト トウシュ トーマツ リミテッド」という世界四大会計事務所のメンバーファームの一員でもあります。「トーマツ」ブランドが培ってきた信頼と高い専門性に加え，全世界150を超える国・地域で展開する「デロイト」ブランドの国際ネットワークを生かし，プロフェッショナルとしてクライアントのビジネス発展に貢献していきます。

デロイト トーマツ コンサルティング合同会社

デロイト トーマツ コンサルティングは，デロイトの一員として日本のコンサルティングサービスを担い，提言と戦略立案から実行まで一貫して支援するファームです。クライアントの持続的で確実な成長を支援するコンサルティングサービスはもちろん，社会課題の解決と新産業創造でクライアントと社会全体を支援します。

サプライチェーンにおけるグローバル間接税プランニング
コスト削減の視点と対応

2018年7月15日　第1版第1刷発行

編　者	デロイト トーマツ税 理 士 法 人 デロイト トーマツ コンサルティング合同会社
発行者	山　本　　　継
発行所	㈱中央経済社
発売元	㈱中央経済グループ パ ブ リ ッ シ ン グ

〒101-0051　東京都千代田区神田神保町1-31-2
電話　03 (3293) 3371(編集代表)
　　　03 (3293) 3381(営業代表)
http://www.chuokeizai.co.jp/
印刷／㈱堀内印刷所
製本／㈲井上製本所

© 2018
Printed in Japan

＊頁の「欠落」や「順序違い」などがありましたらお取り替えいたしますので発売元までご送付ください。(送料小社負担)

ISBN978-4-502-27021-5　C3034

JCOPY〈出版者著作権管理機構委託出版物〉本書を無断で複写複製（コピー）することは，著作権法上の例外を除き，禁じられています。本書をコピーされる場合は事前に出版者著作権管理機構（JCOPY）の許諾を受けてください。
JCOPY〈http://www.jcopy.or.jp　eメール：info@jcopy.or.jp　電話：03-3513-6969〉